广东开放大学省级老年学重点学科

老龄社会的
民法关怀

王磊　黄随　宋雯 —— 著

暨南大学出版社
JINAN UNIVERSITY PRESS

中国·广州

图书在版编目（CIP）数据

老龄社会的民法关怀 / 王磊，黄随，宋雯著.

广州：暨南大学出版社，2024. 9. -- ISBN 978-7-5668-3975-6

Ⅰ. D923.04

中国国家版本馆 CIP 数据核字第 2024Z551Z4 号

老龄社会的民法关怀

LAOLING SHEHUI DE MINFA GUANHUAI

著 者：王 磊 黄 随 宋 雯

出 版 人：阳 翼

责任编辑：曾鑫华 彭琳惠

责任校对：刘舜怡 何江琳

责任印制：周一丹 郑玉婷

出版发行：暨南大学出版社（511434）

电 话：总编室（8620）31105261

营销部（8620）37331682 37331689

传 真：（8620）31105289（办公室） 37331684（营销部）

网 址：http：//www.jnupress.com

排 版：广州市新晨文化发展有限公司

印 刷：广东信源文化科技有限公司

开 本：787mm×1092mm 1/16

印 张：17.5

字 数：250 千

版 次：2024 年 9 月第 1 版

印 次：2024 年 9 月第 1 次

定 价：59.80 元

序

在 21 世纪的第二个十年里，全球人口老龄化的速度显著加快，呈现出不可逆转的趋势。作为全球老年人口最多的国家，中国面临着"未富先老"和"未备先老"的严峻挑战，人口老龄化已逐渐成为我国未来一段时间内的基本国情。为了应对这一新课题，党和国家提出了积极应对人口老龄化的国家战略。2019 年 11 月，中共中央、国务院印发了《国家积极应对人口老龄化中长期规划》。2020 年 10 月，党的十九届五中全会通过了《中共中央关于制定国民经济和社会发展第十四个五年规划和二〇三五年远景目标的建议》，提出"实施积极应对人口老龄化国家战略"。2021 年 11 月，中共中央、国务院发布了《关于加强新时代老龄工作的意见》。2021 年 12 月，国务院印发了《"十四五"国家老龄事业发展和养老服务体系规划》。2023 年 5 月，中共中央办公厅、国务院办公厅印发了《关于推进基本养老服务体系建设的意见》。

在人口老龄化社会转型的背景之下，法治作为现代社会治理的基础和工具，必须积极回应这一深刻的社会变革。民法作为私法领域的基本法，有着"人法""权利法"的美誉，是民事权利的宣言书和保障书。它在强调对于人们抽象人格一体保护以体现形式平等的同时，也考虑到因人的差异性而形成的具体人格需要特殊保护以达到实质平等的要求，由此树立起民法以人义终极关怀为目标的价值取向。《中华人民共和国民法典》（以下简称《民法典》）于 2021 年 1 月 1 日起正式实施，涵盖了公民的生老病死，依法对全生命周期进行全方位保障，对保障老年人合法权益也具有重要意义，这标志着我国老年人权益保护将进入全新的"民法典时代"，对积极应对人口老龄化将产生深远影响。

本书以"老龄社会的民法关怀"为议题，探讨老年人民事权益保障领域的热点问题。第一章"老年人行为能力的民法关怀"，主要论及老年人民事行为能力的划分、老年人监护制度、失踪老年人的宣告失踪或死亡。第二章"老年人订立合同的民法关怀"，主要论及老年人签订合同的考量节点、涉老合同的风险防范、老年人签订合同的效力和解除、涉老欺诈行为的认定与救济。第三章"老年人房产居住的民法关怀"，主要论及老年人房产权属的确定、老年人居住权的保障、"以房养老"中的老年人保护。第四章"老年人婚姻家庭的民法关怀"，主要论及老年人的家庭保护、婚姻自由、非婚同居的法律问题。第五章"老年人财产继承的民法关怀"，主要论及老年人财产的法定继承、遗嘱继承和遗赠、遗赠扶养协议。

本书由王磊、黄随、宋雯合著，王磊拟定目录并撰写绪论、第一章和结语，黄随撰写第二章和第三章，宋雯撰写第四章和第五章，全书由王磊统稿定稿。目前，老年人权益保障问题愈发受到学术界的关注，学者们在许多疑难问题上进行了有益的争论。我们期望能够以本书为初始，逐步融入相关学术领域，为完善老年人权益保障制度奉献自己的微薄之力。

王 磊

2023 年 12 月

目　录

CONTENTS

071 〉 第二章　老年人订立合同的民法关怀

绪　论

　　由于经济社会的进步与发展，特别是医疗条件的改善，人类社会步入了老龄化与高龄化并存的长寿时代，同时步入了有史以来前所未有的老龄社会。自 20 世纪末我国步入老龄化社会以来，国内的人口老龄化趋势在不断加速，高龄老人、独居老人以及失能老人的数量急剧上升。习近平总书记强调："人口老龄化是世界性问题，对人类社会产生的影响是深刻持久的……需要我们下大气力来应对。"①当我们读完央视记者长江的报告文学《养老革命》时，会陡然真切地感受到身边正在进行着一场潜移默化的人口老龄化革命。养儿还能防老吗？老年人究竟该由谁来照顾？如何照顾才能顺应老年人内心的期望？这一系列的追问搅动着无数人的心绪。然而，人口老龄化革命对于以往年轻型社会的政治、经济、法律等制度，形成了颠覆性的挑战。近年来，类似老年人广场舞扰民、老年人是否要避开上下班高峰出行等争议性话题屡屡见诸媒体，透视出全社会无论在观念上，还是在实践中，对于老龄社会的到来都缺乏系统性的有效应对。在全面依法治国的大背景之下，面临老龄社会治理的新难题和新挑战，我们必须梳理和关注老年人权益保障的专门法律和关联

---

① 新华社. 习近平：推动老龄事业全面协调可持续发展（习近平在中共中央政治局第三十二次集体学习时强调推动老龄事业全面协调可持续发展）［EB/OL］.（2016 - 05 - 28）［2024 - 01 - 03］. http://www. xinhuanet. com/politics/2016 - 05/28/c_1118948763. htm.

法律，健全和完善相关法治体系，解决人口老龄化所衍生出的各种社会问题。

一、寿命延长的老龄社会

我们能活多久？对这个问题最合理也最富哲理的答案也许是：活到死为止。古今中外，多少人前赴后继，苦苦追寻"长生不老"的美好梦想。上至君王将相，下至寻常百姓，大多数人都想活到"地老天荒"，如果非要加上一个期限，那就是韩磊唱的《问天再借五百年》歌词："我真的还想再活五百年"。人们怕老，源于畏死的心理。年轻时代的毛泽东站在宇宙论的角度，深刻地思考了人们畏死的心理原因。他这样说："人生不死，长住于此老旧之世界，无论无时代之变易则无历史之生活，其内容非吾人所能想象，即曰能之，永远经验一种之生活，有何意味乎！……吾尝推人之所以甚畏死者，非以其痛苦乃以其变化之剧大也。人由生之界忽然而入死之界，其变化可谓绝巨，然苟其变化之后，尚可知其归宿之何似，则亦不至起甚大之畏惧。今乃死后之事毫不可知，宇宙茫茫，税驾何所？此真足以动人生之悲痛者也。"[1]

由此可知，生命的衰老与时间的流逝一样，是一个自然的生理规律，不管大家能否接受，永远不可避免。美国影星布拉德·皮特主演的奇幻电影《返老还童》，又名《本杰明·巴顿奇事》，讲述了一出生便拥有80岁老人形象和身体机能的本杰明·巴顿，在时间的推移中，逆生长不断变年轻，直到婴儿时期在奶奶模样的妻子怀抱中去世。如此奇妙的故事喻示着：人的年龄越大，离死亡的距离越近，这是颠扑不破的真理。

尽管死亡是一个不可逆转的事实，但人类的平均寿命在不断延长

---

[1] 韩毓海. 重读毛泽东，从1893到1949［M］. 北京：中国少年儿童出版社，2016：34.

则是社会历史发展趋势。不管古人对于长生不老之术有多么执着和热衷，在 18 世纪之前，人类的平均寿命一直未能超过 50 岁。然而，自 18 世纪开始，人类平均寿命出现了显著的增长，每世纪至少增加 10 年。到了 21 世纪初，人类的平均寿命已经达到了惊人的 71.5 岁，其中日本更是以 83.4 岁的平均寿命位居全球之首。人类的平均寿命快速增长，原因在于医疗水平的提高和生活条件的改善，天花、鼠疫和肺结核等人类谈之色变的死神绝症，被医疗科技降服，得到了有效控制。

20 世纪的前 50 年，中国人口的平均寿命不到 40 岁，中国是当时世界上人均寿命最短的国家之一。除了战争和饥荒以外，疾病是这一时期中国人口死亡率较高的罪魁祸首。根据 1950 年 9 月政务院第 49 次政务会议的报告，那一时期我国的公共卫生状况极为严峻。每年大约有 1 亿 4 千万人口发病，且死亡率高达 3%。令人震惊的是，在这些死亡案例中，超过一半是由可预防的传染病引起的，包括鼠疫、霍乱、麻疹、天花、伤寒、痢疾、斑疹伤寒和回归热等严重疾病。此外，黑热病、血吸虫病、疟疾、麻风和性传播疾病等也对人民健康构成了巨大威胁。这些数据揭示了当时我国面临卫生健康挑战的严重性。① 随着我国爱国卫生运动委员会和卫生防疫机构的建立与发展，国家提倡城乡居民养成讲究卫生的生活习惯，加之青霉素等特效药的快速推广，中国人均寿命大幅提高，从 1960 年的 43.5 岁增长到 1970 年的 62.9 岁，并于 1980 年达到 67.7 岁。自改革开放以来，中国国民经济得到长足的发展，不仅为人们提供了更好的生活条件，还为医疗、卫生等社会事业提供了充足的经济支持。中国人均寿命在 2021 年达到 78.2 岁，与世界发达国家处于同一区间乃至略高的水平，让"人生七十古来稀"彻底成为历史。

---

① 李洪河. 新中国成立初期卫生防疫体系是怎样建立起来的［J］. 党史文汇，2020（5）：41 – 46.

人类平均寿命的增长，导致人的年龄划分标准在不断演变。关于世界卫生组织新的年龄划分标准，通过百度搜索可见两个版本。长江在《养老革命》采信的是"五阶段论"：0 至 17 岁为未成年人；18 岁至 65 岁为青年人；66 岁至 79 岁为中年人；80 岁至 99 岁为老年人；100 岁及以上为高龄老人。根据此种划分，66 岁至 79 岁的人才是中年人，太令人意外了！相比之下，我们更愿意相信"七阶段论"：18 岁以下称为未成年人；18~39 岁称为青年人；40~59 称为中年人；60~74 岁称为年轻老人；75~89 岁称为老年人（80~89 又称为高龄老人）；90~99 岁称为长寿老人；100 岁及以上称为百岁老人。

谈完个体衰老，我们再来认识老龄社会这一整体性问题。人口老龄化是指在一个国家或地区中，年轻人口的数量在减少，而年长人口的数量在增加，导致老年人口在总人口中的比重随之提高的现象。这个概念主要涵盖两个意义：首先，它指的是老年人口的绝对数量增长，即老年人在总人口中所占的比例逐渐增加；其次，它也指代社会人口结构的变化，这种变化表明整个社会已经进入老龄化阶段。根据 1956 年联合国设立的标准，当一个国家或地区的 65 岁及以上的老年人口占总人口的 7% 以上时，该国家或地区就被认为已经步入老龄化社会。然后在 1982 年的维也纳老龄问题世界大会上，这个标准被进一步细化，如果 60 岁及以上的老年人口占总人口的比例达到或超过 10%，那么就认为该国家或地区已经进入了深度老龄化阶段[①]。老龄化已成为全球性问题，全球已有约 100 个国家和地区相继进入人口老龄化阶段。联合国人口与发展委员会第 51 次会议发布的《世界人口趋势报告》提出预计到 2050 年，65 岁以上老人数量将上升一倍有余，人数将达到 15 亿，占总人口的 16%。其中，80 岁及以上高龄老人将达到 4.26

---

① 百度百科. 人口老龄化［EB/OL］. ［2024 - 01 - 03］. https：//baike. baidu. com/item/ 人口老龄化/1980305？fromtitle = 老龄化 &fromid = 6499718.

亿人。

由于经济社会发展的客观因素，不同国家或地区人口老龄化的形成背景有所不同。有学者指出，一个国家发生人口老龄化，尤其是高度老龄化，可以归纳出一个社会特征组合，即"长期和平环境＋前期高生育率、中期和后期生育率断崖式下降＋从前期贯穿到中期和后期的医疗社保体系不断完善"。①

人口老龄化的一个必不可少的社会条件是需要长达数十年甚至一百年的国际和平环境。在19、20世纪，大国间的战争为人们带来长久的隐患。而今，和平预期已经是常识，主要国家之间的战争越来越难以想象了。② 哈佛大学教授斯蒂芬·平克在《人性中的善良天使》一书中写道：大部分人并不相信我们也许正处于人类有史以来最和平的时代。但大量的历史数据和翔实的历史例证证明了生活在过往每一个阶段的人们都经历了对于现代人而言更高频率、更加残忍的暴力事件。战争会使交战国家损失大量宝贵的生命，而老年人由于生存能力和恢复能力弱于年轻人，更可能受到战争的摧残，从人口结构上看，战争反而让交战国家人口老龄化在一定程度上得以迟滞。第二次世界大战结束后，尽管局部地区战争冲突不断，但世界总体上和平也有70余年，在为人类带来宝贵发展机遇的同时，也加速了全球老龄化的进程。

生育率下降是导致人口老龄化的重要因素。世界各国人口老龄化开始的时间各不相同，这是由生育率持续下降开始的时间决定的。③已知的规律是：当一个国家处于经济快速发展、城市化迅速提高的发展前期时，国民的生育意愿趋于强烈，随之出现生育高峰，将为未来

①　周超.［中国老龄化］历史进程中的中国老龄化——人均预期寿命从1949年35岁升至2021年78.2岁，发生了什么，意味着什么？［EB/OL］.（2023－04－02）［2024－01－03］. https：//zhuanlan. zhihu. com/p/572012510.

②　潘维. 信仰人民：中国共产党与中国政治传统［M］. 北京：中国人民大学出版社，2017：43.

③　唐钧. 世界和中国的人口老龄化及其原因［J］. 社会政策研究，2022（3）：3－18.

数十年奠定了一个高基点的人口数量和老龄人口规模。而到了中期，国民生活压力增大，经济增长缓慢乃至停滞，国民生育意愿断崖式下降，生育率也随之大降，导致新生儿数量大大减少，叠加前期生育率高峰的人口进入老年，整个国家的人口结构就会不断趋于老龄化。① 国际社会普遍认为，由于计划生育政策的实施，中国完成了从典型的高出生率国家到低出生率国家的转变。根据 2020 年第七次全国人口普查的数据，中国的总和生育率降至 1.3，这一数字不仅是历史上的最低点，而且已经进入了国际学术界定义的极低生育率的范畴。② 这一下降趋势表明新生儿数量的持续减少，同时未成年人口在总人口中的比例下降，老年人口比例相应上升，中国人口老龄化产生的问题开始显著增加。

如前所述，现代人的寿命普遍延长，依赖于生活条件的全面改善，以及现代医学与时俱进的发展与进步，这成为影响人口老龄化的关键因素。老龄化显著的国家普遍建立和完善了完整的医疗社保体系，使得国民的健康水平持续提高，在人均寿命不断延长的情况下，老龄化愈加严重，并且向 80 岁以上老人占比越来越高的高龄化发展。统计2021 年世界平均寿命最长的国家，排名前三的是日本、瑞士和新加坡；长寿地区的顺序，香港第一，日本第二。而 2022 年我国内地的平均寿命前三名是上海、北京和天津。西双版纳被公认为中国空气质量最好的城市，当地的森林覆盖率高达 78.4%，每立方厘米的空气中负氧离子含量最高可达 10 万个，是北京的成百甚至上千倍，但即便如此，北京的人均寿命高于西双版纳 10 岁。由此可见，长寿的决定性条

---

① 周超. [中国老龄化] 历史进程中的中国老龄化——人均预期寿命从 1949 年 35 岁升至2021 年 78.2 岁，发生了什么，意味着什么？[EB/OL]. (2023 - 04 - 02) [2024 - 01 - 03]. https://zhuanlan. zhihu. com/p/572012510.

② 顾宝昌，侯佳伟，吴楠. 中国总和生育率为何如此低？——推延和补偿的博弈 [J].人口与经济，2020（1）：49 - 62.

件不应该是空气、环境等自然条件，整日生活在远乡僻壤，看青山观绿水不一定高寿。

二、老龄社会的法律挑战

2002 年，鉴于新世纪以来全球特别是发展中国家人口老龄化速度的加快，联合国在马德里举办了第二次世界老龄问题大会，以应对这一挑战。多数发展中国家对于迅速而持续的人口老龄化现象并未做好充分准备。中国于 2000 年正式步入老龄化社会，当时 65 岁及以上的老年人口比例已经达到 7%，而 60 岁及以上的老年人口比例达到 10%。根据 2020 年的第七次人口普查，我国有 2.64 亿 60 岁及以上的老年人口，占总人口的比例为 18.7%；有 1.91 亿 65 岁及以上的老年人口，占总人口的比例为 13.5%。[①] 在 2020 年，全世界有 10.5 亿 60 岁及以上的老年人口，其中我国老年人口占比约四分之一（25.14%）。同年，全世界有 7.27 亿 65 岁及以上的老年人口，其中我国老年人口占比超过四分之一（26.27%）。由此可见，我国作为发展中国家，又是世界上人口最多的国家，老年人口的规模是名副其实的"世界第一"。[②]

毋庸讳言，21 世纪最重要的社会问题之一是人口老龄化趋势，它对家庭结构、代际关系、就业、住房、交通和社会保障等社会各个领域都产生了深刻的影响。相比其他发达国家，中国处于"未富先老"和"未备先老"的现实困境。所谓"未富先老"，是指中国在现代化还没有实现、经济基础尚不牢固的情况下进入了老龄社会；所谓"未备先老"，是指中国目前的养老服务体系不完善、不平衡，不能适应日

---

① 国家统计局、国务院第七次全国人口普查领导小组办公室. 第七次全国人口普查公报［R/OL］.（2021 - 05 - 11）［2024 - 01 - 03］. http：//www. gov. cn/guoqing/2021 - 05/13/content_5606149. htm.

② 唐钧. 世界和中国的人口老龄化及其原因［J］. 社会政策研究，2022（3）：3 - 18.

益扩大的养老服务需求。① 在此情况下，如何处理愈发突出的、大规模的老年人权益保障问题，法律面临诸多挑战。

（一）家庭传统养老功能弱化

中国社会历来秉承孝悌、孝义的传统文化，以家庭血缘为基础建立起世代相传、延续了数千年的传统养老保障体系。至今，"养儿防老"在大多数中国人的思想观念中根深蒂固。中国传统家庭的代际养老传承将人生分为四个阶段：被养、养小、送老、被送。② 人生阶段被不断重复，长辈抚养晚辈支出了自己一部分劳动生产所得，其预期收益是在年老时获取晚辈供养生活资料的权利，即长辈抚育晚辈，晚辈成年后赡养长辈。由此可见，在中国传统养老机制中，长辈抚育晚辈成长，是一个再分配生产生活资料的过程，养老责任由此传递给晚辈，家庭养老功能在财富和责任传递下实现了代际转移，而维系和稳固家庭养老功能代际转移的文化价值观基础就是传统孝悌文化。在中国古代，子女不赡养父母，属于不孝。《唐律·斗讼》规定："诸子孙违反教令及供养有缺者，徒三年。"明、清两代将此罪的刑罚减轻为"杖一百"。依《唐律疏议》的解释，所谓"供养有缺"，是指按照家庭的实际情况，本来可以让父母吃穿得好一些，却供给了较次的衣物和饮食，使父母挨饿受冻。"供养有缺"属于亲告罪，不告不理，祖父母、父母告发时才追究责任。

当代中国法律将"抚养子女、赡养老人"设定为对等的权利义务，继续从法律层面固定和强化传统家庭养老功能。《中华人民共和国宪法》（以下简称《宪法》）第49条第3款规定，父母对未成年子女有抚养和教育的责任，而成年子女则有赡养和帮助年老父母的义务。

---

① 肖金明．老年人权益保障法律制度研究［M］．济南：山东大学出版社，2013：65.
② 潘维．信仰人民：中国共产党与中国政治传统［M］．北京：中国人民大学出版社，2017：43.

《民法典》第 1067 条明确指出，如果父母未履行抚养义务，未成年子女或无法自立生活的成年子女有权要求他们支付抚养费。同样，如果成年子女未履行赡养义务，缺乏劳动能力或生活困难的父母有权要求他们支付赡养费。此外，《老年人权益保障法》第 13 条规定，老年人养老以居家为基础，家庭成员应尊重、关心和照顾老年人。第 14 条规定，赡养人在经济、生活和精神上对老年人提供支持，同时照顾老年人的特殊需求。第 19 条规定，赡养人不得以放弃对老年人的继承权或者其他理由，拒绝履行赡养老年人的义务。

2005 年，上海市提出了"9073 养老服务格局"的模式。这个模式的核心理念是建立一个以居家养老为基础，社区养老为依托，机构养老为支撑的综合养老服务体系。具体来说，"9073"意味着 90% 的老年人选择在家中养老，7% 的老年人则依靠社区提供的养老服务，仅有 3% 的老年人选择机构养老服务。"9073 养老服务格局"至今仍然被学术界和实务界在各个层面频繁引用，居家养老、社区养老、机构养老更是被称作传统养老模式的"三驾马车"。但是，90% 的老年人要采用居家养老模式，说明发达的上海地区在新世纪初提出的养老服务观念并没有跳出传统的家庭养老模式圈。

随着时代变迁和社会发展，以善良家父为核心的传统大家庭结构逐渐解体，建立在其基础之上的传统养老体系和养老模式开始失效。在 40 余年生育政策的影响下，"4 - 2 - 1"类型家庭愈来愈多。养老供给主体多数为独生子女，这些独生子女在结婚后往往承担着同时照顾四位老人及抚育自己孩子的重大责任，这导致家庭在养老方面的压力极为巨大。美国知名智库"战略与国际研究中心"在 2008 年和 2009年连续发布的研究报告中提到，中国预计在 2020 年左右迎来老年抚养比的顶峰，这将对国家财政造成重大压力，从而使年轻一代面临日益增长的经济负担，这种情况可能导致社会稳定性受到挑战。①

2023 年 5 月，各大媒体纷纷关注一则新闻，内容是山东一位独生子高先生在医院照顾生病的父母，父母是地地道道的农民，没有退休金。高先生在北京工作，一个月工资有 1 万多元，除了要供孩子上学，肩负家庭开支外，还要还房贷、车贷等。高先生的父亲先得了脑梗，后来母亲也脑出血了，两位老人都需要照顾。父母在医院做康复时，他只能自己一个人推两个轮椅，或者前面推一个后面用绳子拉一个。这则新闻是医院里面常见的小事，背后反映出来的社会问题则是传统养老模式受到了空前的危机和挑战。因养老供给主体的缺失，90% 的老年人居家养老的愿望越来越难以实现。

此外，随着中国产业结构的调整和城市化的发展，越来越多的年轻劳动力离开家乡，前往其他地区寻找工作机会，这使人口流动变得更加频繁和集中。这些青壮年面临激烈的生存和职业竞争，导致他们在照顾年迈父母方面感到力不从心。因此，空巢家庭的现象日益普遍，很多老年人的子女无法在身边提供直接支持，尽管他们愿意赡养父母，但实际上"有心无力"。2019 年 9 月，搜狐新闻报道：在湖北京山市，一个在外的儿子为了看望病危的父亲，请了 7 天假。然而，几天过去了，父亲的生命并没有走到尽头。儿子有些不耐烦，他问父亲到底死不死？这是在外漂泊打拼的人和留守空巢老人的现实生活，反映了太过真实的人性悲凉。连正常"送老"都很艰难，遑论要付出更多时间和精力的"养老"？在诸多外生因素与制度性瓶颈的冲击之下，家庭养老能力弱化是一个客观事实，但因此任由家庭养老功能弱化殆尽，必将导致严重的代际冲突和家庭危机。

---

① 彭希哲，胡湛. 公共政策视角下的中国人口老龄化［J］. 中国社会科学，2011（3）：121 - 138，222 - 223.

（二）失能失智老人照料监护危机重重

所谓"失能老人"，就是丧失基本生活能力的老人。按照国际标准来说，如何定义失能老人主要看其能否独立完成6件事：穿衣、吃饭、上下床、走动、上洗手间、洗澡。无法完成其中1~2项的，定义为"轻度失能"；无法完成其中3~4项的，定义为"中度失能"；无法完成其中5~6项的，定义为"重度失能"。①

与"失能"相伴的还有"失智"，它是指一类引起长期记忆减退、出现认知障碍的神经系统疾病，包括阿尔茨海默病、帕金森病等疾病，以及脑外伤等引起的痴呆。普通人一时可能不能分清"失智"和"失能"的区别，但有学者指出：失能老人不一定失智，但失智老人最终必然失能。"失智"就是丧失心智，心智上的失能。随着认知障碍的加深，失智老人的自我生活能力逐渐丧失，进入"失能"状态。② 从法律上讲，失能老人未必需要监护，而失智老人必须得到监护。

我国高龄老人数量增速明显，70岁以上的老人由2000年的5350万提高到2020年的1.17亿，80岁以上的老人由2000年的1199万提高到2020年的3580万。老年人口高龄化带来的是失能半失能风险水平的指数增加。③ 老年失能人口呈现出基数大、增长速度快、高龄化趋势。2010年，失能、部分失能人口的总量已经超过4000万，其中完全失能人口为1206.37万，部分失能人口为2817.27万。2011年，失能人口为4148.47万。有学者预测，老年失能人口在2025年为7279.22万，2030年前后突破1亿，并于2050年后达到峰值，最高值

---

① 陈娜，邓敏，王长青. 我国失能老人居家养老服务供给主体研究 [J]. 医学与社会，2020，33（7）：46-49，77.

② 刘焕明. 失能失智老人长期照护的多元主体模式 [J]. 社会科学家，2017（1）：46-50.

③ 杜鹏. 中国老龄化社会20年：成就·挑战与展望 [M]. 北京：人民出版社，2021：5.

约为1.29亿。①

　　失能失智老人无法独立生活，必须依靠他人的帮助照料，而这是养老照护专业领域的"难中之难"。一个家庭如果有失能老人，往往伴随着"脏、乱、臭"，再叠加上失智，会令照护者痛苦不堪。老人情绪反复无常，时间久了，脾气再好的照护者也容易感到身心俱疲，甚至会发生失能失智老人没事，家属先崩溃的事情。2019年9月，搜狐网登载了一则题为"一人失能，全家失衡？我照顾卧床母亲三年后为何崩溃了……"的新闻，讲述了一位女士照顾失能失智母亲三年的心路历程，在经历了失眠、崩溃、抑郁之后，"每次给母亲洗澡的时候我特别崩溃，洗一次，就累个半死……我现在根本不敢看朋友圈，每次看他们出去玩，都好羡慕"，"三年了，我投入200%的精力，全身心地照顾她，但身心俱疲。我觉得对不起我妈，可我心里有火，太憋屈，快把自己折磨疯了"。据不完全统计，家庭看护群体中20%的家人患有忧郁症，65%的家人有抑郁倾向。并且，每户失能家庭里，至少有1到2名家庭成员需要辞去工作，全身心投入护理中。这说明，随着老年人失能状况的长时间持续，子女们尽管有意愿去照顾他们，但面临着越来越多的挑战。长时间的照护不仅需要投入大量的金钱和时间，还需要专业的护理知识，而这些往往是子女们所缺乏的。此外，由于缺少休息和恢复的机会，子女们可能会感到极度的疲惫和压力，最终导致他们在照料上感到力不从心，陷入一种资源和精力上的枯竭状态。②

　　失能失智老人照料单纯依靠传统的家庭与子女照料显得难以为继，需要政府、社会整合各方资源提供支持和协助，以提升失能失智老人

---

① 李晓鹤，刁力. 人口老龄化背景下老年失能人口动态预测 [J]. 统计与决策，2019，35（10）：75 - 78.

② 刘二鹏，张奇林. 失能老人子女照料的变动趋势与照料效果分析 [J]. 经济学动态，2018（6）：92 - 105.

的家庭照料能力。从法律角度分析，可能需要关注以下几个方面：一是如何确立认定失能失智老人的医学和法律鉴定标准；二是如何建立失能失智老人监护选定和监督机制；三是如何引导失能失智老人进行合理财产安排。

（三）农村老龄化人口权益保障亟须完善

一直以来，我国城乡之间人口老龄化的规模以及增速存在着较大差异。2000 年，城镇 60 岁以上老年人口为 4440 万，乡村 60 岁以上老年人口为 8556 万。由于 20 年来我国城镇化进程不断加速，城镇老年人口 2020 年增长到 1.43 亿，首次超过 1.21 亿的乡村老年人口。[①] 虽然城镇老年人口的绝对数量高于乡村老年人口，但乡村老年人口的占比则高于城镇老年人口。2020 年城镇的老年人口占比分别为 15.54% 和 16.40%，而乡村老年人口占比远远高于城镇，达到 23.81%，相当于约每 4 个人中就有 1 个老年人。[②] 此种现象被学者称为"人口老龄化的城乡倒置"，这一"城乡倒置"现象呈现进一步加剧状态。农村老年人缺乏相对独立的经济来源，贫困发生率相当于城镇的 3 倍以上，在许多应得利益面前被边缘化。因此，加强农村老龄化人口的权益保障比城镇更加急迫。

相比城市，农村老龄化人口的社会保障水平较低。由于城乡二元结构仍然存在，大部分农村老年人的公共服务和社会保障待遇与城市老年人差距较大，新型农村养老保险金数额尚不及政府机关事业单位养老金额度的四十分之一。[③] 农村老年人主要依靠劳动收入、养老保险金、高龄补贴乃至低保金。大多数农村老年人处于"日出而作，日

---

① 杜鹏. 中国老龄化社会 20 年：成就·挑战与展望 [M]. 北京：人民出版社，2021：5.

② 杨涵墨. 中国人口老龄化新趋势及老年人口新特征 [J]. 人口研究，2022，46 (5)：104-116.

③ 郝海燕. 乡村振兴视域下民族地区农村老年人权益保障的法治之维 [J]. 贵州民族研究，2023，44 (2)：148-154.

落而息"的状态，一直到自己在地里刨不动为止，精神生活乏味单调。除了经济高度发达的农村地区，其他农村社区很难有条件为老年人提供精神娱乐场所。即便老年人自发组织一些娱乐活动，也仅限于过年过节的时候开展。

农村家庭对老年人的供养照料不足。当前，小型化、核心化农村家庭结构非常普遍，农村青壮年人口被大规模地虹吸至城市谋生。随着越来越多的农村年轻人选择外出工作，老年人在农村的孤立现象越来越严重，这种"空巢老人"情况正在逐渐增加，这导致他们从家庭和亲戚那里得到的支持和资源有所下降。结果，农村老年人面临经济来源的不确定性、精神生活的匮乏以及医疗保障方面的挑战，这些问题变得更加难以应对。基于人性本能，子女一辈向下一代倾尽精力和财力的欲望强烈，而向上顾及老人的能力和念想愈发薄弱。在现实生活中，子女以各种借口对失去劳动能力又缺乏养老保障的老人不尽赡养义务的事例屡见不鲜。2023 年 4 月间，笔者在粤西农村调研，发现许多农村老年人处于留守独居状态。一位村支部书记讲，该村有一名独居老人瘫痪在床，生活不能自理。他的两个儿子均携家带口在异地打工，此前曾因赡养老人问题争吵甚至大打出手。最终，一个儿子将老人带到东莞，儿子儿媳工作压力大，只能将老人安置在租住房屋内，早晚喂送一些饭食。未及多时，老人去世。在传统尊老敬老爱老观念淡化的社会背景下，重幼轻老、重葬轻养等社会现象在农村将越来越突出。

农村老年人在家庭财产、赡养等纠纷中的合法权益容易遭受侵犯。一些子女道德素养低下，自私自利、见利忘义，截留、占用老年人的养老保险金、高龄补贴或低保金。此类现象在贫困地区更为严重。笔者在 2016 年间曾在新疆和田偏远山村驻村工作一年，与一位维吾尔族 80 余岁的高龄老人结对帮扶。这位老人有一个外嫁邻县的女儿和一个经常外出打工、共同生活的外孙。每当村委会给老人发钱后，其女儿会将老人接去共同居住一段时间，待老人钱一花完，又会将老人送回家中。此外，有些子女在房屋、宅基地、承包林地及资金等家庭财产分割过程中斤斤计较，任意侵占老年人合法利益。面对家庭成员的侵权行为，农村老年人法律观念和知识匮乏，有的孤苦无依或行动不便，更多的是怕家丑外扬，不愿甚至不敢对外倾诉，只能默默承受，在弱势无援状态下煎熬。

三、老龄社会的民法护航

民法是什么？从法哲学的视角看，我们的生活可以被分为两个大的范畴，一是国家政治活动领域；二是民间社会活动领域。对于调整国家政治活动领域的法律，我们称为"公法"；而对于调整民间社会活动领域的大部分法律，我们称为"私法"。"私法"的重要组成部分是民法，它覆盖了所有的经济活动和家庭生活。作为个体，当我们身处国家政治活动领域时，我们叫公民；当我们身处民间社会活动领域时，我们叫自然人。

民法是干什么、管什么的？民法是调整平等主体的自然人、法人和非法人组织之间的人身关系和财产关系的法律。民法调整的社会关系有多大？简单来说，我们每一个人从出生到死亡，都受民法的规范，比如说人一出生父母就要对他负责任，这就涉及民法关于抚养监护的规定。他成年了，要谈婚论嫁，这涉及民法关于婚姻的规定。他老了，子女有义务照顾他，这涉及民法关于赡养的规定。最后他故去了，还有财产的问题，这就涉及民法关于继承的规定。

然而，民法的调整范围比上述所言更宽广，个人、企业等主体在工作、活动、生活中所涉及的方方面面，都可以在民法里面找到行为的指引或者需要的答案。从这个意义上讲，民法被称为"社会生活的百科全书"。谈及民法的重要性或者是调整范围的广泛性，人们往往引述孟德斯鸠说过的这句话，"在民法慈母般的眼神中，每个人就是整个国家"①。

2020 年 5 月 28 日，第十三届全国人大第三次会议审议通过《中华人民共和国民法典》。这部"权利宣言书"共有 10 编 1260 条，其中许多条款与老年人日常生活密切相关，彰显和保护着老年人的人身权利和财产权利，对 2.8 亿老年人的生活质量产生了深远的影响，同时充分回应了老年人对美好生活的期望。

1. 意定监护护航"老有所依"

传统民法的监护制度，仅适用于未成年人或者精神病人等无民事行为能力人或者限制民事行为能力人，对丧失生活能力的老年人则不能适用。② 现实情况是，随着年龄不断增大，老年人的行为能力在理论上没有瑕疵，但意思能力会逐渐陷入衰退，在从事民事活动时可能缺失正常理智，需要设置监护人予以照护。但是，传统民法的监护制度忽略了老年人自主意愿，简单运用"禁治产""准禁治产"的机制，为老年人强制指定监护人，使老年人的生活处于非正常化状态，甚至与社会逐渐隔离。继《中华人民共和国老年人权益保障法》（以下简称《老年人权益保障法》）出台之后，我国《民法典》规定了意定监护制度，这是一种允许成年人在尚未完全失去民事行为能力时，通过书面形式选择一个他们最信任的个人或机构作为未来的监护人的制度。一旦他们全部或部分丧失民事行为能力，这个预先选定的监护人将履行监护职责。与法定监护相比，意定监护具有优先适用性，充分体现了对老年人意愿的尊重，保障了他们的自我决定权。当老年人失去行为能力时，意定监护人能有效地管理和协助他们的事务，从而更全面地保护老年人的人身和财产权益。由此可见，意定监护制度顺应"积极老龄化"的时代理念，让"老有所依"多了一层法律保护网，也被

---

① 孟德斯鸠. 论法的精神：下册 [M]. 张雁深，译. 北京：商务印书馆，2005：190.
② 杨立新. 闲话民法 [M]. 北京：人民法院出版社，2005：166.

称为老年人的"未雨绸缪"条款。

2. 继承制度护航"老有所安"

长辈先于晚辈死亡是一般的自然规律，随着个人财富的种类和数额日渐增多，倘若因遗产处理分配发生纠纷，将直接影响老年人生活的和谐安宁。继承是关于自然人财富在死亡后进行传承的基本制度，直接决定了老年人是否能够心安理得地对死后事务作出妥善安排。因此，保障遵从老年人的真实意愿、实现财富传承，是继承制度规则设计的主旨要义。我国《民法典》继承编致力于确保老年人能够根据个人意愿安排自己的财产继承，这主要体现在两个方面：首先，它鼓励将财富保留在个人和家庭之间的传递，确保资产能在自然人之间进行流转；其次，它适应技术进步，通过整合遗嘱继承和遗赠的法律制度，尊重和保障个人的意思自治。① 具体而言，《民法典》继承编增设了继承人的宽恕制度，允许被继承人宽恕因犯错而丧失继承权的继承人恢复继承权，旨在尽可能尊重被继承人的意愿，促使继承人改邪归正，拓宽了代位继承在旁系血亲的适用范围，即被继承人的兄弟姐妹先于被继承人死亡的，由被继承人的兄弟姐妹的晚辈直系血亲代位继承，符合人伦温情，有利于家庭功能的实现，扩大了遗赠扶养协议扶养人范围，不再局限于集体所有制组织与扶养人，有利于调动社会养老机构的积极性，适应养老形式的多元化需求。

3. 居住权护航"老有所居"

"金窝银窝不如自己的狗窝"，世世代代的中国人普遍受到"有房才有安全感"的思想观念影响。在现实生活中，有的父母为了给子女购房往往会无私奉献、倾其所有，有的父母为避免去世后子女因遗产问题发生争议，提前将自己的房产予以分配并过户，但自身却面临老

---

① 薛宁兰，李丹龙. 民法典老年人权益保障条文解读［J］. 中国民政，2020（22）：41-44.

无所养、居无定所的风险。老年人普遍担心，如果因为产权变动、房屋被卖出或与子女发生争执等原因，导致他们不得不离开长期居住的家或者唯一的住所，这将给他们带来极大的不安。①《民法典》新增了居住权制度，为满足生活居住的需要，居住权人可以通过合同约定一种用益物权，对他人的住宅进行占有、使用。根据这一制度，本人名下无房的老年人，可以通过设立居住权，在相关部门办理登记之后，能够保障有固定居所供其晚年居住。居住权是一种排他性物权，但凡设立了居住权的房屋，即便权利人出售、转让、抵押，都不影响居住权人居住、使用该房屋，排他性为居住权人提供了稳定居住的法律保障。居住权制度对房屋的居住权和所有权作出了差异化安排，既让老年人将房产留给子女，又给自己或配偶保留生前的居住使用权，实现老有所居，有利于促进家庭和谐。此外，居住权为"以房养老"提供了法律支撑。老年人可以通过住房反向抵押退休金的方式，将自己的房产质押给合格的银行或保险等金融机构，以此作为养老资金的来源。在这项安排下，老年人仍然保留住在自己房子里的权利，并根据事先的协议定期领取退休金，直到他们去世。此后，金融机构将获得这些抵押房产的处置权。由此，老年人获得了一种增加养老资金来源的选择。

4. 婚姻自由护航"老有所爱"

随着年龄的升高，有配偶的老人比例越来越低，而丧偶率在大幅度地增加。婚姻状态对中国老年人群体的负性情绪有显著影响，从静态回归结果来看，在年龄、经济状况、生理健康水平等其他条件均相同时，处于丧偶状态的老年人出现负性情绪的概率比有偶老年人要

---

① 汪琳岚.《民法典》居住权制度的实施助推老有所居 [J]. 中国社会工作，2023 (20)：40－41.

高。① 古稀之年，爱情犹存，相濡以沫，同舟共济。老年人体弱多病，在生活中需要伴侣给予物质和精神上的扶持。夫妻之间无私的爱对老年人的晚年生活有很大的帮助。《民法典》重申了实行婚姻自由制度，当然对老年人适用。老年人拥有婚姻自由，这意味着两性之间的婚姻应完全基于男女双方的自愿选择，禁止任何一方强迫另一方。同时，任何组织或个人都不得干涉他们的婚姻决定。丧偶或离异老年人再婚的，其子女、家人等不得干涉，也不得干涉老年人的再婚后的生活，同时子女的赡养义务不受影响。老年人拥有离婚自由，为防止轻率离婚，《民法典》增设了"离婚冷静期"制度，明确规定，自夫妻双方向婚姻登记机关递交离婚登记申请之日起，任何一方在三十日内均有权撤回该申请。这意味着，如果在这段时间内，任何一方反悔并希望撤销离婚申请，都是被允许的。此举旨在提供一个机会让双方重新审视自己的决定，避免因一时冲动而作出不可挽回的决策。婚姻家庭是保障老年人权益的主要阵地，《民法典》所确立的婚姻自由，为尊重老年人尊严和自由、维护家庭团结与和睦奠定了法律基石。

5. 赡养制度护航"老有所养"

家庭结构的变化，带来家庭养老功能和能力的弱化，但并不能以此削弱家庭的养老责任。② 赡养是指成年的晚辈直系血亲对长辈直系血亲履行的生活供养、扶助和保护等义务。赡养权利义务的关系产生于法定的亲子关系，分为两种主要类型：首先是基于生物学血缘的父母子女关系，这包括婚生的父母子女关系和非婚生的父母子女关系；其次是法律拟制的父母子女关系，这包括经过法律手段确立的收养关系中的养父母子女之间的关系，以及存在抚养关系事实的继父母子女之间的关系。近年来，精神赡养俗称"常回家看看"问题愈加引发关

① 陈华峰，陈华帅. 婚姻状态对老年负性情绪影响的队列研究 [J]. 中国心理卫生杂志，2012，26（2）：104 - 110.

② 肖金明. 老年人权益保障立法研究 [M]. 济南：山东大学出版社，2013：14.

注，《老年人权益保障法》将赡养义务的定义从仅限于物质支持扩展到包括日常生活的照顾和精神安慰，这对于继承和发展中国的传统孝道文化具有积极影响。《民法典》在其总则编和婚姻家庭编对赡养权利义务关系的主体范围和赡养义务进行了明确规定。《老年人权益保障法》更是根据老年人的实际需求，特别设立了"家庭赡养与扶养"一章，全面而详尽地规定了经济援助、日常照料到精神慰藉等各个方面的赡养义务。这两部法律相互补充，共同构建了我国关于亲属赡养权利义务关系的法律规范体系。为了有效实施积极应对人口老龄化战略，《民法典》的赡养制度应与国家的养老福利制度和社会保障制度紧密结合，共同保障老年人的生活需求。①

---

① 薛宁兰. 我国民法规范中的赡养义务［EB/OL］.（2022－06－15）［2024－06－06］. ht-tps：//m. thepaper. cn/baijiahao_18585482.

第一章　老年人行为能力的民法关怀

自然人的民事行为能力是指自然人据以独立参加民事法律关系，以自己的行为取得民事权利或承担民事义务的法律资格。① 老年人民事行为能力是自然人民事行为能力体系不可或缺的组成部分，与其密切有关的是老年人监护以及老年人宣告失踪和宣告死亡，这些制度共同构成老龄化社会背景下老年人民事权益保护的重要环节和链条。

一、老年人民事行为能力的划分

《民法典》在规范自然人的民事行为能力方面，延续了经典的三级分类法，将民事行为能力细分为：完全民事行为能力、限制民事行为能力和无民事行为能力。具备完全民事行为能力的个体包括年满18岁的成人以及16岁及以上并以独立劳动所得为生的未成年人。这些个体享有独立从事民事活动的权利，只要其意思表示真实且不违反任何法律或行政法规的强制性规定，其行为即被视为有效。限制民事行为能力的个体主要指8岁以上的未成年人和不能完全辨认自己行为即认知能力受限的成年人。他们可以独立进行纯粹有益的民事活动以及与其年龄和智力相匹配的事务，除此之外的其他民事活动则需法定代理人的同意或事后追认，方能发生法律效力。至于无民事行为能力者，

---

① 梁慧星. 民法总论 [M]. 3 版. 北京：法律出版社，2007：66.

此类群体包含未满 8 岁的未成年人和不能辨认自己行为的成年人。这些人不能独立进行任何民事法律活动，他们实施的任何民事行为均为无效，必须由法定代理人代为实施。

目前，我国关于老年人民事行为的划分与认定，也要遵循以上《民法典》的总括性规定。准确理解老年人的行为能力，旨在保障他们能够自由表达意愿，并按照自己的意愿行使权利，不受任何人的干预和限制，自主进行民事行为。特别是当老年人被认定为限制民事行为能力人或者无民事行为能力人，为了保护老年人和行为相对人利益，维持交易和财产秩序，必须在秩序与自由之间寻求一种平衡。

（一）行为能力欠缺的老年人

依照《民法典》的有关规定，自然人达到 18 周岁以后，成为完全民事行为能力人，开始根据自己意愿，完全自由地从事民事活动。自然人除非因智力或精神的原因被认定为限制民事行为能力人和无民事行为能力人以外，其完全民事行为能力的状态会一直持续到生命的终结。然而，老年人在步入老年期之后，由于身体多方面机能会发生程度不同的退化，会造成其行动能力、认知水平等的下降。在这一下降过程中，老年人行为能力应当被怎样考虑呢？

2020 年，中国新闻网报道了一起引人瞩目的房产赠与事件。在这起事件中，一位 88 岁独居老人马先生决定将他价值 300 万元的房产送给一位与他并无血缘关系的水果摊主小游。这个故事迅速引发了广泛的社会关注。

> 马先生是上海本地的一位退休工人，与水果摊主小游相识已有数年。据报道，他们的友谊源于一次小游陪伴老人料理患有精神疾病的独生子的后事。在那之后，他们的关系逐渐密切。有一次，老人不慎在家中摔倒昏迷，是小游及时发

现并把他送往医院救治。由于老人的亲属都不在身边，小游在完成每天的进货工作后便会去医院照顾他。

为了表达感激之情，老人邀请小游夫妇及其三个孩子搬进他的房子住，组成了一个特殊的家庭。2019年，老人和小游一起到公证处办理了意定监护协议和房产赠予公证。然而，这个看似美好的故事却引发了一场关于监护权和房产所有权的法律纠纷。

老人的家属在接受记者采访时表示，他们也是通过新闻得知老人决定将房产赠送给小游的消息。他们认为网上的报道并不符合他们家庭的真实情况，并强调老人在三年前生病时是由他们送往医院并每日照料的。他们还指出，老人在医院的诊断结果显示他患有阿尔茨海默病。三年来，他们对于老人将名下财产和金银饰物交给小游一事都知情，但他们认为只要老人晚年有人照料，他们也不会过多干预。然而，当他们得知老人决定把房产赠送给小游时，他们开始担心这并非完全出自老人本意。

社区居委会主任沈女士告诉记者，由于马先生年事已高，他的神志已有些糊涂，加上他性格较为固执，居委会曾试图为他安排长护险居家护理，但被他拒绝了。

水果摊主小游在接受记者采访时坚称，他赡养了马老伯十年，获得老人赠予的房子是理所当然的。他向记者出示了一份关键材料——遗赠扶养协议。小游表示，他从始至终照顾老人，现在所得都是老人赠予的。他会继续履行赡养义务，也不会排斥老人亲属前来探望。

普陀公证处办公室工作人员周先生，在接受采访时表示：从当事人在办理公证时的谈话情况和提交给公证处的病历等材料不能反映出当事人的行为能力出现问题。在公证办理过程中，公证员和居委会进行了电话联系，询问了老人的情况。①

然而，这个故事并没有以皆大欢喜的结局收场。老人的亲属将小游起诉至法院，要求判决认定老人为无民事行为能力人。根据司法鉴定结果，2021年法院认定老人为无民事行为能力人。面对这个结果，老人家属表示未来可能会就监护问题进行诉讼。② 这场法律纠纷无疑给这个原本温馨的故事增添了一些遗憾和复杂的色彩。

从以上这个案例可以看出，老年人意思能力的下降是一个逐步的过程。即便是患有阿尔茨海默病的老年人，在早期损失的主要是短时记忆，他们的意志、对事物评判能力和长时记忆受到的影响相对轻微，并不能代表他们不能表达自己的意愿。在此情况下，应该是老年人有多少残存的意思能力，法律就应该保障他们实现多少残存的意思能力。法院判决老人为无民事行为能力人，并不能据此认定老人在签订《意定监护协议》时就已无民事行为能力，该《意定监护协议》并不因此当然无效。在法院判决老人为无民事行为能力人之后，小游应该是第一顺位的监护人。老人亲属若要申请撤销或变更监护人，必须提供老人签订协议时没有民事行为能力，或者小游未履行监护责任、对老人照顾不周等证据。

由此可见，立法非常有必要专门建立老年人行为能力欠缺制度。究其原因，老年人个体在生理、心理等方面的变化有以下特点：

第一，老年人身体和认知功能的衰退是一个逐渐发生的自然过程。

---

① 最江阴. 老人将300万房产留给水果摊主，亲属质疑！摊主、公证处回应［EB/OL］.（2020－11－27）［2024－06－06］. https：//www. sohu. com/a/434701586_443889.

② 季爽. "独居老人将300万房产赠水果摊主"后续来了！法院判决［EB/OL］.（2021－05－19）［2024－01－03］. https：//m. gmw. cn/2021－05/19/content_1302305356. htm.

人类随着正常衰老，不可避免地会经历各种行为能力的下降，包括认知能力的衰退、运动能力的减弱，以及睡眠和生物节律的混乱等。认知是一种通过感知、经验和思考来获取知识并指导日常活动的过程，其范围广泛，涵盖了学习、记忆、决策、注意力和执行能力等诸多方面。[①] 老年人的身体和认知功能的衰退通常与年龄的增长有关。随着时间的推移，老年人可能会经历各种身体和认知方面的变化，这些变化可能对他们的日常生活和独立性产生影响。对于刚开始步入老年的人来说，在刚开始老去的几年甚至更长的时间里，他们的身体和认知功能可能并未明显退化。然而，随着年龄的增长，老年人的身体和认知功能逐渐显现出衰退症状：器官和身体组织的功能开始退化，大脑功能减弱，反应能力下降，视觉和听力问题开始出现，身体力量、耐力、平衡性开始减弱，老年疾病也开始频繁出现。这些身体变化会伴随着他们的整个老年期，这种多方面的功能退化会逐渐累积，直到生命的结束。

第二，老年人个体身体和认知功能的退化存在不确定性。虽然步入老年期后，老年人的身体和认知功能普遍会退化，但这并不意味着每个老年人都会经历这一过程。老年人个体的生活习惯、经济条件、生活心态、对生活的满意度以及家庭遗传等因素都会影响身体和认知功能的退化情况。大量研究显示，规律而适度的身体锻炼有利于增强认知和运动能力，并且能有效降低发展成痴呆等认知障碍的风险。此外，进行脑力锻炼可以作为一种策略，有助于减缓与年龄增长相关的认知衰退。教育的接受程度也被发现与认知衰退的速率有关，较高的教育水平似乎能够放缓这一过程。据此，可以预测，那些积极参与社交和智力活动的老年人，他们的晚年可能会经历较为缓慢的认知下降，

----

① 袁洁，蔡时青. 衰老过程中行为和认知功能退化的调控机制研究［J］. 遗传，2021，43（6）：545－570.

并且减少了患上阿尔茨海默病的风险。① 此外，由于家庭遗传因素的影响，有些老年人可能会较早地患上心脏病、糖尿病等老年性疾病，而另一些老年人则可能直到终老都不会患上这些疾病。

第三，老年人的身体和认知功能的衰退并非呈现出阶段性同步的状态，而是存在显著的个体差异，其过程更具有随机性。进入老年后，每个人在身体和认知功能的衰退程度上都有所不同。据研究表明，社会交流对老年人的心理健康有着显著影响。如果一个人拥有广泛的社会关系和大规模的社会网络，他们的认知功能往往能够保持在较好的状态。相反，那些与朋友或邻居缺乏交流、独居或者缺乏可信赖朋友的老年人，他们的认知功能衰退程度往往比其他老年人更为严重。② 有的老年人可能经历心血管疾病、糖尿病和癌症等慢性疾病，这些疾病可能会加速身体功能的衰退，而有的老年人可能只是经历了视力或听力的正常衰退。同样，有的老年人可能会出现大脑反应能力下降的症状，而有的老年人可能会出现导致完全丧失意思能力的疾病，如痴呆。此外，老年人身体和认知功能的衰退也可能在不同的年龄阶段以不同的方式出现。有的老年人在刚进入老年期就可能出现记忆力下降、视听能力减弱等症状，而有的老年人可能在老年中晚期才会出现这些症状，或者这些症状可能在老年期的晚期才会出现。总的来说，老年人的身体和认知功能的衰退并非一成不变，而是因人而异，具有显著的个体差异。

我国1986年颁布的《中华人民共和国民法通则》（已废止，以下简称《民法通则》）根据个体的精神状态来判定成年人的民事行为能力。换言之，只有被诊断为精神病患者的个体才可能被认定为限制民

---

① 袁洁，蔡时青. 衰老过程中行为和认知功能退化的调控机制研究［J］. 遗传，2021，43（6）：545-570.

② 张爽. 老年人认知功能影响因素及提升措施［J］. 中国老年学杂志，2018，38（24）：6142-6143.

事行为能力人或无民事行为能力人。但是，这一规定将老年人的行为能力简单地划归为一般成年人的行为能力范畴，忽略了老年人作为一个特殊群体可能面临的问题。老年人可能因年龄增长导致认知能力下降、精神状态不佳、轻度痴呆症状或身体上的残障和力量衰退等情况，需要特别的保护。虽然这些老年人并不属于精神病患者，但他们的自理和自控能力可能较弱，不足以应对复杂的行为及其后果，因此也应当得到监护制度的支持。①

《民法典》改变了《民法通则》以精神状态为依据来确定成年人的民事行为能力类型的做法，其第21条至24条等规定明确表示，当自然人不能辨认自己行为，或不能完全辨认自己行为时，经过法定程序，将被认定为无民事行为能力人或限制民事行为能力人。

老年人在面临诸如阿尔茨海默病、精神疾病、严重疾病或事故导致植物人状态时，可能会丧失或部分丧失自我辨认行为的能力。此时，他们可能被认定为无民事行为能力人或限制民事行为能力人，这意味着他们所进行的民事行为可能会被视为无效，并可能需要其法定代理人（如监护人）的代理、同意或追认。

被认定为无（或限制）民事行为能力的老年人，在生活中可能会面临诸多困扰。无论是在医疗、养老，还是在财产处分等方面，他们往往无法独立作出决策，这对他们的生活质量产生了严重影响。因此，家庭成员、相关组织和个人在涉及老年人养老、服务等领域时应格外关注《民法典》等法律的规定，并及时为老年人提供必要的支持和帮助。

当老年人尚具备民事行为能力时，可以合理规划自己的遗嘱、协议或财产处理事宜，从而确保自己在生活、医疗、养老和财产处分等

---

① 吴国平. 我国老年监护制度的立法构建［J］. 南通大学学报（社会科学版），2010（2）：51－58.

方面得到妥善安排。

限制民事行为能力的老年人，仍有可能进行一些简单的民事法律行为，如继承财产、接受赠予和小额消费等。对于这些行为，他们无须依赖他人，可以独立进行。

当老年人不能（或不能完全）辨认自己的行为时，利害关系人或相关组织可以向法院申请认定该老年人为无（或限制）民事行为能力人。一旦法院作出支持的裁决，老年人的监护人将有权代理实施相关行为，如买卖房屋、存取银行款项或签订拆迁补偿文件等。

值得注意的是，无（或限制）民事行为能力的老年人在接受治疗后或自然康复期间，如果智力、精神健康恢复正常，他们本人、利害关系人或相关组织可以向法院申请认定该老年人恢复为限制（或完全）民事行为能力人。这将有助于他们在生活和财产等方面重新获得自主权。

在古希腊神话故事《俄狄浦斯》中，有一则经典谜语，其内容为："什么东西早晨用四只脚，中午用两只脚，傍晚用三只脚?"这个谜语的答案是"人"。这个谜语用早中晚三个时间段来形象地描绘人类一生的生命历程。早晨代表了人类的孩提时代，我们用四只脚爬行，象征着我们的无助和依赖；中午代表了人类的壮年时期，我们用两只脚行走，象征着我们的独立和自主；傍晚则代表了人类的老年时期，我们用三只脚行走，象征着我们的迟缓和脆弱。这个谜语以简洁明了的方式表达了人类生命历程的时间规律，使我们对人类生命的演变有了更为深刻地理解。[①] 然而，《民法典》在老年人行为能力欠缺制度方面，仍然囿于"老年人行为能力被简单地归入成年人行为能力"的桎梏之中，远未达到完善的程度。未来，《民法典》应该以"尊重自我

---

① 拉维托—比亚焦利，曲云英. 以另一种手段呈现的理论：帕索里尼关于否思的电影 [J]. 国际社会科学杂志（中文版），2015，32（1）：5-6，9，44-68.

决定权"和"维护本人生活正常化"的原则为指引，对老年人剩余的行为能力给予特别的关注和重视。我们应避免对老年人的民事行为能力进行绝对的"全有或全无"的评价，而是应尊重他们的自由意愿和选择权，并确认他们自主进行民事行为的法律地位。这种做法充分尊重了老年人剩余的意思能力，有利于维护老年人的权益和尊严，同时也有助于推动他们的生活正常化。

（二）老年人行为能力欠缺的判断标准

目前，在司法实践中，当人们向法院申请对一位老年人进行限制民事行为能力或无民事行为能力的宣告时，主要是希望通过指定代理人来妥善处理老年人的日常个人事务和管理他的财产。通常，这种申请也会同时指定监护人，以解决一些程序性问题，例如签字等。但是，判断老年人行为能力是否欠缺，是一个极为复杂之事。一方面，我们必须充分考虑欠缺行为能力老年人的残余行为能力；另一方面，我们又很难认同一位思维混乱、言语无序的老年人具备与普通成年公民相同的完全民事行为能力。同样，我们也难以相信一位视听能力显著减退、语言表达含糊不清的老年人所作出意思表示的有效性。

2021年6月，《北京日报》报道这样一则案例：

西城区的古稀老人田大妈，因购买保健品而结识了保健品公司的负责人高某。高某以投资理财为名引诱田大妈用房子做抵押贷款，承诺投资成功后不仅还清贷款本息，还会给田大妈50万元作为报酬。田大妈患有家族精神病史并已出现阿尔茨海默病症状，由于缺乏判断力，便在未经核实的情况下同意了高某的建议。

担保公司作为债权人，与田大妈签订了一份金额为150万元的借款合同，并接受了田大妈的房产作为抵押物。合同签订后，担保公司完成了房产的抵押登记。

最初，高某定期偿还贷款本息，但在一年后突然失踪，留下了巨额债务。直到这时，田大妈的女儿才发现她的母亲被骗，房产已被秘密抵押。担保公司随后诉至法院，要求田大妈偿还 80 万元的剩余债务和利息。

面对诉讼，田大妈的女儿请求法院对其母亲的精神状态和民事行为能力进行鉴定。鉴定结果显示田大妈患有器质性精神障碍，记忆力严重下降，应被认定为限制民事行为能力人。基于鉴定结果，法院宣布田大妈为限制民事行为能力人，并指定其女儿为监护人。

然而，值得注意的是，田大妈签订借款和抵押合同是在被宣告为限制民事行为能力人之前的一年。法院经审理发现，田大妈在签约时可能已经受到器质性精神障碍的影响，因此她的意思表示能力已经受损。监控录像进一步证实了她在公证时神志不清的状态。基于这些证据，法院裁定田大妈在签订合同时受疾病影响，无法真实地表达自己的意思。

最终，法院判定田大妈在签订合同时为限制民事行为能力人，并且由于相关合同未得到她监护人的追认，其签订的借款合同、担保合同、委托书以及抵押合同在法律上无效。因此，担保公司的诉讼请求被驳回。①

在上述案例中，田大妈有无民事行为能力，成为争议焦点。民法确立法律规则，对无（或限制）民事行为能力人实施的法律行为进行了严格的限制，旨在保护这类群体的合法权益。不能或不能完全辨认

---

① 孙莹. 老人处分财产，有无能力成焦点！法官提出这点关键建议［EB/OL］.（2021 - 06 - 07）［2024 - 01 - 03］. https：//news. bjd. com. cn/2021/06/07/103315t100. html.

自己行为，是成年人被认定为无（或限制）民事行为能力人的前提条件。但是，与一般成年人相比，老年人的精神和身体机能具有特殊性，对于老年人能否辨认或者完全辨认自己行为的判断标准，需要更加明确和细化。越来越多的专家学者认为，应当坚持意思能力和日常生活能力的二元标准。

所谓意思能力，是指一个人有能力理解自己行为的动机和可能引发的结果，并能根据这种理解作出合理的决策。在瑞士民法中，这种能力被称为判断能力，而在中国台湾地区的民法中，则被称为识别能力。一个自然人是否具备意思能力是其是否拥有民事行为能力的基础条件：一个人必须具有意思能力，才能拥有进行民事行为的能力；如果一个人缺乏意思能力，那么他就不具备进行民事行为的能力。意思能力的存在与否是一个事实问题，并没有一个固定的评判标准，需要根据具体的法律行为来判断。在此过程中，需要考虑行为人的年龄、智力和精神状态等因素。[①]

意思能力是判断老年人民事行为能力的事实依据基础。想象一下，对于那些明显缺乏意思能力的老年人所进行的民事法律行为，如果我们赋予他们与正常意思能力的自然人所进行的民事法律行为同等的法律效力，那就意味着他们可以自由地按照自己的意志参与民事活动。然而，这样的法律规定虽然看似平等，但实际上却忽略了意思能力作为民事行为能力划分基础的理念，从而导致了对老年人保护实质上的不平等。此外，如果我们放任意思能力不足的老年人参与到社会生活中去，并赋予他们所为的民事法律行为一律完全的法律效力，那么就不可避免地会导致交易相对人或第三人利用老年人意思能力不足的状况来侵犯他们的合法民事权益，进而损害正常的社会交易秩序。

---

① 梁慧星．民法总论［M］．3 版．北京：法律出版社，2007：67.

具体而言，老年人的意思能力应当包括以下三个方面：

第一，认知能力。老年人应当能够正确认识事物的性质，理解自己的行为动机以及通过民事行为所期望达到的结果。譬如，老年人应具备识别和使用现金等支付工具的能力，理解赠予他人财产、接受他人赠予和捐款的含义，以及能够订立遗嘱以及相关的合同进行交易。这些能力对于老年人在财产事务中的决策至关重要。在上海某个区法院审理甲诉乙（系甲继母）房屋买卖无效纠纷一案中，老人的精神状况发生了显著的变化，从思维清晰、表达清楚、有条理的状态转变为无法理解法官的意思、部分记忆丧失的情况。这一案例凸显了老年人精神健康状况的重要性，以及在涉及老年人财产事务时应当考虑其认知能力的必要性。

第二，判断能力。老年人应当能够基于自己的行为和结果，对自己的意识作出正确的判断，并决定如何表达自己的意愿。例如，由于老年人的生理特点，他们可能会突然发病，因此在紧急情况下，他们能否对关乎自己生命的医疗事项作出正确的决策就显得至关重要。当身体出现疾病时，他们是否有能力独立决定去哪个医疗机构接受治疗，是否能理解医生关于病情的描述，并自主决定签署医疗同意书，这些都是需要考虑的重要因素。此外，当疾病或紧急情况发生时，他们是否有意识并有能力寻求急救机构的帮助，这也是必须考虑的问题。

第三，表达能力。老年人应当能够通过语言等方式，将自己的决定和意愿正确地表达出来。我们知道，遗嘱能力要求当事人具有民事行为能力。老年人立遗嘱时，必须神志清醒且有必要的语言表达能力。否则，老年人遗嘱的法律效力会因其行为能力的有无受到质疑。老年人的表达能力对于实现"自我决定权"和维护"本人生活正常化"有非常关键的作用。有这样一则案例：

　　孙奶奶是四个孩子的母亲，自从多年前丈夫去世后，她一直独居。2015 年，孙奶奶在家中不幸跌倒受伤，需要住院治疗。治愈出院后，她被子女们安置进了养老院。几个月之后，当孙奶奶恢复健康并希望回到自己家中居住时，她的子女们却一致反对。他们觉得孙奶奶性格过于坚强和固执，不再适合与他们同住，同时也担心她独自居住的安全问题，因此坚持让她继续留在养老院。这让孙奶奶感到非常郁闷，她认为子女们是为了追求自己的自由而牺牲了她的自由①。

　　因此，老年人的亲属以及其他利害关系人在处理涉及老年人事务过程中，负有特殊的注意义务，即尊重老年人自由表达的意志，尊重其自由选择权，否则可能会承担侵害老年人合法权益的不利后果。

　　我们应当认识到，在民事行为能力的划分体系中，意思能力虽然扮演着基础性的角色，但并非唯一的评判标准。有学者指出，年龄、智力发展水平和精神状况是判断和区分自然人民事行为能力的主要指标，这些因素对自然人的意思能力的存在与否及其程度有着直接影响。此外，自然人的生活自理能力、经济状况，以及道德品质等也是确定和划分民事行为能力的补充与辅助标准和因素。② 为了使老年人民事行为能力的判断标准体系更加全面、合理和科学，有必要引入日常生活能力作为老年人民事行为能力判断标准之一，其在判断老年人民事行为能力过程中，有时会起到关键性作用，可以较好地契合老年人群生理、心理、社会角色等方面的变化特点。

　　日常生活能力，是指个体独立管理自身日常生活和独立参与社会生活的能力，这种能力可以进一步细分为自我照顾能力和社会生活能

---

① 孙文灿. 老年人民事行为能力的制度完善 [J]. 社会福利，2021（9）：31 – 33.

② 李建华，王琳琳，麻锐. 中国民法典应构建老年监护制度：兼论中国自然人民事行为能力制度的完善 [J]. 社会科学战线，2012（11）：186 – 193.

力。当高龄老年人的身体功能受损，无法自我照顾以满足自身需求时，他们的日常生活能力可能会逐渐降低直至完全丧失。对日常生活能力的评估通常涉及基础性日常生活活动能力（BADL）和工具性日常生活活动能力（IADL）两个方面。[①] 基础性日常生活活动能力又称自我照顾能力，主要关注老年人是否能照顾好自己的生活，如洗澡、饮食、上厕所和基本行走等。工具性日常生活活动能力又称社会生活行为，其涵盖了更为广泛的领域，包括老年人乘坐公交车、看病、购买生活必需品、使用手机、管理财产、打扫卫生等。只有通过对这些行为的全面考察，我们才能更准确地判断老年人是否需要采取人身财产保护措施，即他们是否具备日常生活能力。

在大多数情况下，老年人的意思能力和日常生活能力之间存在相互影响的关系。意思能力在日常生活中得到体现，而对其日常生活能力的评估有时也会反映在意思能力的评估中。同时，老年人的日常生活能力和意思能力又是相互独立的，日常生活能力主要体现的是老年人处理日常事务的行为能力，侧重于外在行为方面；而意思能力则反映的是老年人对外部事物的内心确认，侧重于内心意思形成方面。在老年人民事行为能力判断实践中，我们应当发挥意思能力的基础性作用，同时要借助日常生活能力的辅助功能。两者只有相互配合和补充，才能共同确保老年人民事行为能力判断体系的科学性和合理性。

（三）老年人行为能力的认定方式

我国采取法院认定方式来认定自然人的行为能力，即通过法院的判决来确定自然人的民事行为能力等级。每次需要变更自然人民事行为能力等级时，必须向法院提交变更请求，经过法院审核通过后，方

---

① 安丙辰. 日常生活活动能力和生活质量评定 ［EB／OL］. （2022－08－04）［2024－01－03］. https：∥zhuanlan. zhihu. com／p／549816112.

可进行变更。① 关于老年人民事行为能力的认定，根据《民法典》和
《中华人民共和国民事诉讼法》（以下简称《民事诉讼法》）的相关规
定，应分为两个部分：一是认定程序，指法院根据利害关系人或者有
关组织的申请，通过法定程序确定，判决不能辨认或者不能完全辨认
自己行为的老年人为无民事行为能力人或者限制民事行为能力人；二
是认定恢复程序，老年人行为能力恢复后，经老年人本人、利害关系
人或者有关组织的申请，人民法院根据老年人智力、精神健康恢复的
状况，应当作出新判决，撤销原判决，认定老年人恢复为限制民事行
为能力人或者完全民事行为能力人。然而，上述法律规定在司法实践
中的适用，则呈现出较为复杂的情况。

中国裁判文书网有这样一则关于老年人遗嘱能力争议的案例：

滕某与纪某系夫妻关系，二人共育有 5 名子女：滕 1 子、
滕 2 子、滕 3 子、滕 4 子、滕 5 子。纪某于 1996 年 9 月死亡。
滕某与王某于 1998 年 9 月 10 日登记结婚，婚后未生育子女。
2005 年 11 月 22 日，滕某与王某在北京市石景山区公证处订
立公证遗嘱，明确他们 2 处房屋产权中属于他们的份额，由
滕 4 子继承。

滕某和王某分别于 2007 年和 2015 年去世。在他们去世
后，滕某的五名子女因分家析产发生争议，并诉至法院。其
中，滕 3 子主张滕某的遗嘱无效，他要求法院撤销北京市石
景山区公证处出具的公证书，理由是滕某患有阿尔茨海默病，
不具备作出遗嘱的行为能力。

面对滕 3 子的质疑，法院在诉讼中委托鉴定机构对滕某
订立遗嘱时的行为能力进行鉴定。然而，鉴定机构以检材不

---

① 李彬，沙见泽. 老年人民事行为能力认定研究［J］. 法制博览，2018（33）：210，208.

完整，缺少鉴定时间节点的精神科专科检查（如精神状态、记忆、智能状态的测评等），无法对其订立公证遗嘱时的行为能力进行鉴定为由不予受理。

在诉讼中，滕3子提交北京云智科鉴咨询服务中心出具的《法医精神病专家意见书》，其中载明：滕某在2005年6月前已处于重度痴呆状态，不能进行有效的言语交流、不能进行真实意思的表达、不能辨认自己的行为。这一发现使得整个案件更加复杂和微妙。

法院最终认定：经过对滕某的病历进行详细分析，滕某在做出公证遗嘱时已被诊断出患有阿尔茨海默病。然而，这种疾病对滕某的行为能力产生了何种影响，需要由具有司法鉴定资质的专业机构进行深入评估。关于滕3子提交的《法医精神病专家意见书》，是由其一方委托的，且出具单位并不具备司法鉴定资质，使得该文件的结论可靠性存疑。法院因此并不采信该《法医精神病专家意见书》的结论，认为现有证据不足以证实滕某在做出公证遗嘱时确实欠缺民事行为能力。①

这个案例反映出老年人民事行为能力认定过程中的困难和挑战。在司法实践中，当事人几乎不会直接申请宣告某个老年人为无行为能力人或限制行为能力人，都是在出现合同纠纷、遗嘱纠纷等法律纠纷的时候，顺带要求审查某个老年人在特定方面的行为能力。法院多采信的是医疗机构诊断证明和司法鉴定机构鉴定结论，在缺乏完整的证据链和明确的医学证据的情况下，从老年人身心特点退行性变化规律来看，医疗机构和司法鉴定机构目前尚不具备综合评价能力。尤其是在老年人已经去世的情况下，仅凭老年人的过往病历，医疗机构和司

---

① 北京市第一中级人民法院（2022）京01民终7085号民事判决书。

法鉴定机构更是无从作出评估和判断。因为即使根据一个老年人的通常精神状态不足以确认其具备行为能力，也难以确定其在签订合同或者做出遗嘱的那一刻是否处于清醒的状态。这种情况无疑会导致法律上的不确定性。[①]

为了回应司法实践中存在的疑难，在老年人民事行为能力认定方式上，应确立以法律推定为主、个案审查为辅的认定机制。

所谓法律推定，是指根据一定的标准，例如年龄，来统一划分特定人群的民事行为能力类型。在法律上，如果一个人因为年龄或者法院的判定而被视为缺乏行为能力，他会被推定为不具备行为能力。然而，他可以通过提供证据，证明他在进行某一行为时实际上是具备行为能力的，从而推翻这个法律假设。反之，对于被认定为具有完全民事行为能力的人，法律会推定他在进行任何行为时都具备完全的行为能力。但是，他也可以通过提供证据来证明在进行某一行为时，缺乏必要的意思能力。[②] 具体来说，在60至80岁这个年龄段的老年人，其认知能力、日常生活能力的退化并不显著。因此，法律上应推定他们具备完全的民事行为能力。对于80岁及以上的老年人，由于他们在身体、心理健康及社会适应能力等方面出现明显退化，他们在认知能力、日常生活能力等方面也出现退化。这种退化在整体上是一种必然现象。因此，法律上应推定这个年龄段的老年人为限制民事行为能力人。值得注意的是，法院绝不能仅仅通过推定方式认定某个老年人为无民事行为能力人。通过法律推定方式，对老年人民事行为能力作出认定，其目的是与老年人监护制度对接，即对于80岁及以上的老年人，凡涉及其重大人身财产性事项，均须其监护人代理、同意或追认。但是，

---

① CHAMPINE P. Expertise and instinct in the assessment of testamentary capacity [J]. Virginia law review, 2006, 51 (1): 25.

② 彭诚信，李贝. 民法典编纂中自然人行为能力认定模式的立法选择：基于个案审查与形式审查的比较分析 [J]. 法学，2019 (2)：137-149.

老年人本人或利害关系人能够证明老年人在行为时具有完全行为能力的除外。

所谓的个案审查，是指在对自然人个体的意思能力等进行评估后，对其民事行为能力类型进行具体认定。正如前文所述，每个老年人的行为能力余存范围和程度各不相同。根据每个老年人的精神、身体和智力的实际情况，确认其剩余的意思能力，可以最大限度地保护老年人的权益，并尊重他们的自主决定权。[①] 在民事活动过程中，如果当事人就老年人的行为能力产生争议，可以由老年人本人或利害关系人向法院提起认定无民事行为能力或限制民事行为能力的诉讼。法院一般会委托司法鉴定，司法鉴定机构不仅要收集医疗机构的疾病诊断证明，还要向社区居委会、老年服务中心和养老院等社会机构收集有关老年人行为能力的信息，综合考虑老年人的精神状况、预见行为后果的能力、自我保护意识、意思表达能力以及日常生活能力等多方面因素，得出结论性意见，确保法院对该老年人的民事行为能力的实际状态作出合理判定。

二、老年人监护制度

老年人监护属于成年监护。1986 年颁布的《民法通则》将成年监护局限在法定监护和指定监护范围内，没有建立意定监护制度。2012 年修订的《老年人权益保障法》规定了老年人意定监护制度，其意义在于解决一个重要问题：老年人在突然丧失或者部分丧失民事行为能力时，用什么办法能够最快捷地有监护人对其合法权益进行保护，体现其选择监护人的真实意愿。2020 年颁布的《民法典》确立了成年意定监护制度。据此，将来需要监护的老年人，可以采用书面协议形式，与愿意为其担任监护人的个人或者组织，协商约定在老年人丧失或者部分丧失民事行为能力时，意定监护协议生效，双方当事人成为意定

---

① 李彬，沙见泽．老年人民事行为能力认定研究［J］．法制博览，2018（33）：210，208．

的被监护人和监护人，监护人开始履行监护职责，被监护人接受监护保护。①

（一）老年人监护的类型

老年人监护是指为了尊重老年人的意愿并保障其权益最大化，通过法定、指定或意定方式确定监护人，旨在弥补老年人因年龄和行为能力不足所产生的影响，并确保老年人能够获得权益保障和监督的一项民事法律制度。由此概念可知，老年人监护分为法定监护、指定监护和意定监护三种类型。

老年人法定监护是指由法律强制设定的监护，包括监护的设立、变更以及终止等内容由法律明文规定。老年人被认定为无民事行为能力人或者限制民事行为能力人之后，由下列有监护能力的人按顺序担任监护人：

（1）配偶；

（2）父母、子女；

（3）其他近亲属，即兄弟姐妹、祖父母、外祖父母、孙子女、外孙子女；

（4）其他愿意担任监护人的个人或者组织，但须经被监护人住所地的居民委员会、村民委员会或者民政部门同意。

如果没有上述依法具有监护资格的人，则由民政部门担任监护人，或者由具备履行监护职责条件的被监护人住所地的居民委员会、村民委员会担任监护人。

2023年10月23日，江苏省高级人民法院发布《江苏法院老年人民事权益司法保护典型案例（2021—2023）》，其中包含一宗涉及老年人法定监护的案例：

---

① 杨立新.民法典总则编司法解释对成年意定监护制度的完善［N］.人民法院报，2022－02－28（4）.

杨某与田某为携手走过五十余年的老夫妻，二人虽有子女，但均已成家单过，家庭负担较重。杨某已86岁高龄，因脑梗死等疾病瘫痪在床多年，并伴有失语症。自杨某生病后，田某一直不离不弃，悉心照顾他。

2023年4月，当地医疗保障局认定杨某为重度失能人员，根据政策，他可享受长期照护保险待遇，每月能领到600余元的失能补助金，这对家境并不宽裕的老夫妻俩来说无疑是一场"及时雨"。然而，按照政策规定，失能补助金将直接打至杨某社会保障卡绑定的银行卡中。杨某的社会保障卡是其身体健康时办理的，绑定的银行卡很少使用，田某不知道银行卡密码，亦无法提供证明身份关系的材料，多次到银行沟通取款均无功而返。在这种情况下，田某向法院提出申请，请求认定杨某为无民事行为能力人，并指定自己为杨某的监护人。

江苏省徐州市铜山区人民法院立案后，依其职权调取了由徐州市医疗保障局发布的失能鉴定结论公示材料，走访了杨某住所地村委会并至杨某家中查看其生活及医疗情况，征询其子女对于监护的意见。经过深入审理，法院认为杨某已经无法进行正常的表达和交流，也无法辨认自己的行为。虽然田某年龄已高，但身体依然硬朗，意识清醒，并具备监护的能力。因此，法院判决认定杨某为无民事行为能力人，并指定田某为杨某的监护人。在判决生效后，法院特别为田某制作并颁发了《监护权证明书》。凭借这份证书，田某顺利地领取到了失能补助金。①

---

① 江苏省高级人民法院. 江苏法院老年人民事权益司法保护典型案例（2021—2023）（上）［EB/OL］.（2023 - 10 - 23）［2024 - 01 - 03］. https：//m. thepaper. cn/baijiahao_25027020.

《民法典》第 28 条明确规定了无（限制）民事行为能力成年人的监护人顺序，其中配偶被列为第一顺位，具有法定的监护资格。在本案中，田某作为杨某的配偶，是当然的法定监护人。法院在全面评估田某的监护能力、意愿以及了解杨某的生活和情感需求后，决定将田某指定为最有利于杨某的监护人。同时，法院还积极引导其子女协助田某履行监护职责，构建了一种"以老人为本、家庭成员共同参与"的监护模式，以确保失智失能老年人的合法权益得到切实保障。

老年人指定监护制度是为了解决在监护人选择上出现争议且协商无法达成一致时的问题，由有关权力机构介入确定监护人。这项制度包括两种指定监护人的途径：首先，老年人所在地的居民委员会、村民委员会或民政部门可以指定监护人，但如果当事人不满这一指定，有权向人民法院提出指定监护人的申请。其次，当事人也可以直接向人民法院申请指定监护人。在执行指定监护过程中，必须遵守几项基本原则，其中最重要的是要尊重老年人的个人意愿，并且要按照最有利于老年人的原则选择监护人。一旦指定了监护人，该决定不得擅自更改，未经授权的变更不能解除原监护人的责任。在监护人正式确定之前，如果老年人的个人权利、财产权利或其他合法权益得不到保护，那么老年人所在地的居民委员会、村民委员会、法律规定的相关组织或民政部门将承担临时监护人的角色。

2023 年 4 月 27 日，最高人民法院发布了《人民法院老年人权益保护第三批典型案例》，其中包含一起关于老年人指定监护的案例：

> 老人严某某有三个子女，赵甲、赵乙和赵丙。自从严某某的丈夫去世后，直到她因病住院之前，她一直与赵甲共同生活。在老人住院期间，三个子女都对她进行了照顾，并且由赵甲负责管理老人的存折和证件。

然而，老人现在失去了民事行为能力，这使得三个子女在确定老人的监护人方面产生了争议。他们都主张其他子女不适合担任老人的监护人，认为自己才是最适合的人选。在法院的审理过程中，赵甲向法院报告了老人名下的财产，并根据动产和不动产等类别进行了分类。

三个子女都表示，如果他们成为老人的监护人，他们愿意定期向法院公示老人的财产情况和监护情况，并接受监督。法院在考虑了所有情况后，根据《民法典》第 31 条的规定，即"人民法院应当尊重被监护人的真实意愿，按照最有利于被监护人的原则在依法具有监护资格的人中指定监护人"，判决指定赵甲为严某某的监护人，要求赵甲每月向赵乙和赵丙公示上一月度严某某财产的管理情况和监护情况。①

老年人意定监护是指老年人在他们仍有完全民事行为能力的时候，通过监护协议，从自己的近亲或者其他愿意承担监护责任的人或组织中，选择自己的监护人。一旦他们丧失或部分丧失民事行为能力，选定的监护人将承担起监护责任。② 由于意定监护中的监护人是由老年人事先自己选任的，因此能更好地体现老年人的个人意愿。③ 如果监护人对被监护人展现出不当行为、明显的不端行为，或者存在其他不适合执行监护职责的情形，那么他们将不符合成为意定监护人的资

---

① 中华人民共和国最高人民法院. 人民法院老年人权益保护第三批典型案例［EB/OL］.（2023 - 04 - 27）［2024 - 01 - 04］. https：//www. court. gov. cn/zixun/xiangqing/398342. html.

② 杨立新. 我国老年监护制度的立法突破及相关问题［J］. 法学研究，2013，35（2）：119 - 130.

③ 司丹，康博. 多元养老模式下老年监护制度的完善与价值需求［J］. 商业经济，2021（3）：139 - 140.

格。① 意定监护涉及生命中的重大决定，如生死、养老和财产等，反映了被监护人和监护人的真实意思表示，故老年人签订意定监护协议不需要法定监护人的同意。

意定监护人的设立必须满足三个基本条件：首先，拟定成为监护人和被监护人的双方都必须具备完整的民事行为能力；其次，监护人和被监护人必须通过真实且独立的意愿达成共识，并且在协商过程中不受任何组织或第三方的干扰；最后，监护协议需要以书面形式正式签订。一旦监护协议签署，如果被监护人失去或部分失去民事行为能力，该意定监护协议即刻生效。在这种情况下，根据协议的规定，意定监护人优先于法定监护人来承担起监护责任。意定监护本质上是一种有条件的民事法律行为，其生效条件是具备完全民事行为能力的老年人在未来"丧失或部分丧失"民事行为能力。若该条件未成立，则该意定监护不会实际发生。②

2017 年 12 月，司法部发布了 3 个公证指导性案例，其中 1 号案例与"老年人意定监护协议公证"有关：

> 李某甲已经七十多岁，自从中年时丧妻后，尽管拥有五个子女，但在他因病住院期间，子女们对于他的治疗和照顾意见不统一，导致了家庭内部纷争不断。李某甲担心自己将来可能因为疾病而失去行为能力，子女们的争议可能会影响自己的治疗，他决定在自己尚未失去行为能力前与平时最关心自己的小儿子李某乙商议，选择他作为自己未来可能失去行为能力时的监护人。之后，父子俩到公证处对这一意定监护事宜进行了公证。在公证的过程中，公证员通过与李某甲

---

① 李国强．成年意定监护法律关系的解释：以《民法总则》第 33 条为解释对象[J]．现代法学，2018，40（5）：182 - 193.

② 张苗苗．人口老龄化背景下监护立法之完善［J]．法制博览，2018（17）：40 - 41.

和李某乙沟通，确认了李某甲神志清楚。在接受了公证申请并全程录音录像后，公证员向双方解释了意定监护的法律概念、意义和效果。李某甲在清醒的状态下表达了在健康时指定小儿子作为监护人的意愿，以便在自己失去行为能力时由李某乙承担监护职责。公证员也告知了李某乙作为监护人应承担的责任，李某乙表示愿意负责父亲未来的事务。公证员还向双方说明了意定监护合同的生效条件、监护人职责范围、监护的具体事项，并告知公证机构会对意定监护协议保密，直到协议约定的条件实现。其他法定监护人可向公证机构查询，以保护李某甲、李某乙及其他法定监护人的合法权益。在双方对意定监护协议内容达成一致并经公证员审查无误后，李某甲和李某乙签字并按下指印。公证书制作完成后，父子各持一份。公证员在当天将意定监护协议登记上传至全国公证管理系统中。①

意定监护人不一定是遗产继承人，这两者可能一致也可能不一致。这就意味着，担任监护人不必是直系亲属或法定（遗嘱）继承人，可以是任何人甚至是陌生人。这是一种与法定监护相对应的，超越亲缘、血缘、婚姻关系的监护方式，既填补了法定监护的缺口，又体现了对被监护人自主决定权的尊重和保护。② 由于老年人以意定监护的方式安排自身监护的权利不受法定监护的限制，因此意定监护的效力顺位高于法定监护，这就有效阻止了法定监护人干涉意定监护人对老年人财产及事务的处理，能够防止产生不必要的纠纷和法律风险。

---

① 司法部. 司法部发布3个公证指导性案例［EB/OL］.（2017 - 12 - 25）［2024 - 01 - 03］. https：//pkulaw. com/chl/8f5a43a64035ad75bdfb. html？ way＝textRightFblx.
② 张兆利. 意定监护，托付余生的保障［N］. 中国妇女报，2023 - 10 - 18（6）.

《中国公证》2020 年第 12 期登载了一起意定监护与法定监护冲突争议案：

> 上海市普陀区居民孙甲没有亲生子女，膝下只有一个养女孙乙，但与养女孙乙长期关系不和。孙乙离婚后觊觎孙甲的拆迁款，并明确表示不想对孙甲履行赡养的义务，多次强制要求孙甲搬入养老院，孙甲一气之下搬到外甥王某家居住。随着孙甲的精神状况一天不如一天，在尚能明确表示自己的意志时，在侄女孙丙和外甥王某的陪同下，孙甲去公证处办理了意定监护公证程序，明确表示希望由自己信任的孙丙照顾自己，并在自己失去民事行为能力时，由孙丙履行监护义务。意定监护协议签订后，孙甲经司法鉴定为限制行为能力人。根据法定监护，指定孙乙为孙甲的监护人。孙丙向法院起诉，申请变更孙甲的监护人。法院审理后认定，孙甲虽然已经被宣告为限制民事行为能力人，但能正确认识和理解自己的行为，并且在其意志清晰的时候也多次明确表示不要让孙乙担任自己的监护人，同意孙丙作为监护人，且态度十分坚定。法院考虑到孙甲的实际情况，结合多方面因素，确认孙乙客观上确实不适合继续担任孙甲的监护人。因此，出于最大程度保护孙甲利益、充分尊重孙甲的自我决定权的角度，法院判决变更孙丙为孙甲的监护人。[①]

（二）老年人监护人的职责履行

根据《民法典》第 34 条，监护人的职责包括代理被监护人进行民事活动、保护被监护人的个人和财产权利，以及其他合法利益。特别

---

① 陈璐瑶. 发展中的上海意定监护公证［J］. 中国公证，2020（12）：17 – 22.

是对于老年人，监护人应当特别关注其日常生活的维护、财产的管理和法律权益的保护，确保他们的生活质量、身心健康和财产安全。这包括以下几个方面：

首先，照顾老年人的日常生活。监护人需要时刻关注老年人的生活需求和精神状态，以保证其人身权利得到充分保障。一方面，监护人需满足老年人的物质需求，包括衣食住行等基本需求。当老年人出现疾病或障碍时，应及时提供必要的医疗条件。另一方面，监护人需关注老年人的精神生活，尤其是对于"空巢"或独居的老人，需要在精神上给予更多的关心和支持，以防止他们出现心理问题。

其次，尽职善意管理老年人的财产。监护人有责任以善意管理人的标准来管理老年人的财产，不得侵犯其财产权益。监护人应详细了解并记录老年人的财产状况，妥善管理其动产和不动产，并确保这些财产用于老年人的日常开销和监护费用。在处理重要财产事务，如转让或抵押不动产时，需征得监护监督人的同意。

最后，代理老年人进行民事法律行为。当老年人的合法权益受到侵犯时，监护人作为法定代理人，应依法代理老年人向法院提起诉讼，保护他们的合法权利。虽然被监护的老年人可能无法独立处理复杂的法律事务，但他们在个人专属性的行为，如自主婚姻、立遗嘱以及购买日常生活必需品时，仍然可以自主作出决策。

在意定监护中，老年人可以与其选定的监护人在监护协议里具体约定监护职责。这些职责通常涵盖了人身事务、财产管理、医疗决策以及诉讼事务。人身事务可能包括安排康复治疗、入住养老院等；财产管理涉及日常开销的支付、债务及债权的处理以及大宗财产购置；医疗决策可能涉及签订医疗服务合同、同意进行特殊医疗检查和治疗、手术等；而诉讼事务则包括代表被监护人参与诉讼或仲裁等争端解决流程。监护人还必须记录所有大额支出，并定期编写监护报告，以供监督人审查。①

2023 年 7 月 18 日，上海市闵行区古美路街道社区党群办主办的《大家古美》杂志中的一篇文章，讲到了上海老年人意定监护的实践：

> 早年失去独子的高龄老人徐阿姨（化名），晚年长期居住在养老院中。谁料，平静的生活被疾病打断：2022 年，徐阿姨查出胰腺癌晚期。于是，余生监护问题摆在了她眼前。经多方辗转，徐阿姨找到上海闵行区尽善社会监护服务中心，并通过公证，意定该中心作为监护人。随后，所有在医院的事务以及徐阿姨的后事承办和遗嘱执行皆由该中心尽责，实现了徐阿姨"让爱在世间延续"的美好遗愿。上海闵行区尽善社会监护服务中心，是在上海民政局及相关部门的支持和指导下，经闵行区民政局注册登记的全国首家专业从事社会监护服务的社会组织。老年人选择具有相关资质、良好口碑和专业可信的社会组织作为意定监护人，符合《民法典》第 33 条关于意定监护人可以是其他愿意担任监护人的组织的要求。按照意定监护协议，上海闵行区尽善社会监护服务中心的监护职责是在被监护人能力不济或失能失智时，按照被监护人的意愿，保障被监护人的人身和财产安全，具体工作包含：①生活照管：租房、入住养老机构、寻找护工等；②财产管理：工资领取、房屋租售、存款管理等；③健康保护：陪同就医、入院出院、急诊抢救、手术签字等；④民事活动：救济补助申请、证件申领补办、费用报销结算；⑤非诉和诉讼：起诉应诉、报案自诉、仲裁和解、其他行政类工作等；

---

① 董思远. 协助决定范式下意定监护制度改革新径路［J］. 河北法学，2022，40（3）：112 - 133.

⑥身后事代理：领取死亡证明、举办大殓、骨灰领取、落葬事宜等。推行由社会组织担任老年人的意定监护人，使无亲属监护的老年人可以安享晚年，是上海这个国际化、现代化、高龄化的特大城市积极应对老龄化的社会实践。①

老年人监护的制度设计既要保护判断和认知能力下降的老年人，也要遵循其真实意愿，方便其正常参与社会生活，允许其自由发展人格。② 为此，监护人选任、监护职责的履行，均应优先遵循被监护老年人的真实意愿。依照《民法典》第 35 条第 3 款的规定，监护人在执行监护职责时，应当最大程度地尊重老年人的个人意愿，同时保障并协助老年人能够进行与其智力和精神健康状况相匹配的民事法律活动。对于老年人有能力自行独立处理的事务，监护人应避免干预。

厦门老干部网登载了一篇文章《家庭养老还是入住敬老院：请尊重老人的决定》，其中列举一起真实事件：

2017 年 3 月 2 日深夜 1 点多，莲前派出所接到热心市民的报警称，在路边发现一老人晕倒在地上。民警赶到现场时，老人已进入半昏迷状态。民警立刻将其送往附近医院进行抢救。医生告诉民警，老人是由于体力透支并且长时间没有吃东西而昏迷的，如果再晚来半个小时的话，可能就没命了！

次日中午，老人苏醒过来。当民警问其家住哪里，是否有家人联系方式时，老人竟央求民警不要联系自己的家人。

这是为啥呢？他沉默了很久，才慢慢地说出原因。原来，

---

① 殷志刚，费超．这些老人，将余生托付给了没有血缘关系的他们［EB/OL］．（2023-07-17）［2024-01-03］. https：//www.163.com/dy/article/I9SLF2RB05500E0H.html.

② 迟颖．成年法定监护中被监护人的真实意愿：《民法典》第 35 条第 3 款解释论［J］.清华法学，2023，17（2）：92-104.

老人姓张，今年70岁。他说自己有儿有女，都已成家，自己一个人住，平时在小区时和一些邻居聊聊天，儿女有时间也会带着小孩去看望他，日子可以说过得很幸福。但不久前，老人的儿子说准备让他住进养老院，老人怎么也不同意。但是，儿子考虑到老人年龄较大、身边没人照应，非要让老人住养老院。老人一气之下带了一点儿钱，离家出走了。被民警发现时，老人身上只剩3毛钱了。

了解情况后，民警联系了老人的儿子。目前，老人已被儿子接回家。他表示自己很后悔，不该替老人做决定，幸亏没有发生意外，否则就是"好心办了坏事"！①

这个案例展示了如何在尊重老年人的真实意愿的同时，确保他们的安全和健康。老年人的儿子作为法定监护人，不仅要尽到监护人的责任，还要尊重父亲的意愿和尊严。

由此可见，监护人在履行监护职责时，尊重并遵循被监护老年人的真实意愿是其基本义务。具体来说，监护人应当承担以下一些重要的责任：

首先，监护人应当与被监护的老年人保持密切的沟通，努力理解他们的真实意愿。如果老年人之前已经表达了某个愿望，监护人应当尊重这一意愿，除非老年人明确改变了他们的想法。

其次，在帮助老年人形成意愿时，监护人有责任提供必要的信息，确保老年人能够基于充分的理解作出决定。尤其在关乎老年人人身和财产重大利益的情况下，监护人应详细阐述情况和可能的行动方案。若监护人自身缺乏必要的专业知识，应寻求专业人士如律师的意见，

① 梅嘉. 家庭养老还是入住敬老院：请尊重老人的决定［EB/OL］.（2017 - 02 - 07）［2024 - 01 - 03］. http：//www. xmlgb. gov. cn/gzh/3285809. htm.

以确保能向老年人提供全面且专业的建议。

再次，如果监护人尽力了解老年人意愿后，仍难以确定其真实意愿的，应尝试推断他们可能的意愿，这可以通过回顾老年人以往的选择、价值观念或咨询他们的亲友来实现。监护人不应简单地基于老年人最佳利益来作出决策。

最后，当尊重老年人意愿可能不符合他们最佳利益时，监护人应向老年人说明潜在风险，并提供其他可能的选择。监护人应提出风险更小或损失较少的替代方案，让老年人在了解所有信息后，自行作出最终决策。①

监护人的职责是代理被监护人进行民事法律活动，并保障被监护人的人身和财产权利及其他合法权益。如果监护人未能履行其职责或侵犯了被监护人的合法权益，他们将面临法律上的责任。在无法预见的紧急情况下，如果监护人暂时不能履行职责，那么被监护人所在地区的居委会、村委会或当地民政部门应当提供必要的临时生活照料措施。监护人应当以最符合被监护老年人权益的方式行使他们的权利，尽职尽责地保护被监护人，并确保被监护人的财产得到妥善保护，避免发生任何不当处置。如果监护人的疏忽或过失导致被监护老年人的合法权益受到侵犯，并因此造成被监护老年人财产损失，那么监护人应承担相应的赔偿责任。然而，如果监护人能提供证据证明他们的行为并无过错，可以被免除或减轻赔偿责任。

2023年1月5日的《人民法院报》报道了一则案例。北京市海淀区人民法院审理了一起监护人将被监护老年人房屋赠与自己的纠纷案件，并作出了判决，认定双方签订的赠与合同无效：

---

① 迟颖. 成年法定监护中被监护人的真实意愿：《民法典》第35条第3款解释论［J］. 清华法学，2023，17（2）：92 – 104.

在这起案件中，原告凌先生与凌大爷是叔侄关系。凌大爷、凌二爷（凌先生的父亲）和凌老太是凌先生的祖父母所生的三个子女。凌大爷自幼智力残疾，经过鉴定，其智力仅相当于8岁儿童。在凌大爷的父母去世后，凌二爷接纳了他，并承担起照顾他的责任。然而，在凌二爷去世后，2017年2月，凌老太瞒着凌先生向法院申请宣告凌大爷为限制民事行为能力人，并指定她为凌大爷的监护人。同年5月，法院作出了判决，随后凌老太接走了凌大爷并把他送到了养老院。

直到2021年，凌先生才得知凌大爷已经去世，而案涉房屋已经给了监护人并完成了过户手续。凌先生坚信凌老太的行为违背了监护人的职责，并且侵犯了他作为继承人的合法权益，因此他提出了赠与合同无效的诉求。

凌老太在法庭上辩称，她作为凌大爷的姐姐，已经尽到了作为凌大爷监护人的全部义务。凌大爷作为一个残障人士，有很多基础疾病，而他每月仅有的政府发放的基本生活费根本不够他日常生活和看病所需。因此，凌老太承担了额外的开销。此外，案涉房屋是父母的遗产，凌大爷一直居住于此。在凌二爷去世后，凌先生甚至提出要与凌大爷争夺案涉房屋的继承权，并曾试图将房屋出售。但经过法院判决，案涉房屋归凌大爷所有。

为了报答上述付出并防止凌先生的骚扰和侵占等行为，2020年凌大爷将案涉房屋赠与凌老太。在办理产权登记过程中，凌老太已经向相关工作人员披露了凌大爷为限制民事行为能力人、自己为其监护人等事宜，因此赠与和过户等行为均为有效。

海淀区人民法院审理后认为，尽管凌大爷被法院判决为限制民事行为能力人，但他仅可独立实施纯获利益的民事法律行为或者与其智力、精神健康状况相适应的民事法律行为。考虑到他的智力仅相当于 8 岁儿童，并且无法处理缴费、就医等事宜，因此他应该无法理解赠与房产的法律后果，也不具备作出赠与价值较高房产的相应行为的能力。据法律规定，监护人应当按照最有利于被监护人的原则履行监护职责。除非是为了维护被监护人的利益，监护人不得处分被监护人的财产。本案中，凌老太作为凌大爷的监护人接受他的赠与行为并非为了维护他的利益，因此她不应处分凌大爷的财产。最终法院判决认定凌大爷与凌老太签订的赠与合同无效。①

根据《民法典》第 35 条第 1 款的规定，监护人在处分被监护老年人的财产时，必须出于最有利于被监护老年人的利益考虑，除为维护被监护人利益外，不得处分被监护人的财产。这一规定对监护人处分被监护老年人财产的权利进行了严格限制。这里的"处分"涵盖了法律处分和事实处分，包括物权行为、债权行为以及通过破坏、加工等方式使财产价值消失或减损。在作出任何涉及被监护老年人财产的处分决定前，监护人必须考虑到被监护老年人的年龄、智力、精神健康状况等因素。

以凌大爷为例，他的智力仅相当于 8 岁儿童，因此，涉及赠与合同的复杂性问题显然超出了他的理解能力，与他的智力和精神健康状况不相匹配。因此，凌老太在庭审中声称的"尊重凌大爷的意愿，他是自愿赠与的"这一观点并不成立。

更重要的是，凌大爷一直居住在涉案房屋中，父母去世后，他成为该房屋的唯一所有者，该房屋对他的日常生活至关重要。然而，凌

---

① 蒙向东. 监护人签协议将智力残疾老人房屋赠与自己［N］. 人民法院报，2023 - 01 - 05（3）.

老太与凌大爷签订了房屋赠与合同，并完成了过户手续，取得了该房屋的所有权。这一行为并未出于保护凌大爷的利益，违背了"最有利于被监护人"的原则。此外，凌老太作为凌大爷的监护人，也是凌大爷的法定代理人，与凌大爷发生房屋赠与关系，违反了《民法典》第168条关于明确禁止代理人以被代理人的名义与自己实施民事法律行为的规定①。因此，法院判决凌老太与凌大爷签订的赠与合同无效，这一判决是正确的。

（三）老年人监护的监督

老年人监护制度旨在维护老年人的利益，然而实施监护通常意味着对老年人的基本权利和自由进行一定程度的限制，并通过对其日常事务的干预来执行。监护人在执行职责时，有可能因权力过大而容易滥用权力，这种滥用可能会侵犯老年人的合法权益。② 监护制度倘若仅仅依赖于监护人的自我约束来履行其职责，难以保证良好运作，这样的做法既不符合科学原则，也不符合现实需要。因此，建立一套有效的监护监督机制显得至关重要。我国相关立法虽然没有明确设立监护监督人的制度，但在实际操作中，法院在发现有必要的情况下，可以根据申请或行使职权，指定适当的人来担任监护监督人的角色，以确保监护过程的正当性。对于意定监护，被监护人有权依照个人意愿选择和安排自己的监护监督人。根据《民法典》第36条的规定，如果监护人没有履行监护职责或者侵害了被监护人的身心健康及合法权益，相关个人或组织可以向人民法院提出申请，请求法院依法撤销该监护人的资格。这一规定形成了一个以私人监督为主体，社会组织参与监

---

① 朱广新. 代理制度中自我交易规则的适用范围［J］. 法学，2022（9）：122 – 134.
② 周湖勇. 我国老年监护制度的立法检讨与完善［J］. 温州大学学报（社会科学版），2016，29（1）：4 – 12.

督，以及行政机关作为最后保障的监护监督体系。① 在老年人监护监督机制中，监护监督人既可以由自然人担任，也可以由相关社会组织和行政机关担任。

自然人担任监护监督人，人选源于《民法典》第 36 条"其他依法具有监护资格的人"，通常可以选择律师，当然也可以选择被监护人的近亲属和其他人。② 为了确保老年人的权益得到充分保障，避免监护人及监护监督人之间可能存在的恶意串通，任何与老年人有重大利害关系的人，都不适合担当老年人的监护监督人。这是因为，这些人可能存在与他人勾连，损害老年人的人身和财产利益的风险。

监护监督人的责任包括以下几个方面：首先，他们需要监督监护人是否按照法律或意定监护协议的规定履行职责。如果发现监护人违反职责，或者侵犯了被监护老年人的权益，他们有权向法院提起诉讼，要求解除意定监护协议或撤销法定监护人的资格，并请求法院判决监护人承担民事责任，以赔偿老年人的损失。其次，当监护人的行为与被监护老年人的利益产生冲突时，监护监督人应优先考虑老年人的利益，全力维护老年人的合法权益。再次，他们还有权要求监护人报告具体的监护行为，提供老年人的财产清单，并对老年人的财产状况进行核查。在紧急情况下，他们可以按照最有利于被监护老年人的原则处理相关的监护事项。最后，他们应定期向老年人及其近亲属或相关组织机关报告监护人的履职情况。

2023 年 10 月 30 日，山东养老网发布了一篇关于自然人担任监护监督人的案例文章：

---

① 庞鹏.《民法典》时代老年人监护监督的行政介入研究：基于辅助性原则的视角[J].行政与法，2022（4）：102 - 111.

② 杨立新.我国老年监护制度的立法突破及相关问题［J］.法学研究，2013，35（2）：119 - 130.

主人公曹某现年 98 岁，他共有五个儿子，分别是曹 1 子、曹 2 子、曹 3 子、曹 4 子和曹 5 子。不幸的是，他的配偶已经过世。2022 年，曹某被法院宣告为无民事行为能力人。

在此之后，曹 1 子和曹 2 子都向法院提出了申请，希望成为曹某的监护人。曹 1 子声称自己身体健康、经济宽裕、时间充裕，而且曹某曾表达过希望和他一起生活的意愿。他还强调，曹 2 子由于身体状况欠佳、经济不富裕等原因，不适合担任监护人。而曹 2 子则主张从 2001 年起他就与曹某共同生活，因此了解曹某的生活习惯和医疗需求。他认为曹 1 子并不了解曹某的习惯，而且申请成为监护人是为了争夺房屋拆迁利益，因此不适合担任监护人。

这个案件的关键点有两个：一是曹 2 子是否真的侵害了曹某的合法权益；二是谁来担任监护人能更有效地保障曹某的合法权益。经过上海市嘉定区人民法院的审理，他们认为：首先，由于曹某没有表达过自己对于指定监护人的意愿，也没有可能表达这种意愿，因此法院应该根据最有利于被监护人的原则，从具有监护资格的人中指定监护人。根据法院的调查，曹某的其他儿子，曹 3 子、曹 4 子和曹 5 子，都不愿意担任监护人。因此，法院需要根据最有利于被监护人的原则，从曹 1 子和曹 2 子中指定监护人。

从双方提供的证据和法院的调查来看，法院没有发现曹 2 子有侵害曹某合法权益的行为。而且，考虑到曹某长期与曹 2 子居住在一起，并且这种稳定的生活状态有利于这位年近百岁的老人的健康，法院认为曹 2 子更适合担任曹某的监护人。因此，法院最终判决由曹 2 子担任曹某的监护人。同时，根据曹 2 子的意愿，他需要每月向曹 4 子提交上一月的监护台账（其中记载着关于曹某财产、医护、人身管理等情况），以便曹4子进行监督。①

这是一起法院通过指定老年人监护监督人来限制监护人滥用监护权的典型案例。在监护法律关系中，监护人与被监护人原则上法律地位平等，但被监护老年人相对而言处于弱势地位。为了保护被监护老年人的权益，法院指定曹4子担任监护监督人，充分发挥监护监督人的监督作用。这一举措有助于促进监护人积极履行监护职责，确保被监护老年人的人身、财产及其他合法权益不受侵犯。

有关组织或机关担任老年人监护监督机关，候选单位源于《民法典》第36条规定的居民委员会、村民委员会、学校、医疗机构、妇女联合会、残疾人联合会、老年人组织以及民政部门等。这些组织或机关在监护监督中发挥作用，以防在其他监督主体缺失的情况下被监护人的权益受到进一步损害。《民法典》还专门规定了民政部门作为监护监督行为的最后保障，从而构建了一个三级监护监督体系，包括以近亲属为主的私人主体、社会组织〔如村（居）委会和老年人组织〕以及以民政局为代表的政府机关。这个体系确保了监护监督能够全面覆盖，保护老年人的合法权益。②

老年人监护监督机构可以通过直接和间接两种方法来监督监护人。直接监督意味着这些组织或机关有权直接检查监护人的行为和履行情况，以确保监护人恰当地执行其职责，并及时发现并处理问题。间接监督则涉及这些机构指派监护监督人来进行监督工作，并要求这些监

---

① 国家民政养老服务. 老年人监护问题典型案例（连载一）[EB/OL]. (2023 – 10 – 30) [2024 – 01 – 03]. http://sdsylw.org.cn/articles/ch04927/202310/4c8081d8 – aef0 – 4a7a – a57b – 8ab45ae79e89.shtml.

② 庞鹏.《民法典》时代老年人监护监督的行政介入研究：基于辅助性原则的视角[J]. 行政与法，2022（4）：102 – 111.

护监督人定期报告监护人的行为和履职情况。

老年人监护监督机构的主要职责包括：要求监护监督人报告监护人履职的详细情况；指示监护监督人查看老年人的财产状况，并将发现向法院或其指定的机关报告；当监护人或监护监督人的行为损害老年人的利益时，监护监督机构在接到老年人、其他个人或组织的投诉后，应及时向法院报告并申请撤销其资格。同时，老年人、其他个人或组织在发现监护人或监护监督人行为不当时，也有权直接向法院提出申请，请求撤销其资格。此外，监护监督机关有权直接审查老年人的财产状况。在意定监护合同无法有效执行时，监护监督机关有权依法行使监督权，向法院提起诉讼，申请撤销意定监护人的资格，从而使老年人合法权益得以保护。[①]

2018 年 6 月 21 日，搜狐网报道了一则"全国首个由居委会任监护监督人"的案例：

　　　　家住上海市长宁区的蒋大爷年近七旬，由于早年离异，与亲生儿子失联，又与唯一的亲姐断绝往来，生活显得孤寂而无奈。随着年龄的增长，身体状况每况愈下，他不得不依靠居委会和热心的邻居李阿姨的照顾。

　　　　去年 6 月，蒋大爷突发阑尾炎，进行了小手术。术后，他担忧地意识到，如果自己突然中风失去意识，住院做手术将无人来帮他签字做决定。为此，他向茅台居委会寻求帮助，希望他们能为自己找到解决办法。

　　　　居委会想到了蒋大爷的邻居李阿姨。两家人的关系向来和睦，几年前李阿姨丈夫生重病时，也是蒋大爷尽力照顾。

---

① 杨立新. 民法典总则编司法解释对成年意定监护制度的完善 ［N］. 人民法院报，2022－02－28（4）.

经过公证员与居委会的多方协调，以及对意定监护条款的仔细推敲，蒋大爷决定指定李阿姨为其意定监护人，而居委会工作人员张先生则担任监护监督人。

这个决定让蒋大爷吃了一颗定心丸，他的房子已经卖出，卖房所得的钱加上他的退休金，足够支付他在养老院的费用和其他日常开销。然而，李阿姨一开始也有所犹豫，因为担任监护人意味着需要管理蒋大爷的一大笔钱，她担心外界会误解她是看中老人的钱才去照顾他的。签订了意定监护协议后，这种担忧消除了，他们做事也能按照规章制度来办了。

蒋大爷选择李阿姨担任监护人，在他意识清醒的时候是可以随时撤销监护人资格的。如果蒋大爷丧失民事行为能力后，出现李阿姨滥用监护权利的情况，比如虐待老人、挥霍其钱财，或者消极履行监护职责，这时候居委会作为监督人有权代表老人撤销监护人资格。①

老年人监护监督的目的在于通过一系列具体的监督措施，促使监护人积极履行职责，以实质性地保护被监护老年人的人身和财产权益。这一监督机制旨在防止滥用监护权，增强监督主体的监督意识。无论是法定监护还是意定监护，都应当建立监护监督人的制度。一旦法定监护人被确定，其他具有资格的个人或组织应依法成为监护监督人。同样，意定监护的正式实施，必须以确定监护监督人为前提条件。为了保证意定监护协议的执行，监护人还应与监督人签订监护监督协议。② 在现实中，老年人监护中选任监督人的案例不多，一些被监护

---

① 搜狐网. 全国首个由居委会任监督人的"意定监护"在上海诞生［EB/OL］.（2018 - 06 - 21）［2024 - 01 - 03］. https：//www. sohu. com/a/236901571_778199.

② 庞鹏.《民法典》时代老年人监护监督的行政介入研究：基于辅助性原则的视角［J］. 行政与法，2022（4）：102 - 111.

老年人处于孤立无援的境地。《民法典》规定由一些社会机构、组织、民政部门担任监护监督人，能够确保被监护老年人得到更周全的照顾，不仅能够为监护人履职提供协助和保障，而且可以借助"监督"对监护过程中存在的问题进行及时纠偏。

（四）监护人监护资格的撤销

老年人监护制度的核心理念是保障每一位受监护老年人的权益。在老年人行为能力欠缺的情况下，设立监护人显得至关重要。这不仅为他们提供了必要的照顾，确保他们的人身和财产权益得到保护，还代理他们实施法律行为。这样，即使他们的行为能力有所不足，也不会被排除在法律交往之外，而是能够更充分地参与社会交往和活动，维护和促进自身的利益。因此，法律关于撤销监护人资格的规定在监护人侵害被监护老年人权益时具有重大意义。这既是对于监护人行使监护权的监督和制约，也能够及时制止侵害行为。通过撤销原有监护人的资格并指定一个新的监护人，可以确保被监护老年人不会持续遭受侵害或处于无人照料的状态，这样做有助于更有效地维护老年人的权利。

《民法典》赋予较为广泛的有权申请撤销老年人监护人资格的主体，不仅包括其他依法具有法定监护资格的人、居民委员会、村民委员会、学校、医疗机构、妇女联合会、残疾人联合会、依法设立的老年人组织，还包括民政部门等。这些个人和组织或因其与被监护老年人的血缘关系，对被监护老年人的利益怀有深厚的关切，或因法律规定，他们肩负着保护被监护老年人利益免受侵害的法定职责。他们与被监护人的生活紧密相连，因此具有及时发现监护人在执行职责中可能存在问题的能力。《民法典》第 36 条第 2 款在列举有权申请撤销监督权的机构时使用了"等"，表明这是一个开放的列举，未明确列出但符合条件的个人和组织也享有申请撤销老年人监护人资格的权利。

《民法典》第36条第3款还规定，如果其他个人和组织未能及时申请撤销监护人资格，民政部门将作为申请撤销监护人资格的最后保障，必须向人民法院提出申请。这一规定主要是为了防止出现被监护老年人无人照管的情况，以最大程度地保护被监护老年人的权益。

《民法典》规定法院可以根据有关个人或组织的申请，撤销监护人的资格。这种监护人的变更或者消灭制度体现了我国公权力对老年人监护制度的监督。但是，《民法典》并没有将被监护老年人列为有权申请撤销监护人资格的主体，在某种程度上可能忽视了被监护老年人的残存意思能力。因此法院在审理监护案件时，必须重视被监护老年人的个人意愿，因为老年人自己最直接地经历监护人的服务，对监护质量有最直接的感受，他们对于监护事务的评价具有决定性的权重。当老年人因其权益受到损害，请求法院更换监护人或终止现有监护人的职务时，法院应当评估老年人的行为能力，确认他们是否具有作出这一决定所需的精神和智力条件，确保判断准确，同时充分尊重老年人对自身合法权益的维护。如此一来，老年人监护制度不仅在监护职责的履行中，而且在监护的设定、监护人的选任以及监护人资格撤销过程中均贯彻尊重当事人真实意愿的原则，从而将尊重当事人真实意愿的原则扩展适用于整个老年人监护领域。①

申请撤销监护人资格的具体情形，根据《民法典》第36条第1款的规定，存在三种情况：一是监护人实施了严重损害被监护人身心健康的行为；二是监护人不履行或不能履行监护职责，且拒绝将这些职责全部或部分委托给他人，致使被监护人陷入困境；三是监护人有其他严重侵害被监护人合法权益的行为。当个人或组织发现监护人存在

---

① 迟颖. 成年法定监护中被监护人的真实意愿：《民法典》第35条第3款解释论［J］. 清华法学，2023，17（2）：92-104.

上述任一行为时，他们有权利向法院提起诉讼，请求取消该监护人的资格，以此保护被监护老年人的合法权利。①

《民法典》在处理撤销监护人资格的问题上表现得非常谨慎，规定只有当侵害被监护人基本生活权益达到严重程度时，才能撤销监护人的资格。这种规定主要是为了最大限度地保护被监护人的利益。长期照顾老年人是一项复杂且艰巨的任务，因此在实际生活中，由于监护人的主观或客观原因，被监护老年人的权益可能会受到损害，这是时有发生的情况。然而，准确认定监护人对被监护老年人侵害的事实性质最为关键。例如，老年人得了阿尔茨海默病之后，最受折磨的是其亲属。此类老年人没有生活自理能力，很多时候甚至还不如几岁的小孩，而且病情还会不可逆地往坏的情况发展。可是，无论是站在法理还是人情的角度，子女对他们都骂不得，更打不得，除了苦熬别无他法。时间长了，其亲属看不到一丝康复转好的希望，耐心被磨光的时候，脾气和语气也就难免变得暴躁。由此可见，只有在特别严重的情况下才能撤销监护人的资格，因为如果撤销监护人的条件过于宽泛，不仅不能有效保障被监护老年人的权益，还可能对家庭这一社会基本单位产生破坏性影响，从而引起诸多社会问题。

中国裁判文书网有这样一则关于申请撤销监护人资格的案例：

> 申请人宋某小与被申请人宋某卫均为被监护人宋某芝的儿子，宋某芝与艾某琴为夫妻。2014 年，宋某芝因左侧丘脑出血而留有后遗症，现瘫痪在床。经过宋某卫的申请，法院于 2020 年宣告宋某芝为无民事行为能力人，并指定宋某卫为宋某芝的监护人。现在，申请人宋某小向法院提起诉讼，要

---

① 杨立新．民法典总则编司法解释对成年意定监护制度的完善［N］．人民法院报，2022 - 02 - 28（4）．

求撤销宋某卫的监护资格，并指定他为监护人。

宋某小向法院提供了他从房产局调取的房产交易信息，显示在2021年8月和9月，宋某卫作为宋某芝的监护人，将宋某芝与艾某琴共有的位于沈阳市沈河区的房产和宋某芝名下的位于沈阳市皇姑区的房产，均以低于市场价格出售给他人。

另外，从2022年4月至8月，宋某卫每月向宋某小支付8000元，转账说明为宋某芝的保姆及生活费。然而，宋某芝的工资发放明细显示，他在2021年8月至2022年8月期间的年收入为190328元。艾某琴是退休教师，月收入有4000余元。

法院认为，监护人应当按照最有利于被监护人的原则履行监护职责。监护人除为维护被监护人利益外，不得处分被监护人的财产。宋某芝系离休人员，年收入达19万余元，其妻艾某琴系退休教师，月收入为4000余元。宋某卫辩称是为父母生活、医疗之用变卖房产才以明显低于市场的价格出售宋某芝的房产，但未提供相关证据证明相关支出，其以低价变卖被监护人房产的行为严重损害了宋某芝的合法权益。因此，申请人宋某小撤销宋某卫监护人资格的要求理由充分，法院予以支持。

同时，考虑到宋某芝现在与申请人宋某小共同生活，并由宋某小及雇佣的保姆负责照顾他的生活起居，由宋某小作为他的监护人更有利于履行监护义务。因此，法院决定撤销宋某卫为宋某芝的监护人的资格，同时指定宋某小为宋某芝的监护人。①

---

① 辽宁省沈阳市沈河区人民法院（2022）辽0103民特47号民事判决书。

以上是一起监护人严重侵害被监护老年人合法权益被撤销监护人资格的典型案例。当监护人资格被撤销之后，将产生以下法律后果：原监护人在履行职责期间的行为，除非是故意损害被监护老年人权益的行为，否则仍然具有法律效力。原监护人所受的权利限制或被赋予的权利将延续至新任的监护人。此外，原监护人所拥有的同意权、代理权、撤销权以及向被监护人请求报酬的权利将被消灭。尤其重要的是，如果原监护人故意损害被监护老年人的人身或财产权益，还将面临民事或刑事责任的追究。

此外，监护人资格被撤销之后，还要进行财产清算和移交工作。原监护人对被监护老年人的财产进行清算，形成涵盖所有财产的清算报告，与新任监护人完成交接。

三、失踪老年人的宣告失踪或死亡

现代社会虽然交通便利和信息畅通，但失踪事件仍屡见不鲜。老年人由于体能和心智弱于年轻人，更可能出现走失的情况。新华社2016 年发布的调查报告显示，中国每年有大约 50 万老年人走失，平均每天有约 1370 名老年人失踪。走失的主要原因包括迷路、精神疾病和阿尔茨海默病。[①] 老年人一旦失踪，他们的财产和身份关系便会变得模糊不清。如果这种状态持续存在，可能会对失踪老年人的财产管理和使用造成负面影响，同时可能给那些与失踪老年人有利益关联的人带来损害，这对社会秩序的维护是不利的。因此，为了妥善处理失踪老年人权利义务的不确定状态，合理调整因老年人失踪而引起的相关当事人的利益，有必要运用《民法典》的宣告失踪与宣告死亡制度对此类现实问题进行处理。

---

① 王思北. 调查显示：我国平均每天约有 1370 名老人走失［EB/OL］.（2016 - 10 - 09）［2024 - 01 - 03］. https：//www. gov. cn/xinwen/2016 - 10/09/content_5116376. htm.

（一）失踪老年人的宣告失踪

宣告失踪制度是一项法律程序，旨在处理自然人下落不明的情况。当自然人失去踪迹达到法律规定的期限，并且经过利害关系人的申请，人民法院可以通过法律推定的方式确认该自然人失踪的事实。根据《民法典》第40条的规定，如果一个自然人下落不明满两年，与其有利害关系的人可向人民法院提出宣告其为失踪人的申请。利害关系人包括：失踪人的近亲属、先于失踪人死亡的子女的代位继承晚辈直系血亲、先于失踪人死亡的兄弟姐妹的代位继承子女、对失踪的公婆或岳父母尽了主要赡养义务的丧偶儿媳或丧偶女婿。[①]

宣告失踪的目的是保护失踪人的财产利益，为其指定代管人。[②]《民法典》第42条明确指出：当一个人失踪后，其财产应由配偶、已成年的子女、父母或者其他愿意担任财产代管人的人来代管。通常情况下，对走失的老年人进行失踪宣告的流程是：首先，与失踪老年人有利害关系的人向人民法院提交宣告失踪的申请。接着，人民法院会发布公告，以期找到失踪的老年人。如果在公告期结束后，仍然没有关于该老年人的任何消息，人民法院则会正式宣告其为失踪人，并且会为这位失踪的老年人指派财产代管人来管理其财产。

例外情况是：如果失踪老年人与其配偶采取共同财产制且其配偶具有完全行为能力，或者失踪老年人有监护人，或者失踪老年人有指定财产管理人，则上述人员足以管理失踪老年人的财产，没有必要再通过宣告失踪另行确定财产代管人。

财产代管人承担着至关重要的职责，他们需要全面了解和管理失踪老年人的财产，编制详细的财产清单，需要负责使用失踪老年人的

---

① 中华人民共和国最高人民法院. 最高人民法院关于适用《中华人民共和国民法典》总则编若干问题的解释［EB/OL］. （2022 – 02 – 25）［2024 – 01 – 03］. https：//www. court. gov. cn/zixun/xiangqing/347221. html.

② 梁慧星. 民法总论［M］. 3 版. 北京：法律出版社，2007：109.

财产来偿还相关债务，并接受债务的履行，包括支付必要的提存费用和领取提存的物品。在遇到失踪老年人的财产可能遭受损失或损害的情况下，财产代管人必须及时采取有效的保护措施。除此之外，当失踪老年人的合法权益受到侵害或与他人发生争议时，财产代管人有权代理参与诉讼活动，以维护其合法权益。他们还负责进行日常的管理和保管工作，确保失踪老年人的财产安全无损。在特定情况下，财产代管人还可以代表失踪老年人进行积极的法律行为，以维护其合法权益。一旦失踪老年人重新出现，即使宣告失踪的状态尚未撤销，财产代管人也应当及时将财产进行移交，并报告相关的管理情况。①

中国裁判文书网有这样一则关于失踪老年人财产被他人侵占的案例：

在哈尔滨市，有一位名叫初某英的老人，她在1991年左右开始患有精神疾病，然后在2002年9月因为疾病离家出走，自那时起便音讯全无。她的儿子黑某向法院申请对初某英进行失踪宣告，法院在2014年7月23日作出了判决，正式宣告初某英失踪。法院还指定黑某为初某英名下所有一处房产的代管人。然而，在初某英失踪前，她在一次去佛寺进香的过程中认识了一位名叫初某江的朋友。初某英失踪后，她的房产证、工资卡、医保卡、户口本等所有物都被寄存到了初某江那里。初某江不仅占有了初某英的房产，还从其工资卡中提取并使用了资金，总计达到了37132.03元。尽管初某英的儿子黑某多次要求初某江归还这些财物，但始终未能成功，于是他无奈地向法院提起诉讼，要求初某江停止侵权行为并归还占有的财物。法院认为，初某江与初某英无亲属

---

① 翟远见.《民法典》宣告失踪制度的解释与补充［J］. 法律适用，2021（10）：51-63.

关系，初某英的财产由其占有或保管，既无法律依据又不符合有利于保护失踪人财产的原则，于是判决初某江从初某英的房产内迁出，并将初某英的房产证、工资卡、医保卡、户口本以及工资 37132.03 元交由黑某保管。①

宣告失踪的本质是法律根据利益相关者的请求，对失踪人的财产管理采取的一种补偿和强行介入的方式。② 在上述案例中，初某英老人在失踪后，她的房产和财产凭证一直被他人非法侵占。法院通过确认老年人失踪的事实，解决失踪老年人财产被侵占的非正常状态。

宣告失踪是法律旨在维护社会秩序的稳定，对自然人状态的一种拟制，有时可能与实际情况存在一定的偏差。当失联的老年人重新露面时，人民法院应当根据失联老年人本人或相关利益方的申请，撤销之前的失联宣告，并要求财产代管人立即归还财产并汇报财产的管理情况。"失踪老年人重新出现"包括两种情况：一是失踪老年人"重新归来"，不仅指失踪老年人在物理上再次出现在其住所地或最后的居住地，更重要的是他重新融入了以居住地为中心的社会生活；二是失踪老年人"下落被知晓"，即有充足的证据了解到他的下落。③

（二）失踪老年人的宣告死亡

宣告死亡是一个法律程序，当一个人失踪后，与失踪者有利害关系的人向法院提出申请，法院根据相关法律规定进行审理。如果失踪者符合一定条件，法院会推定该失踪者已经死亡，并正式宣告其死亡，从而使得相关法律后果生效④，比如失踪者的财产可以进行继承分配，其配偶有权再婚等。根据《民法典》第 46 条的规定，如

---

① 黑龙江省哈尔滨市香坊区人民法院（2015）香民二民初字第 124 号判决书。
② 尹田. 论宣告失踪与宣告死亡 [J]. 法学研究，2001（6）：84 – 99.
③ 翟远见.《民法典》宣告失踪制度的解释与补充 [J]. 法律适用，2021（10）：51 – 63.
④ 梁慧星. 民法总论 [M]. 3 版. 北京：法律出版社，2007：111.

果一个自然人下落不明已经满四年，或者因为意外事件下落不明已满两年，那么利害关系人有权向人民法院申请宣告该自然人死亡。此外，如果因意外事件下落不明，并且有关机关证明该自然人不可能生存的情况下，申请宣告死亡不受两年期限的限制。利害关系人包括：失踪人的配偶、父母、子女；对失踪的公婆或岳父母尽了主要赡养义务的丧偶儿媳或丧偶女婿。在失踪人的配偶、父母、子女均已死亡或者下落不明，或者不申请宣告死亡不能保护其相应合法权益的情况下，失踪人的其他近亲属、先于失踪人死亡的子女的代位继承晚辈直系血亲、先于失踪人死亡的兄弟姐妹的代位继承子女也可以作为利害关系人。值得注意的是，除非不申请宣告死亡不能保护其相应合法权益，失踪人的债权人、债务人、合伙人等民事主体不能认定为利害关系人。①

中国裁判文书网有这样一则老年人从护理院走失被宣告死亡，子女要求赔偿的案例：

> 福建仙游县的一位名叫邱某钦的老人，患有记忆障碍。2010年2月21日，邱某钦的儿子吕某喜将她送入仙游关爱护理院。然而，2010年8月1日，邱某钦在护理院中失踪。护理院和邱某钦的家人都向警方报了案，并通过电视台发布寻人广告。由于无法确定邱某钦的下落，经她的儿子吕某喜申请，法院于2016年4月6日宣告邱某钦死亡。此后，邱某钦的四个孩子认为，他们母亲的失踪是护理院未能履行看护职责所导致的，因此向法院提起诉讼，要求赔偿。法院审理后认为，宣告死亡制度不仅是为了结束被宣告死亡者财产关系

---

① 中华人民共和国最高人民法院. 最高人民法院关于适用《中华人民共和国民法典》总则编若干问题的解释 [EB/OL].（2022 – 02 – 25）[2024 – 01 – 03]. https：//www. court. gov. cn/zixun/xiangqing/347221. html.

的不确定性，还是为了结束被宣告死亡者人身关系的不确定性，以保护被宣告死亡者的相关利益方的合法权益，应产生与自然死亡相同的法律效果。邱某钦依法被宣告死亡，四个孩子作为他的法定第一顺序继承人，有权向护理院主张请求死亡赔偿金和精神损害赔偿金。护理院未能履行其安全保障义务，对于邱某钦的出走以及被宣告死亡的结果，应当承担主要责任。最后，法院判决护理院应对邱某钦被宣告死亡导致的损失承担60%的责任[①]。

由上述案例可以看出，对于失踪的老年人，虽然通过法院宣告其失踪可以对他们的财产进行一定程度的保护，但这并不能完全解决他们可能面临的所有法律问题，尤其是涉及人身关系、财产关系以及继承关系的稳定性问题。随着时间的推移，这些失踪老年人可能已经去世的概率会逐渐增加。在这种情况下，如何保护那些依旧活着的人的利益，成为法律实践必须解决的问题。在这种情况下，适用死亡宣告制度能够更有效地解决老年人长期失踪留下的法律关系的悬而未决问题。[②]

自然死亡是生理现象，表现为呼吸和心跳的终止。而法律上的宣告死亡是一种法律假设，此时被宣告死亡的老年人可能仍然在世，并继续参与各种合法的民事活动，他们的行为仍具有完整的法律效力。如果一位被宣告死亡的失踪老年人后来重新出现，他本人或者其他利害关系人可以向法院提出申请，法院应当取消其死亡的宣告。"失踪老年人重新出现"是指被宣告死亡的老年人并没有死亡。值得强调的是，当被宣告死亡老年人自然死亡时间与宣告推定死亡时间不一致时，法

[①] 　福建省仙游县人民法院（2016）闽0322民初6548号民事判决书。

[②] 　尹田. 论宣告失踪与宣告死亡 [J]. 法学研究, 2001 (6)：84 - 99.

院也应当撤销其死亡宣告。因为宣告死亡制度针对的只是生死不明的人，如果有证据证明老年人已经在确定日期死亡，他就脱离了失踪的状态，被宣告死亡的事实基础不复存在。①

在失踪老年人的死亡宣告被撤销后，根据《民法典》的规定，他们的婚姻、亲子和财产关系应尽可能恢复到宣告死亡前的状态。从撤销死亡宣告的那一天开始，他们的婚姻关系自动恢复。但是，如果失踪老年人的配偶已经再婚，或者已向婚姻登记机关书面声明不愿恢复婚姻关系，那么这种情况则除外。如果失踪老年人有未成年子女在他被宣告死亡期间被他人合法收养，那么这种收养行为不能以未经失踪老年人本人同意为由主张无效。对于那些通过继承方式获得失踪老年人财产的个人或组织，失踪老年人有权要求其归还财产。如果财产无法归还，应当给予适当的补偿。如果有利害关系人隐瞒事实，导致老年人被错误地宣告死亡并因此获得财产，他们除了要归还财产外，还应对由此造成的损失承担赔偿责任。

养老金对于许多老年人来说至关重要，它是他们生活的基础。在现实中，如果退休老年人失踪并被法院宣布死亡，他们的养老金发放将会被中止。如果这些人之后重新出现，那么如何处理他们在失踪期间未领取的养老金成为一个问题。有以下一则案例：

> 辽宁省工业安装工程公司的一名退休员工名叫刘某山，他在1996年8月退休。2009年11月29日，他失踪了，随后在2015年10月8日被沈阳市铁西区人民法院依法宣告为死亡。2018年初，刘某山在贵州被发现仍然活着，并由家人接回。在他失踪期间，由于家属未能提供有效的生存证明，他的养老金被停发了。他重新出现后，刘某山向辽宁省社会保险事业管理

---

① 史尚宽. 民法总论［M］. 北京：中国政法大学出版社，2000：98.

局申请补发养老金，但该管理局只同意从下个月开始恢复发放养老金，而拒绝补发他失踪期间未领取的部分。①

　　根据 2010 年 4 月人力资源和社会保障部办公厅的指导意见，基本养老金是保障离退休人员基本生活的重要手段。如果离退休人员因失踪被停发养老金，随后被宣告死亡，那么在宣告死亡期间未发放的养老金将不会被补发；但如果被宣告死亡的离退休人员后来重新出现，或者家属能够证明该人员仍然有资格领取养老金，那么经过社会保险经办机构的审核后，应当补发其在此期间未领取的养老金。此外，如果在养老金暂停期间发生了国家调整养老金的情况，应当相应地进行补调。② 因此，依照这一规定，辽宁省社会保险事业管理局应该补发刘某山在失踪期间未领取的养老金。

　　① 亢亚蓉. 论失踪人法律制度的完善：兼评我国《民法总则》宣告失踪与宣告死亡制度 ［D］. 天津：天津商业大学，2019.
　　② 人力资源和社会保障部. 人力资源和社会保障部关于因失踪被人民法院宣告死亡的离退休人员养老待遇问题的函 ［EB/OL］. （2010 - 04 - 12）［2024 - 01 - 03］. http：//www. hzldzy. com/detail - 1975. html.

第二章　老年人订立合同的民法关怀

合同与我们的生活息息相关，大量存在和发生于我们的民事活动中，甚至可以说"有人交往的活动就有合同发生的可能性"，小到衣食住行、饮食起居，大到生老病死，等等，都能看到合同的身影。例如，老年人乘坐出租车，与出租车司机之间成立交通运输合同；去菜市场买菜，与菜贩之间成立买卖合同；将自有房屋对外出租，与承租人之间成立租赁合同；雇佣住家保姆，与保姆之间成立民事雇佣合同；在家里使用自来水、天然气煮饭做菜，则成立供用电、水、气、热力合同；去超市存包，会成立保管合同；到裁缝店做衣服，会成立承揽合同；通过中介租房子、买卖房屋，会成立居间合同，等等。

一、老年人签订合同的考量节点

随着 2021 年《民法典》的颁布实施，原有的《合同法》已被废止，现在所讲的"合同法"是指《民法典》合同编的内容，以及其他涉及调整合同法律关系的法律法规、规章和司法解释等法律规范。在整部《民法典》中，合同编共 526 条（第 463 条—第 988 条），约占整个《民法典》的 41.75%。可以说，一部《民法典》，半部合同编，合同的重要性不言而喻。

合同是一种契约，一种协议。根据我国《民法典》合同编第 464 条第 1 款规定，合同是民事主体之间设立、变更、终止民事法律关系的协议。"协议"二字说明合同的存在前提是合意，合同是当事人协商一致的产物。那么是不是意味着老年人在日常生活中签订的任何协议都是《民法典》合同编所讲的合同呢？当然不是。根据《民法典》第464条第2款规定，婚姻、收养、监护等有关身份关系的协议原则上不适用《民法典》合同编的调整，适用有关调整身份关系的法律规定。因此，老年人签订的婚前协议、夫妻忠诚协议、遗赠扶养协议、劳动合同等均不属于合同编的调整范畴。换言之，《民法典》合同编所规定的合同，是债权合同。①

（一）警惕合同陷阱

2021年2月12日，"iCourt法秀"微信公众号发布了一篇文章《15个法律幽默智慧故事的解读》，其中有一则小幽默讲道：

> 一个肉店老板在路上碰见了他想去找的律师。
>
> 他问道："如果一只狗偷吃了别人的东西，那么这只狗的主人是不是要替自己的狗赔钱？"
>
> 律师回答："那是当然的了。"
>
> 肉店老板："你讲话算数吗？"
>
> "当然！我是专门从事诉讼的律师，我讲话是有法律依据的。"
>
> "那么，请你付给我十块钱吧，因为你的狗偷吃了我的一块肉。"
>
> 律师笑道："好，我同意。但是，你要知道，我是律师，凡是向我咨询每次收费二十块钱，所以你必须先付给我二十

---

① 隋彭生. 合同法 [M]. 10版. 北京：中国人民大学出版社，2023：1.

块钱，扣除我赔偿你的十块钱之后，你还应付给我十块钱。"①

　　上述这则小幽默告诉我们：再狡猾的狐狸也斗不过好猎手。从法律智慧的角度分析，这充分体现了律师应对突发事件的应变能力，在肉店老板预先设"套"、精心准备的情况下，律师还是镇定自若轻松化解并有所收入。由此反思，老年人想要在合同的世界里"不吃亏"，就必须学会运用法律武器来解决问题，正所谓"工欲善其事，必先利其器"。老年人亦要在学法、知法、懂法、用法中去捍卫自身权利，维护自身利益，这样方能"以不变应万变"，更好地处理合同危机，应对困难，谨防掉入陷阱。

　　随着市场经济的发展，合同作为经济往来的重要载体，在我国经济生活中所扮演的角色日趋重要，即便是老年人，其生活中亦广泛与合同打交道。实践中，各式各样的合同陷阱无处不在，表现形式多样，一不小心就会落入其中。因此，在签订合同的时候，应高度警惕陷阱，审慎对待于法无据、明显不合理的合同条款，防止掉入陷阱，难以维权。生活中常见的合同陷阱有哪些？正所谓"有交易就有风险"。合同陷阱不仅仅表现为钱财损失的民事责任，甚至有可能因为身陷诈骗漩涡而涉及刑事责任。因此，在合同签订过程中既要做到"诚实守信"，亦要做到"防人之心不可无"。一般来讲，不同的合同类型，其可能存在的合同陷阱亦各有差异，但整体上而言，比较常见的合同陷阱主要存在于合同签订形式、合同内容的约定、合同责任的约定等方面。

　　1. 合同签订形式上存在的风险

　　合同形式是合同内容的载体，根据《民法典》第 469 条的规定，

---

　　①　新时代普法.15 个法律幽默智慧故事的解读［EB/OL］.（2021－02－12）［2023－11－03］.https：//mp. weixin. qq. com/s/OI0UetxOYQmDQ2GSdNAnsA.

当事人可以通过书面、口头或者其他形式订立合同。其中，书面形式主要包括合同书、信件、电报、电传、传真等。此外，电子数据交换、电子邮件等能够随时调取查用的数据电文亦视为书面形式。总的来讲，书面形式最大的特点就是能够有形地表现所载的合同内容。由此可见，合同形式多种多样，具体采用哪种形式，法律未做硬性要求，当事人可以根据合同的类型、合同的交易目的、交易风险以及合同的交易习惯等灵活选择。其中关于交易习惯，《最高人民法院关于适用〈中华人民共和国民法典〉合同编通则若干问题的解释》第2条第1款对此进行了详细规定。根据该条文的规定，交易习惯是指不违反法律、行政法规的强制性规定且不违背公序良俗的前提下，在交易活动中形成的惯常做法或者在交易行为当地、某一领域、某一行业通常采用且为交易对方所知道或者应当知道的做法。

　　并不是所有的合同都必须以合同书、协议书等书面形式呈现，是否采用书面形式，并不影响合同的效力。通常来讲，口头合同具有高效、便捷的特点，日常生活中普遍应用于标的额小、争议不大的民事活动，其最大的缺点就是发生合同纠纷时，不易取证，难以区分责任。因此，老年人在签订合同时，对于标的额较大、日后发生争议可能性大的合同建议优先选择书面形式，以便日后更好地固定证据，厘清双方责任。

　　在合同形式的选择上，从实践案例分析，书面形式在"证据固定""定分止争""法律责任厘清"等方面显得十分重要。以老年人生活中较为常见的"自然人之间的借款"为例，最能体现书面合同的证据价值。生活中，朋友之间、亲属之间相互借钱的情况不可避免，因此经常会听到，昔日关系要好的亲朋好友因为借钱不还而对簿公堂的情况。

　　曾经有人向笔者咨询这样一则生活实例：

2022 年 3 月，家住老赵屋后的表亲小陈因下岗在家待业，打算购买一辆二手车从事滴滴顺风车业务，由于手头资金不够，于是向老赵借款 2 万元，并口头承诺半年内还清。老赵碍于亲戚间的情面，没有让小陈打欠条，并通过微信将 2 万元转给小陈。2023 年 1 月过春节前，老赵通过多种方式暗示小陈还款，小陈始终找借口推迟还款。老赵虽觉得无奈，但也不想太为难小陈。春节过后，老赵发现小陈又置换了一辆新车，认为小陈应该有还款能力，于是再次催要借款。可是小陈却经常避而不见。老赵对此十分气愤，遂将小陈诉至法院，以讨回公道。法院审理该案的过程中，通过审查微信转账记录，调取证据，厘清了资金转账往来情况。最后通过调解，小陈将借款归还老赵。

以上案例告诉我们，合同的约束力有二，要么是道德，要么是法律。道德约束属于内在约束，法律约束属于外在约束。在自然人之间的借款关系中，道德规范的力量体现为"君子一言，驷马难追"。而法律的力量则以法律与合同的结合为必要，表现为"立字为据，有备无患"。① 何为"立字为据"？"立字为据"体现的是合同形式，强调以书面形式来明确合同的真实存在或实际发生状态。实践中，一旦借款双方对簿公堂，合同书、信件、数据电文、微信聊天内容等书面形式的材料，将成为决定一起借款纠纷诉讼胜利与否的关键证据。

而事实上，亲属之间往往因为身份关系而产生较强的信任，缺乏保留证据的风险防范意识，借款时既无转账记录的借款备注说明，也没有借款合同（借条），纯粹碍于亲情，直接交付对方借款，未留下

---

① 韩世远. 合同分类与合同效力：总分结构中类型规范之意义初探［J］. 四川大学学报（哲学社会科学版），2023（5）：75 – 84，193 – 194.

任何证明借款关系的直接证据。

由此可见，合同签订形式对合同权益的维护具有重要意义，老年人在与他人订立合同时，要增强合同风险意识，审慎选择合同的签订形式，注意收集和保留书面证据，以最大限度地保护自身合法权益，避免造成不必要的财产损失。

2. 合同内容的约定上存在的风险

合同的内容是合同当事人在合同中的权利和义务，是通过合同条款加以确定的。[1] 根据《民法典》第470条的规定，合同内容由当事人约定，一般包括当事人的基本信息（姓名或名称和住所）；标的（种类、数量、质量）；合同的价款或报酬；合同的履行期限、地点和方式；违约责任；解决合同争议的方法等条款。这些条款并非属于所有合同都必须具备的"必备条款"，缺少其中一个或数个条款并不当然导致合同不成立或不生效。通常来讲，《民法典》关于合同一般条款的规定属于任意性规定，不具有强制执行性。合同的必备条款主要包括当事人、标的物和数量三项。缺少其中任意一项，合同应当认定为不成立。[2] 因此，老年人生活中所签订的"协议"或所做的承诺并非全都属于合同，应当谨慎区分，从而避免陷入无谓的纠纷当中。

从合同内容分析，合同主要具备以下特点：首先，合同是一种双方或多方的民事法律行为，即合同主体至少为两方，单个民事主体无法成立合同关系。其次，合同双方为平等主体，平等地享有权利和履行义务，任何一方都无权将个人意志强加给另一方。再次，合同是双方当事人合意的产物，即意思表示真实且自愿。最后，合同是设立、

---

① 江必新，张甲天. 中华人民共和国民法典学习读本［M］. 北京：人民法院出版社，2021；山东高法. 如何签订一份内容完备的合同？［EB/OL］.（2022－10－04）［2023－12－05］. https：//mp. weixin. qq. com/s/vqSgKsassiGhjzFcwpCNrg.

② 徐忠兴. 《民法典》各类合同应具备的一般条款及订立要点［EB/OL］.（2021－05－18）［2023－12－17］. https：//mp. weixin. qq. com/s/ybhWrehse1IF－_SYiAeqlg.

变更、终止民事权利义务关系的协议。

总的来讲，合同内容约定上的陷阱主要集中在以下几个方面：首先，因不具备合同主体资格而导致合同无效或者效力待定。其次，因标的物的种类、数量、质量等条款约定不清楚，导致合同履行目的无法实现，从而诱发纠纷。最后，因价款、履行方式、履行地点等约定不清楚，导致迟延履行、履行不能等合同风险。

此外，生活中老年人还要学会根据协议内容识别"此合同非彼合同"的陷阱，即对其所作出承诺是否需要承担合同责任要有基本的判断。老年人应当如何根据"协议"的内容来确定自己是否与他人成立合同关系？是否需要负担合同义务？是否应当承担合同责任？这需要根据合同的内容、合同的特点等进行综合考虑。例如，老年人之间达成的结伴出行或旅游的协议不产生合同效力。

　　60 岁的甲和 62 岁的乙是大学同学，毕业后在不同的城市工作。2023 年国庆黄金周，甲来到乙居住的城市旅游。乙得知后，给甲打电话，并盛情邀请其一起共进晚餐，甲愉快地答应，双方约定"不见不散"。后来甲因临时有事，未能赴约。乙盛怒，并威胁甲如不承担违约责任，就要到法院起诉他。对此，甲不必恐慌，根据《民法典》的规定，甲乙两人的约定不属于合同关系，不产生合同效力，双方不存在违约之说。

关于"此合同非彼合同"的陷阱，在老年人生活中，还有一种比较常见、典型的情形：好意施惠行为。所谓好意施惠行为，又称情谊行为，是指一方当事人虽无意设定法律上的权利义务关系，但基于情谊关系或良好的道德风尚，而实施了使另一方当事人受惠的行为。①此种行为并非法律行为，由此形成的仅是一种普通的社会关系，而非法律关系。好意施惠行为在生活中较为常见的是好人好事（好意搭乘、见义勇为等）。

> 老丁和老吴同乘一趟从广州去往北京的高铁，途中，二人交谈甚欢，彼此建立了一定的信赖关系。双方约定，到站后互相提醒。高铁到站后，老吴由于接了一通来电，忘记叫醒一旁熟睡的老丁，以致老丁错过下车站点而错过了重要的会议。对此，老丁可否起诉至法院，要求老吴承担违约责任，赔偿损失？毫无疑问，老丁无权起诉，因为其二人之间属于"好意施惠行为"，二者并未成立合同关系，对于老吴的"毁约"行为，无法从合同的角度进行法律评价，仅能做道德评价。

因此，老年人在生活中基于好意施惠行为而与他人存在承诺或协议时，并不产生合同关系，更无合同拘束力之说，亦不产生合同之债。

3. 合同责任的约定上存在的风险

合同责任是违反合同义务的后果，在合同的订立、成立、履行和终止阶段，合同责任包括缔约过失责任、违约责任两种责任形式。缔约过失责任又称为先契约责任，是指在缔约过程中一方当事人因违背先合同义务致使合同不能订立，应当承担的损害赔偿责任。② 缔约过失责任基于诚实信用而产生，以当事人基于"信赖利益"所遭受的损失作为赔偿的标准。③ 违约责任是指当事人违反有效合同约定义务所

---

① 鲍新则. 论夫妻间过失行为引发的刑事责任 [J]. 湖南警察学院学报，2018，30 (1)：73-78.

② 潘慧明. 论缔约过失责任 [J]. 理论探索，2003 (4)：79-80.

③ 王利明，杨立新，王轶，等. 民法学 [M]. 5 版. 北京：法律出版社，2017：576.

应承担的民事责任。① 违约责任可以基于当事人的约定（如约定违约金、约定定金），也可以基于法律的规定（如支付赔偿金、强制实际履行等）而产生，主要表现为继续履行、采取补救措施或者赔偿损失等财产责任。

基于诚实信用原则承担缔约过失责任是生活中比较常见，但又往往被忽视的一种责任情形，尤其老年人，在日常生活中对此了解不多，容易陷入合同风险当中。

梁慧星、王利明均援引王泽鉴《诚信原则仅适用于债之关系?》一文，称诚信原则为现代民法"最高指导原则"，系"帝王条款（规则）"。我国《民法典》第 7 条规定："民事主体从事民事活动，应当遵循诚信原则，秉持诚实，恪守承诺。"

何谓诚实信用? 不同学者观点不一。自《民法通则》第 4 条将诚实信用规定为一项民事活动的基本原则以来，我国学者把诚实信用主要理解为：市场经济活动形成的道德规则，它要求人民在民事活动中讲究信用，恪守诺言，诚实不欺，在不损害他人利益和生活利益的前提下追求自己的利益。② 诚实信用，顾名思义，就是秉持诚实，恪守承诺。"诚实"要求当事人在民事活动中实事求是，诚实待人，对涉及双方利益的事实应主动全面、真实地告知，不实施欺诈、隐瞒行为，不故意利用对方的误解与所处险情为自己牟利，而是善意地告知对方误解之处，以及所处险情等。例如，在合同订立中，要如实披露相关订约信息，如实告知相关情况，不坑蒙拐骗，不欺诈他人。③ "信用"要求当事人在民事活动中讲究信誉，恪守诺言，严格、善意、全面、

① 王利明，杨立新，王轶，等. 民法学［M］. 5 版. 北京：法律出版社，2017：650.

② 佟柔. 中国民法［M］. 北京：法律出版社，1990：27；梁慧星. 民商法论丛：第 2 卷［M］. 北京：法律出版社，1994：60；朱广新. 信赖保护原则及其在民法中的构造［M］. 北京：中国人民大学出版社，2013：114.

③ 郑重. "允执厥中"的理论内涵与司法实践［N］. 人民法院报，2023－01－20（5）.

适当地履行自己承担的义务，不做违约、毁约或加害性质的履行。

诚实信用原则既是民事活动的基本准则，也是民事活动应当遵循的基本原则，适用于民法的整个领域，民事主体行使民事权利，履行民事义务以及承担民事责任的过程中都应遵循这一原则。诚实信用原则属于强制性规范，当事人不得通过协议方式加以排除和规避。

在合同法领域，诚实信用原则以维护正常的市场秩序为前提和基础，以促进交易、平衡当事人利益为目的。因此，在市场交易活动中，该原则要求订立合同的双方当事人将诚实信用原则贯穿于合同关系的始终，不管是合同的磋商阶段，还是订立阶段，抑或合同的成立、生效、履行、变更、解除和终止阶段，都应当秉承诚实信用原则。否则，作为守约一方，在对方有违约行为之时，可以基于诚实信用原则的信赖利益，向违约方主张缔约过失责任或违约责任，以此来维护自身的合法权益。

> 现年65岁的老赵，自20岁起"子承父业"，以经营茶园为业。60岁的老王，退休后开了一间茶行，以打发无趣的退休生活。两人因买卖茶叶而结识。茶园老板老赵深知老王素有收藏茶叶之喜好，故向老王发出邀约，称其茶园里有老王心仪的茶叶，老王听说后，特意从广州坐飞机到福建老赵处订立合同，采购茶叶，共支付往返机票费用3000元，食宿费用1000元。后来，老赵对老王说，其手上并无老王所欲购买的茶叶品种，纯粹戏谑行为而已。对此，双方茶叶买卖合同宣告订立失败。此时，老赵需基于诚实信用原则，承担缔约过失责任，赔偿老王所支出的机票、食宿等必要费用。

上述这个案例说明，老年人在日常生活中的故意戏谑或无心之失的玩笑行为也可能面临承担法律责任的风险。因此，对于可能涉及合同关系成立与订立的言论，需要谨慎表达。

合同的订立与履行，强调意思自治领域的合意。诚实信用则是对意思自治自由的合理限制与约束。自由意味着权利，任何自由均有其边界。[①] 在法律的世界里，没有无权利的义务，也没有无义务的权利。权利和义务相辅相成。换言之，权利是有边界、有界限的。权利往往会受到合理的限制。问题在于，如何为权利、自由划界？《民法典》第130条规定："民事主体按照自己的意愿依法行使民事权利，不受干涉。"该条文体现了权利的存在，赋予了合同双方当事人得基于自由意愿在协商一致的基础上成立合同关系。再往深处想，将这个条文与《民法典》第7条的内容进行比较，会发现，诚实信用原则属于对订约自由权的合理限制。因此，老年人在与他人订立合同的过程中，要始终坚守诚实信用原则，否则将承担缔约过失责任。

（二）熟悉合同的签订流程

合同签订，是日常民商事活动中最常见的行为之一，也是最容易引起法律纠纷的源头之一。如何签好一份合同？可能大多数老年人的直接反应是：这个不是很简单吗？合同双方签字、盖章、捺印就可以了。然而，到了具体签合同的时候，许多人却茫然起来：要写哪些内容？哪些条款是必须的？结合实际工作、生活中的合同签约、合同履行和争议纠纷解决过程中遇到的问题，不难发现，签好一份合同并非易事，哪怕是签约的过程中也有很多细节需要注意。生活中，老年人在签订合同时应谨慎而小心，毕竟合同签订手续完备、合同形式规范、合同内容完备都将影响合同利益的实现与维护。那么，如何签订一份符合真实意思表示且公平、合理的合同？

通常来讲，要约和承诺是合同成立的基本规则，是合同成立必须

---

① 朱庆育. 中国民法总则的希尔伯特问题［J］. 中外法学，2023，35（2）：383-405.

经过的两个阶段。① 换言之，合同的签订流程表现为"要约邀请—要约—承诺""要约—承诺""要约—新要约—承诺"等过程，在这个过程中，合同关系的形成需要经历"订立—成立—生效—效力"的状态。

生活中，很多老年人会先入为主，认为"合同一经订立就成立"。然而实践中，合同的签订事实上包含了"订"和"立"两个阶段，即合同的订立与成立。什么是订立？什么是成立？这是一个动态和静态的概念。合同的订立是一个要约与承诺的过程，在这个过程中当事人双方在"你来我往"的协商基础上达成关于合同权利义务内容的统一意见。而成立，相对于订立来讲，订立是协商过程，成立是双方的合意结果。合同的订立是合同成立并得以履行的前提。

观察生活中的例子，我们会发现，有些合同一经订立就成立。例如，刘大爷到水果店买水果，对水果店的老板小刘说："老板，苹果一斤多少钱？"小刘回答："一斤8元。"刘大爷挑了6个苹果，说："称一下。"小刘称后说："3.6斤，收你28元吧。"刘大爷接过苹果，微信扫码支付28元。在这个过程中，刘大爷和小刘双方通过口头的即时交流达成买卖苹果的合意，合同一经订立即成立。

然而，有些合同订立之后要经过一些特殊的程序才能成立。例如，老王对老张说："老兄，借我1万块钱，回头还你。"老张回答："借钱可以，但咱们还是先签一份书面的借款合同吧。"在这个过程中，二人的借款合同属于实践合同，该借款合同虽已经订立，但并未成立，需要等到双方在借款合同上签字或捺印，且交付钱款时才成立且生效。

根据现行法律规定，合同原则上自成立时生效，合同的成立是决定合同是否及何时具有法律约束力的决定性环节。② 因此，不难发现，

---

① 王水云. 也论合同的成立与生效 [J]. 社会科学研究，2004（4）：64 – 66.
② 朱广新. 书面形式与合同的成立 [J]. 法学研究，2019，41（2）：59 – 76.

合同的订立与成立，最大的区别点在于法律效果，订立仅是体现协商的过程，并未产生法律约束力，而成立则充分体现合意的法律事实，将对当事人双方产生法律约束力。只有依法成立且生效的合同才受法律保护。

合同的签订过程在《民法典》上称为要约和承诺。《民法典》第471条规定："当事人订立合同，可以采取要约、承诺方式或其他方式。"从《民法典》合同编的角度讲，合同的签订就是反复进行要约、再要约，最后承诺的过程，当事人一旦承诺，合同即告成立。那么，何为要约？何为承诺？要约作为一个订约要素，是指希望和他人订立合同，向对方提出合同条件的意思表示。① 承诺则是指对要约的接受。一旦受要约人向要约人表示接受要约中的全部条款，双方即成立合同关系。例如，老年人到商场购物，货架上琳琅满目的物品贴着价格指示牌，老年人作为顾客按需购买。在这个过程中，商场的货物陈列行为是要约，老年人的购买付款行为是承诺。

通常来讲，生活中对要约与承诺的认识和判断，基本不存在争议点。容易让人产生混淆的是另一个概念——要约邀请。

要约邀请是指希望他人向自己发出要约的意思表示，例如拍卖公告、招标公告、招股说明书、商业广告和宣传等为要约邀请。要约邀请和要约的最大区别点在于所作出的意思表示是否具备订立合同的内容，是否包含了订立合同的主要条款。例如，水果店老板对李大妈分别作出两个表示，第一个表示："西瓜便宜，要不？"第二个表示："西瓜2块1斤，要不？"水果店老板的第一个表示为要约邀请，第二个表示为要约。

因此，老年人在日常生活中与他人订立合同或向他人作出承诺时，要谨慎地做意思表示，学会辨析要约邀请、要约和承诺，了解自己所

---

① 吕军尚，吕振杰. 论要约的效力［J］. 理论月刊，2005（2）：108－109.

做的意思表示将产生何种法律效果，以此判断是否与他人成立合同关系，了解自己将面临承担何种法律责任。

（三）明晰合同签订的注意事项

生活中，老年人应怎样签合同才能少吃亏或不吃亏？在签订合同之前，应当坚持合同的法律思维，即根据合同的底层逻辑"预见"来合理地防范合同风险。在签订合同之前，要"预见"未来要做什么？合同的相对方是谁？如果没有做到或者发生其他情况，双方怎么解决？以下通过几个简单的例子来体会何为"预见"：第一个例子，赵大爷欲购买一份保健品，能预见的是保健品质量有问题怎么办？能否七天无理由退货？第二个例子，钱大妈欲向甲公司购买一份投资理财产品，能预见的是预期收益不如实际收益，该怎么办？第三个例子，孙大爷与乙养老院签订养老服务合同，能预见的是服务质量、服务内容不符合约定要求的，谁承担责任？养老服务合同中的免责条款违背合同法相关规定时，谁承担责任？因此，合理的"预见"能更好地明晰合同签订的注意事项，更好地维护个人的合法权益，避免误入陷阱，造成损失。那么，老年人在签订合同时，需要注意什么？重点关注什么？

1. 明确合同交易对象

在合同交易过程中，老年人往往基于习惯性思维，会对交易对象的资格、资质等具有较强的信任。例如，老年人也许会认为，合同的内容确认、合同的签订环节，自己都亲自参与了，难道还不清楚对方是谁吗？然而，实际上，合同签订主体的身份核实及确认是合同签订中不可忽略的重要环节，亦容易存在陷阱。例如，也许与老年人签订合同的是张三，而实际上"此张三非彼张三"，即张三有可能是李四冒名的。

因此，老年人在签订合同之前，应对对方的身份和资格进行反复核实，确保对方具有签订合同的资格、资质和能力。例如，老年人在购买保险、购买养老金服务、购买投资理财产品等时，应该重点关注相对方的经营资质，通过查看营业执照、分支机构设置情况等，以判断其是否具备相应的资信和能力；同时，还要关注对方（例如中介、销售代表等）是否有授权委托书，是否属于有权代理，是否存在无权代理、超越代理权限等情形。

生活中，类似于"老年人认错借款人，几十万借款血本无归"的例子十分常见。例如：老汉张某的朋友王某是 B 公司的法定代表人。20××年3月，王某向张某借款十多万元，出具了一份正式的借据，且借据上盖有 B 公司公章。事后，王某拒绝还钱。张某遂把王某告上法庭。王某辩称因为上面盖的是公司公章，属于公司借款，他只是以公司法定代表人身份签的字，此借款与他无关。法院以起诉主体错误为由驳回了张某的起诉。张某随后起诉 B 公司，最终胜诉，可该公司经营亏损，根本就没有偿还能力。王某虽然有房有车，但按《中华人民共和国公司法》规定，公司的股东只以出资额为限承担有限责任。张某的借款，最终得不到偿还。因此，老年人在签订合同时审查合同交易主体的资格、资质，能有效避免日后发生纠纷，并最大限度地保障交易安全。

2. 明确合同交易内容

老年人在审查合同文本时，建议最好重点关注以下三点：

首先，在签订合同之前，应仔细审查合同的内容，知悉所要签订的内容，熟悉本方、合同对方或他方的权利义务，知道本方在未来合同履约过程中需要做什么、达到什么标准、实现什么目的，尤其是重点关注涉及双方权利义务、标的交付方式、价款支付条件、保密条款等方面的约定。

其次，要清楚地知道合同的成立时间、生效时间。实践中存在大量附生效条件或附生效时间的合同，这类合同只有在所附条件具备时合同才生效。因此，签订合同时需重点关注合同中是否针对一些具体问题进行了生效条件或生效时间的特别约定。附生效条件的合同是指合同已经成立但未生效，待所附条件成就时合同生效。所附条件是指发生与否并不确定的将来事实，而所附时间则是指确定发生的将来事实。例如，老张与老梁约定：3个月后老张将其房屋按月租3000元出租给老梁。在这个例子中"3个月后"是必定到来的时间点，所以是一个附生效时间的合同。再比如，老赵和老刘约定：假如疫情解封，老赵家闲置的房屋未出租的话，就免费借给老刘住一年。在这个例子中，"疫情解封，老赵家闲置的房屋是否出租"不是一个确定发生的事实，因此属于附生效条件的约定。在此特别提醒，合同的生效并不当然地以满足合同约定的生效条件或生效时间为唯一标准。如一方实际履行合同，而另一方也以实际行动接受，一般情况下即可推定合同已实质上生效并履行。

最后，要反复检查合同文本的内容是否有错别字、漏行、串行等情况，以确保合同内容真实、准确、完整，并符合相关法律法规的要求。

3. 明确合同权益受侵害的救济途径

生活中，老年人作为合同一方，在对方有违约行为时，是否想到起诉对方？传统观念往往对司法救济有或多或少的忌讳，觉得"对簿公堂"是不体面的事情，心生"讼累""厌讼"情绪，老年人的心态更是如此。然而，随着法治社会的发展，人们对法律的认识加深，法律维权意识增强，大多数人不再"谈讼色变"。2023年9月《人民法院报》刊载题为"全方位深化适老扶弱型诉讼机制"的报道指出，浙江省温州市鹿城区人民法院拍摄制作的微视频《庭上有老》的开场白："他们已然老去，我们终将老去，可是官司不期而遇……"当前和今后一个时期，社会老龄化加深，时代数字化加速，老年人经济、社会交往增多，随之而来的养老诈骗、侵权事件、事故、纠纷显著增加，高效解纷和权益保障的需求愈发迫切。① 不管是主动进入诉讼程序抑或被动进入，老年人都应该学会在生活中拿起法律的武器维护自己的合法权益。

诉讼系合同争议解决机制之一。一般来讲，合同争议解决机制主要包括协商和解、调解、仲裁和诉讼。合同争议解决条款就是指合同当事人在签订合同时，针对合同可能发生的争议事项约定处理方式的条款。例如，合同中约定："若双方因合同发生争议，可向甲方所在地人民法院提起诉讼。""若双方因合同发生争议，可向合同履行地的仲裁委申请仲裁。"这些合同条款就是争议解决条款。因此，老年人作出关于合同争议解决条款的相关约定时，建议明确以下三点：一是仲裁、诉讼是法定的纠纷解决方式，在争议解决条款中具体约定时应遵守法律的有关规定并积极保障自身权益，如果约定不恰当，可能导致该条款无效或对己方不利。二是如果选择诉讼方式，建议尽量选择在己方所在地为诉讼管辖地，这样更有利于证据的调查、固定及保存，使得己方在诉讼中掌握相对主动权。三是仲裁必须以"仲裁协议"或"仲裁条款"的存在为前提，否则不可以直接申请仲裁。

二、涉老合同的风险防范

本书所称涉老合同，又称涉及老年人的合同，是指签订合同的一方或双方当事人为老年人的合同类型。涉老合同一般存在哪些风险？通常来讲，涉老合同因为签订主体是老年人，具有特殊性，其合同风险主要与老年人财产息息相关。例如在中国裁判文书网通过关键词"老年人""合同"进行检索，共检索到裁判年份为 2012 年至 2023 年的文书共计 8485 篇，其中刑事案由有 248 篇，民事案由有 7650 篇，

---

① 鹿萱. 全方位深化适老扶弱型诉讼机制［EB/OL］. （2023 - 09 - 23）［2023 - 10 - 14］. https：//mp. weixin. qq. com/s/8Dlg2XycHLrZ8RER7maL3Q.

其他案由有 587 篇，主要涉及合同约定、合同利息、合同违约金、合同解除、房屋买卖、合同违约责任、合同欺诈等纠纷。以下针对老年人生活中比较常见的涉老合同类型进行分析，以梳理涉老合同风险及应对、防范机制。

（一）老年人的民间借贷风险

无论哪个时期，民间借贷在社会生活中都是比较常见的。据史料记载，即使是革命家、政治家、军事家、文学家、银行家、艺术家……也都有需要借钱的时候。例如，曾国藩中进士后入翰林院，任职三年，由从七品检讨升任从五品侍讲。虽官运亨通，但财运不旺。道光二十一年（1841）年底，他借了五十两银子（一两银子相当于二百元），勉强过年。那段时间，他经常借钱，最多时借了一千多两。再例如，为了拍摄电影《红高粱》，张艺谋导演在高密找了 100 亩地，借了 4 万元买种子、化肥，请老乡种，并承诺收成归老乡。老乡为了好收成，都种矮秆新品种。张艺谋坚持要求改种高秆老品种，这才有了《红高粱》的震撼画面。

民间借贷不是一个严格的法律术语，属于借款合同的一种。① 所谓民间借贷，是指自然人、法人和非法人组织之间进行资金融通的行为。根据《民法典》规定，民间借贷的主体可以是自然人、法人、非法人组织。在老年人的现实生活中最常见的民间借贷是发生在自然人之间的借贷，例如常见的"借条""欠条"等都是自然人之间借贷关系的体现。自然人之间的借贷合同是实践合同，在提供借款时成立。

生活中，老年人的民间借贷风险有哪些？

首先，民间借贷合同存在被认定为无效合同的法律风险。老年人在与他人订立民间借贷合同时，要明确并非所有的借贷合同均受法律保护。《最高人民法院关于审理民间借贷案件适用法律若干问题的规

---

① 隋彭生．合同法［M］．10 版．北京：中国人民大学出版社，2023：155.

定》（2020 修正）第 14 条规定：“具有下列情形之一的，人民法院应当认定民间借贷合同无效：（一）套取金融机构贷款转贷的；（二）以向其他营利法人借贷、向本单位职工集资，或者以向公众非法吸收存款等方式取得的资金转贷的；（三）未依法取得放贷资格的出借人，以营利为目的向社会不特定对象提供借款的；（四）出借人事先知道或者应当知道借款人借款用于违法犯罪活动仍然提供借款的；（五）违反法律、行政法规强制性规定的；（六）违背公序良俗的。”

2022 年 5 月 19 日，湖南省高级人民法院在其官方微信公众号发布了题为“注意啦！这几种情况借钱民间借贷合同无效！”的文章，其中包含一起“明知他人借款用于赌博，民间借贷合同无效”的案例：

> 老向和老金相识多年。2018 年 8 月 12 日，老金跟老向借款 1 万元用于在老向家打牌，老金出具了一张借条，约定月利率为 2%。出具借条后，老金偿还了本金 2000 元给老向，未偿还剩余款项，双方发生纠纷。老向遂诉至法院，请求判决老金偿还借款本金及利息。法院经审理认为，对于 8000 元的借款事实，老向和老金均予以认可。但老向明知老金借款用于非法用途而出借，不符合社会主义核心价值观，有违公序良俗原则，不利于社会的和谐稳定，老向与老金之间的民间借贷合同无效，故判决要求老金返还老向 8000 元，老向主张的利息不予支持。①

其次，生活中，老年人除了要关注借贷合同无效的法律风险，还要关注“欠钱不还”的法律风险。古老的人生信条如是说：“欠债还

---

① 付琦，刘三妹. 注意啦！这几种情况借钱民间借贷合同无效！［EB/OL］.（2022 - 05 - 19）［2023 - 11 - 20］. https：//mp. weixin. qq. com/s/AdM2HWaXIqU3JH7u - DgIQg.

钱""杀人偿命"。然而，生活中欠债不还的情况屡见不鲜，尤其是老年人借款纠纷。生活中，老年人在对外借钱时，由于受传统观念的影响，法律证据意识薄弱，在遭遇"欠钱不还"之时，证据不足往往成为维权的"痛点"和"难点"，从而陷入维权困境。

2021年8月26日，韶关市中级人民法院在其微信公众号发布了一篇题为"'黄昏恋'未成'夕阳红'老人因借贷纠纷和女友打官司"的文章：

> 七旬老先生张某和60岁的李某于2019年确立恋爱关系，并为相互照顾选择同居。恋爱期间，李某为买房向张某借款16万元。但不料，张某在近日被确诊患有恶性肿瘤，需要大额资金用于治疗，于是他向李某提出要其陆续归还之前的借款。但令张某没想到的是，李某不认账了，认为那是双方同居期间的生活开支而非借款，甚至还把张某的微信、电话都拉黑，拒绝见面。无奈之下，张某诉至武江法院。庭上，针对张某的主张，李某辩称，该笔借款并非借贷，而是双方同居期间的生活开支，张某仅出具了银行转账单予以佐证，只能证明其转了一笔钱，不能证明是借款，和借贷没有关联性，其不予认可。对此，李某还出示了一封张某写的信，拟证明张某所称"遗失了借条"是在说谎，其与张某从来没有发生过借贷行为。①

上述案例表明借贷有风险，稍有不慎将造成财产损失。生活中，老年人如何应对民间借贷风险？首先，明确借款人，即谁用谁借，谁

---

① 黄健婷，黄嫔，凌嘉华."黄昏恋"未成"夕阳红"老人因借贷纠纷和女友打官司 [EB/OL].（2021-08-26）[2023-10-04].https：//mp.weixin.qq.com/s/j_H2w_zl2wQejH CBVaCfcQ.

借谁还。具体来讲，出借人的全名一定要写，且要与身份证一致，不要写绰号、简称、英文名等。其次，口说无凭，老年人在借款时应谨慎对待，注意留存借据、借条等借款凭证。再次，证据留痕，给钱方式要慎重，现金交付难以"留痕"。交付借款款项时应尽量采取银行转账、支付宝或微信支付等能证明支付情况的方式。若因特殊情况只能现金交付的，也要保留好现金来源证据或有见证人在场，并要求借款人出具收条。最后，多种手段固定证据，老年人可以充分利用录音、录像、微信聊天记录、邮件往来记录等证据，为维权添加胜算"筹码"。

具体来讲，一份规范的"借条"应包含哪些重要内容？《民法典》第668条规定："借款合同应当采用书面形式，但是自然人之间借款另有约定的除外。借款合同的内容一般包括借款种类、币种、用途、数额、利率、期限和还款方式等条款。"因此，一份规范的"借条"一般包含"借条"名称、借款事由、交付方式、借贷关系、双方身份信息、借款金额（写清币种和金额，金额要写清阿拉伯数字以及汉字大写）、约定利息、还款日期、逾期利息、借贷双方本人亲笔书写的签字或捺印等。

（二）老年人误信销售广告的风险

生活中经常会看到各大楼盘的"宣传广告"，而老年人往往容易被"五花八门"的宣传广告所迷惑，由于误信销售广告陷入错误的认识，而作出有违真意的意思表示。假如某楼盘在其宣传广告中列明"小区配套建设公立幼儿园和小学，内设露天泳池等儿童活动设施"。70岁的刘大妈看到宣传广告后，欣喜万分，觉得这是符合她需求的学区房，于是与售楼部签订了商品房买卖合同。到交楼之际，她发现开发商当时所宣传的关于教育的配套建设并未兑现，于是起诉至法院，要求开发商承担违约责任。此类案件，最大的争议焦点就在于楼盘所做"宣传广告"是要约邀请还是要约？如果是要约邀请，则可认定其所做"承诺"并非属于实际购房合同的条款。反之，如果是要约，则开发商需承担违约责任。

实践中，老年人在购房过程中如果误信商品房销售广告，最后广告中所承诺的内容无法兑现，房屋无法满足老年人的居住需求的，可否主张"退房退款"？还是"竹篮打水一场空"？

中国裁判文书网有这样一则关于老年人误信商品房销售广告主张解除合同的案例：

沈某、张某系夫妻，已退休多年，因年龄较大又患有腰椎病和关节病等，他们决定将楼梯房置换成电梯房。2017年下半年，舟山某置业有限公司就其开发建设的南山郡花园对外宣传"以幸福童年、幸福生活、幸福颐年、云端 club 模块，让幸福从此触手可及""给父母一个幸福晚年"等宣传语对外发布广告，并发布项目效果图、总平面图和立面图、沙盘图等。该广告所打造的房屋居住环境及其条件深得沈某、张某夫妇的心意。2018年1月初，沈某、张某通过楼盘销售员白某认购了南山郡花园的一套房。2020年7月，房子竣工验收后，沈某、张某在收楼时发现房屋存在缺陷，很多广告里宣传的内容都未兑现，遂诉至法院。他们认为舟山某置业有限公司存在恶意欺诈、虚假广告行为，广告里宣传的内容未能兑现属于违约行为，导致合同目的无法实现，主张解除合同。

法院经审理认为沈某、张某夫妇主张开发商具有违约行为、合同目的不能实现的诉求缺乏事实和法律依据。其理由如下：首先，南山郡花园是一般住宅小区，具有普适性，并非为满足老年人群体的特殊需求而建设的小区。其次，宣传资料中"给父母一个幸福晚年"或"幸福颐年"的陈述，仅属概述性陈述，并未明确具体的内容，并不属于被告就商品房开发规划范围内的房屋及相关设施所作的具体确定的说明和允诺。开发商不存在违约情况。故法院作出驳回原告沈某、张某的诉讼请求的判决。[①]

关于合同的解除事由，《民法典》第 563 条第 1 款规定："有下列情形之一的，当事人可以解除合同：（一）因不可抗力致使不能实现合同目的；（二）在履行期限届满前，当事人一方明确表示或者以自己的行为表明不履行主要债务；（三）当事人一方迟延履行主要债务，经催告后在合理期限内仍未履行；（四）当事人一方迟延履行债务或者有其他违约行为致使不能实现合同目的；（五）法律规定的其他情形。"由此可见，合同解除必须以存在解除事由为前提，该解除事由可以是当事人约定的解除情形出现，也可以是法律规定的解除情形出现。故在上述案中，沈某、张某欲主张解除合同，就必须有足够的证据证明开发商存在违约行为致使合同目的无法实现。

既然上述案例中，沈某、张某夫妇基于违约事由主张解除合同无法获得法院的支持，那老年人如果遭遇上述案例同类情况，是否可以以"误信"为由，基于欺诈或重大误解主张撤销合同？抑或主张开发商存在违约行为，承担违约责任？

首先，关于合同撤销权的行使，《民法典》第 147—151 条规定了四种可撤销的民事法律行为，包括：因重大误解成立的行为；因欺诈成立的行为；因胁迫成立的行为；自始显失公平的行为。

重大误解是指当事人因对合同性质、主体、标的物等产生重大错

---

① 浙江省舟山市定海区人民法院（2020）浙 0902 民初 3858 号民事判决书。

误认识，致使该合同与自己意思相悖，并造成重大不利后果的情形。[①]重大误解不是因为受到对方的欺诈、胁迫或乘人之危而订立了合同，而是当事人因自己的大意、过错或缺乏经验等而对合同内容等产生误解而订立了合同。通常来讲，重大误解的构成要件包括：行为人主观上存在错误认识；行为的结果与行为人的意思相悖；行为人客观上遭受较大损失；行为人的错误认识与行为后果之间存在因果关系。

欺诈是指一方在订立合同时，故意告知虚假情况或者负有告知义务的人故意隐瞒真实情况，使相对人基于错误认识而订立合同的行为。即实施欺诈行为的一方当事人具有主观恶意，以欺诈的方法与他人订立合同，该行为本身就是有悖于善良风俗的。[②]欺诈的构成要件包括：一方当事人有欺诈的故意；存在欺诈另一方的行为；受欺诈方签订合同是由于受欺诈。

由此可见，如果沈某、张某要主张因欺诈而撤销合同，就必须有足够的证据证明当时售楼部的销售人员有故意告知虚假信息的情况，单从售楼广告的信息是无法体现欺诈的外观的。如果要主张因重大误解而撤销合同，则必须证明售楼广告具有"夸大其词""引人误解"等信息，且该信息属于合同的主要内容。沈某、张某因欠缺经验、理解错误等而误信售楼广告的内容，从而作出有违真意的意思表示。

其次，关于违约责任的承担，需要厘清楼盘"宣传广告"的定性问题。一般情况下认为，开发商在商品房销售广告和宣传资料上所做的"承诺"，原则上属于要约邀请。实践中一般很难追究开发商的违约责任。但值得注意的是，根据《最高人民法院关于审理商品房买卖合同纠纷案件适用法律若干问题的解释》第 3 条规定，商品房的销售广告和宣传资料为要约邀请，但是出卖人就商品房开发规划范围内的

---

① 隋彭生. 合同法［M］. 10 版. 北京：中国人民大学出版社，2023：51.

② 罗昆. 合同效力瑕疵制度中的类型思维及其问题［J］. 法学评论，2010，28（6）：113－123.

房屋及相关设施所作的说明和允诺具体确定，并对商品房买卖合同的订立以及房屋价格的确定有重大影响的，构成要约。该说明和允诺即使未载入商品房买卖合同，亦应当为合同内容，当事人违反的，应当承担违约责任。

上述案例无疑告诉我们，老年人误信销售广告的法律风险无处不在，不管是主张解除合同、撤销合同还是违约责任，一旦进入司法程序就是"证据为王"。然而，老年人作为法律风险意识较为薄弱的群体，要想在商业广告铺天盖地的现实中保持时刻收集证据、固定证据的理性处事方式，显得不太现实，毕竟这是专业律师或法律职业人员才惯有的思维习惯。因此，建议老年人在日常消费行为中，不管是小额商品买卖，还是类似于购房的大额商品买卖，都要多学习一些消费常识和消费维权知识，增强自身维权能力和法律意识，避免上当受骗；做到正确认识和理性选购商品，发现上当受骗要及时、依法、主动维权。

（三）老年人订立合同的格式条款风险

格式条款又称"锅炉钢板条款"，其特点是相对人的合同自由受到了限制。根据《民法典》第 496 条第 1 款的规定，格式条款是指一方当事人为了重复使用而预先拟定，并在订立合同时未与对方协商的条款。需要特别指出的是，关于"重复使用"一直以来都是学界的争论焦点，王利明教授指出，重复使用不是格式条款的本质特征，而是仅仅为了说明预先制定的目的，原因在于实践中存在仅被使用一次的格式条款。因此，"重复使用"只是其经济功能，而不是其法律特征。[①] 在现行法下，重复使用的目的属于格式条款的条件，对其应采主观解释，只需使用格式条款的一方有重复使用的目的，而不需要其

---

① 王利明. 对《合同法》格式条款规定的评析 [J]. 政法论坛, 1999 (6)：3 – 15.

事实上多次使用。①

总的来讲，格式条款的典型特点就是一份合同"模板"面向所有的订约对象，不考虑个性化需求，只要对方愿意与之达成合同关系，就必须被动接受这些条款。例如，生活中经常看到"假一赔十""假一罚十""本店商品售出后概不负责，不退不换"等标语，这些都属于格式条款。

老年人在订立合同时如遇格式条款，要知悉格式条款的订立规则，更好地维护自身的合法权益。根据《民法典》第496条第2款的规定，格式条款的订立规则如下：第一，提供格式条款的一方应该按照公平原则来确定当事人的权利义务，不能只顾一己之利。第二，提供格式条款的一方有免责条款等重大利害关系条款的提示、说明义务。第三，提供格式条款一方未履行提示或者说明义务，致使相对方没有注意到重大利害关系条款的存在，或者没有理解重大利害关系的意义的，相对方可以主张该条款未订入合同。②

日常生活中，经常在报纸、各类短视频、微博、微信公众号等中看到关于老年人被骗的案例，大多是购买金融投资理财产品、养老服务、保健品、房屋、养老保险以及商业保险等引发的合同纠纷。仔细观察，发现此类纠纷中所订立的合同大都是格式条款。

由于格式条款在制定时缺乏协商的基础和前提，因此，格式条款容易设置合同陷阱，需要我们谨慎审核，审慎对待。

2022年11月1日，天津市高级人民法院在其官方微信公众号发布了题为"合同中的格式条款'陷阱'"一文，其中有一则关于"房屋销售条款不对等权利不生效"的案例：

---

① 殷秋实.《民法典》第496条（格式条款的定义与订入控制）评注［J］. 中国应用法学，2022（4）：222-238.

② 张良. 我国民法典合同法编格式条款立法研究［J］. 四川大学学报（哲学社会科学版），2019（1）：133-140.

　　七旬老汉贾某与某房地产经纪公司签订《房屋限时销售委托合同》，约定由贾某委托经纪公司对其所有的房屋以不低于129万元价格进行限时独家销售，销售时间为4个月。合同签订后，经纪公司向贾某支付保证金1000元，并向贾某推荐了购房人。三方就房屋价格反复磋商，磋商价格甚至低于最低销售价格。其间，贾某出现身体不适状况，表示不愿意继续出售房屋。经纪公司以贾某违约为由提起诉讼，要求解除双方签订的《房屋限时销售委托合同》，贾某返还1000元保证金，并给付合同"格式条款"中约定的三倍中介费的违约金38700元①。

　　上述案例的争议焦点在于当事人双方所签订的《房屋限时销售委托合同》属于某房地产经纪公司提供的格式合同，合同中关于双方权利义务的约定存在不对等、显失公平的情形，且经纪公司未履行好"提示、说明"等告知义务。根据《民法典》第496条第2款的规定，提供格式条款的一方需要履行以下义务：一是采用格式条款订立合同的应当遵循公平原则，合理确定双方的权利和义务。二是提供格式条款的一方应当履行提示、说明义务。即应采取合理的方式提示对方注意免除或者减轻其责任等与对方有重大利害关系的条款，按照对方的要求，对该条款予以说明。一旦提供格式条款的一方未履行提示或者说明义务，致使对方没有注意或者理解与其有重大利害关系的条款的，对方可以主张该条款不成为合同的内容。因此，该条款对贾某不发生法律效力。

---

① 天津高法微信公众号. 警惕！合同中的格式条款"陷阱"［EB/OL］.（2022－11－01）［2023－10－05］. https：//mp. weixin. qq. com/s/r4rpOYAOOppK6VO0Sw2Dqw.

（四）老年人订立合同约定不明的风险

生活中，在签订合同时，由于法律风险意识不强，老年人在进行民事法律行为意思表示时，时常会出现"没有约定"或"约定不明"的情况。在《民法典》的民事法律规范中，"没有约定"或"约定不明"等表述经常出现，并且一般情况下"没有约定"与"约定不明"往往同时出现。① 根据《民法典》第 510 条规定："合同生效后，当事人就质量、价款或者报酬、履行地点等内容没有约定或者约定不明确的，可以协议补充；不能达成补充协议的，按照合同相关条款或者交易习惯确定。"

2022 年 11 月 3 日，嘉兴司法微信公众号发布了一篇题为"八旬老人以养老代租金，合同不明引纠纷，律师来解难"的文章，讲到了一起关于老年人与租客约定免费出租房屋，以养老代租金的案例：

2022 年 11 月，家住杭州的陈女士来到辖区街道矛盾纠纷调解室向驻点的社区律师咨询关于租房合同的法律问题。陈女士称，其母亲今年 80 岁，一直独自居住在陈女士名下的房屋中，平时由她和大哥两人定期轮流上门照顾。八年前，因居住房屋尚有空余房间，经母亲同意，大哥将其中一间租给王某夫妇，并签订了租房合同，约定租金 500 元/月，由大哥代收。之后老人与王某夫妇约定：由王某二人照顾老人日常起居，免收租金。陈女士大哥对此表示无异议。2022 年年初，大哥去世，陈女士看到当初签订的租房合同，合同既没写明房屋是整间出租还是具体某个房间出租，也未约定租赁

---

① 糖樱拙见．"没有约定"与"约定不明"法律表述的结构类型及规范意思（附：《民法典》合同编涉"没有约定"与"约定不明"条款梳理）［EB/OL］．（2022－06－01）［2023－11－20］．https：//mp. weixin. qq. com/s/－uErpFcpfxyCauDloe_Hhw．

期限。陈女士看着这张租房合同，内心十分忐忑不安，于是前来咨询律师，寻求帮助。街道律师了解情况后，综合各方面信息，对双方当事人组织了调解，并针对合同约定不明的法律风险等进行解释和说明，最后王某夫妇与陈女士母亲重新签订租赁合同，严格按照法律规定对具体的出租事项、租赁期限和租金等内容进行明确约定，使得矛盾得到完美解决。①

上述案例的争议焦点在于，老人低价出租房屋，只为要求租客帮忙照顾自己，但合同履行多年后才发现未约定租赁期限，这样的租房合同有效吗？

根据《民法典》第 510 条、第 730 条的规定，租赁合同未约定租赁期限的，当事人可以协议补充；不能达成补充协议的，按照合同相关条款或者交易习惯确定。如仍不能确定的，视为不定期租赁；当事人可以随时解除合同，但是应当在合理期限之前通知对方。

该案虽然属于租赁合同纠纷，但由于涉及老年人养老困境问题，因此案件应立足当事人的需求，兼顾情理与法理来处理。从情理上看，对于陈女士母亲而言，年事已高、行动不便、子女定居外地等现实情况，使得其客观上迫切需要有人在旁照顾自己。老人家与租客王某夫妇相处多年，关系融洽，王某夫妇具有顺带照顾陈女士母亲日常生活起居的意愿。补签一份租赁合同，使得王某夫妇"有瓦遮头"，陈女士母亲又可以有人帮扶照顾，是互利共赢的结果。从法理上看，根据合同自由原则，双方签订"以养老代租金"的合同，符合公序良俗。陈女士母亲在家属的协助下与租客王某夫妇签订一份租赁合同，按照

---

① 嘉兴司法微信公众号．［以案普法］八旬老人以养老代租金，合同不明引纠纷，律师来解难［EB/OL］．（2022 - 11 - 03）［2023 - 10 - 05］．https：//mp. weixin. qq. com/s/W82uyIoTOOzi_ wug03VMCg．

法律规定对具体出租事项、租金、租赁期限等进行明确的约定，便可使得矛盾得到完美解决。

（五）老年人"以房养老"的"套路贷"风险

"以房养老"，是指通过释放不动产价值来获取流动养老资金的方式，现已成为一种新型的养老金融产品。① 这种模式为"名下有房产，手中无现金"的老年人提供了新的养老路径。从表面上看，"以房养老"似乎为老年人的养老问题开辟了一方新天地，实则不然，实践中"以房养老"以其"请君入瓮"之投资理财模式，让老年人陷入"房不剩房"的困境。此类"套路贷"之所以能活跃于老年人投资理财生活中，且难以根除，最大的原因在于行为人仅仅抓住老年人的性格特点及投资需求的迫切心理，实施非法侵害老年人合法财产的行为。

2021 年 2 月 24 日，最高人民法院发布了《人民法院老年人权益保护十大典型案例》（2021 年），其中包含了一宗涉及老年人请求确认合同无效的案例：

> 2016 年，高某经人介绍参加"以房养老"理财项目，与王某签订《借款合同》，约定王某出借 220 万元给高某。高某将案涉房屋委托龙某全权办理出售、抵押登记等，如高某不能依约归还，则龙某有权出卖案涉房屋偿还借款本息，双方对相关事项进行了公证。后龙某作为高某的委托代理人为案涉房屋办理抵押登记，同时出卖给刘某。房屋转移登记至刘某名下后，龙某自称系刘某亲属，委托房屋中介机构再次寻找买家，同时，刘某为房屋办理抵押登记，登记的抵押权人为李某。王某、龙某、李某等人在本案交易期间存在大额、

---

① 何丽新，朱欣蕾.《民法典》视域下居住权的养老功能与实现路径［J］. 厦门大学学报（哲学社会科学版），2022，72（2）：129 - 140.

密集的资金往来。后高某起诉请求判决龙某代理其签订的房屋买卖合同无效，同时判令刘某将案涉房屋过户回高某名下。北京市朝阳区人民法院认为，王某、龙某、李某等人存在十分密切的经济利益联系，相关五人系一个利益共同体，就案涉房屋买卖存在恶意串通。龙某以规避实现抵押权法定程序的方式取得出卖案涉房屋的委托代理权，且滥用代理权与买受人刘某恶意串通签订房屋买卖合同，损害了高某的合法利益，应当认定龙某代理高某与刘某就案涉房屋订立的房屋买卖合同无效。故法院判决确认案涉房屋买卖合同无效，刘某协助将案涉房屋变更登记至高某名下。[①]

上述案例针对"以房养老"问题，提醒老年人，需时刻保持理性和冷静，审慎选择投、融资渠道，以免落入"请君入瓮"的"套路"之中。[②]

老年人应该如何防范"以房养老"套路贷？对此，我们建议老年人应关注以下几点：一是增强法治意识，提高防骗能力。老年人要树立"理性理财"观念，在日常生活中多关注公安机关、检察院、法院、新闻媒体、社区宣传等反诈宣传信息，提高自身防骗能力，并及时运用法律手段维护自身合法权益。二是增强个人信息安全意识，注意保护个人信息。老年人在日常生活中需谨慎对待合同签订环节，坚决不在空白合同上签字，对于需要签字确认的文件，一定要审查仔细再签字，否则将有可能成为诉讼阶段的不利证据。此外，不随意透露或提供个人身份证、银行卡等个人信息。如遇非法金融活动，应及时

---

① 最高人民法院微信公众号. 最高人民法院发布人民法院老年人权益保护十大典型案例 [EB/OL]. （2021 – 02 – 24）[2023 – 10 – 14]. https：//mp. weixin. qq. com/s/aC385jMoux4o6 NCFEozouA.

② 人民法院老年人权益保护十大典型案例 [N]. 人民法院报，2021 – 02 – 25（3 – 4）.

向有关部门或公安机关举报。三是选择正规的投资渠道,妥善保管合同文本。老年人应当通过银行、保险公司等正规渠道投资理财项目,在签订合同之前可通过查询工商登记信息、拨打官方电话热线等方式确认金融公司的真实信息及经营资质、经营范围,以确认理财项目的合法性。在签订合同之后,要妥善保管合同文本,固定证据,依法保护自身权益。

(六)老年人订立合同中的免责条款风险

免责条款是指合同当事人在合同中事先约定的,旨在限制或免除未来责任的条款。[①] 免责条款实质上是合同自由原则的生动体现。根据合同自由原则,当事人可以针对合同现有的、未来可能面临的合同责任及风险承担预先作出免除或限制安排。合同自由是合同法的基本原则,亦是意思自治在合同法领域的体现。免责条款作为风险管理需求与契约自由结合的产物,我国《民法典》对其进行立法限制,其目的在于维护实质公平,捍卫契约正义。

老年人由于生活需求会签订养老服务合同、投资理财合同、保险合同、旅游服务合同等各类合同,这些合同大都是格式合同,因为免责条款引发纠纷的情况屡见不鲜。实践中,老年人遭遇免责条款侵权时,该如何进行权利救济?

2022 年 4 月 8 日,最高人民法院发布了《最高法发布老年人权益保护第二批典型案例》(2022 年),其中包含了一宗涉及老年人签订老年人服务合同免责条款纠纷的案例:

> 2018 年,孙某甲的儿子孙某乙(原告)与某老年公寓公司(被告)签订《入住公寓协议书》,孙某乙将孙某甲送养至某老年公寓公司,每月支付服务费 1800 元。孙某甲在上述

---

① 韩世远. 免责条款探讨 [J]. 当代法学, 1993 (2): 27 - 30.

协议上手写注明：本人有精神疾病，如有摔伤与公寓无关，自己负责。协议签订后，孙某甲入住公寓。某日 14 点左右，孙某甲于公寓卧室内摔倒在床边地上受伤。直到当晚 22 点 29 分，孙某甲才被送往医院住院治疗。由于某老年公寓公司工作人员发现后未及时将孙某甲送往医院，也未及时通知家属，导致孙某甲未得到及时治疗。故孙某乙提起诉讼，请求被告某老年公寓公司赔偿医疗费、住院生活补助费、残疾赔偿金、护理费等费用。重庆市江津区人民法院经审理认为，某老年公寓公司作为专业的养老机构，应该有应对突发事件的预案措施，但事实上并未履行合同附随的通知义务、未采取有效的应急措施，应承担相应责任，并不属于协议约定的免责事项，故作出支持孙某乙诉求的判决。[1]

上述案例的争议焦点在于，养老机构可否根据免除条款的约定排除法律责任？根据《民法典》第 509 条规定，当事人应当按照约定全面履行自己的义务。当事人应当遵循诚信原则，根据合同的性质、目的和交易习惯履行通知、协助、保密等义务。换言之，案例中的老年公寓公司作为专业的养老机构，应依法履行相应的合同附随义务，即针对突发事件要有预案措施，不仅要按照养老服务合同约定对老年人进行悉心照顾，还应根据合同的性质就相关事宜履行注意、通知、协助等附随义务。该养老机构未履行合同附随的通知义务、未采取有效的应急措施，应承担相应责任，并不属于协议约定的免责事项。

老年人在与他人订立合同时，如遇免责条款侵权，该如何维护其自身的合法权益？

---

① 最高人民法院微信公众号. 最高人民法院发布老年人权益保护第二批典型案例［EB/OL］.（2022－04－08）［2023－10－14］. https：//mp. weixin. qq. com/s/dkuCca1TwmAwRPjeYYI4－g.

1. 向专业人士咨询免责条款是否具备订入条件

《民法典》第 496 条第 2 款确立了免责条款订入三原则，即要求免责条款设定方或提供方要坚持公平原则、提请注意原则以及合理说明原则。

首先，公平原则。根据《民法典》第 6 条规定，公平原则落实到合同法领域，主要是规范当事人之间有偿合同的交易关系，要求合同当事人的权利义务要对等，不得显失公平。[①]《民法典》第 496 条第 2 款明确规定："采用格式条款订立合同的，提供格式条款的一方应当遵循公平原则确定当事人之间的权利和义务。"该原则存在的价值在于解决免责的格式条款在合同订立时未与对方协商的弊端，矫正可能存在的不公平"约定"。例如，在养老服务合同中，防止养老机构利用信息不对称，加重养老相对人责任，减轻己方责任。

其次，提请注意原则。《民法典》第 496 条第 2 款明确规定："采取合理的方式提示对方注意免除或者减轻其责任等与对方有重大利害关系的条款，按照对方的要求，对该条款予以说明。"依据该规定，提请注意原则实质上是对格式条款制定方设定的提示义务。提示义务包括提示内容和提示方式两个方面，即提供格式条款的一方当事人应当通过文件外观，例如字体、字号、加粗、颜色、下划线等特殊编辑模式，来帮助老年人快速查阅并定位合同文本中是否有此类免责条款的存在。此外，还应在订立合同之前或订立之时针对免责条款对老年人进行特别提示或指出。而老年人则应事先有免责条款的基本认识，在签合同之前，如遇对方当事人并未做到上述提示的，要积极主动提出疑问，询问对方是否存在此类条款，同时采取录音、录像等方式记录签约过程，加强证据保存效力。

最后，合理说明原则。《民法典》第 496 条第 2 款明确规定："提

---

① 隋彭生. 合同法［M］. 10 版. 北京：中国人民大学出版社，2023：9.

供格式条款的一方未履行提示或者说明义务，致使对方没有注意或者理解与其有重大利害关系的条款的，对方可以主张该条款不成为合同的内容。"因此，如果老年人因订立免责条款遭受侵权，可以主张此类条款不成为合同的内容，不受其约束。

2. 判断免责条款的效力

免责条款的效力该如何认定？免责条款的效力基础，源于法律对社会公共利益的维护与合同正义原则对合同自由原则的矫正。[①] 免责条款作为合同条款之一，属于合同的内容，在效力认定上，同一般的合同条款一样，遵循合同效力认定的一般原理。因此，有效的免责条款应当具备以下一般生效要件：一是订立免责条款的主体需为完全民事行为能力人。二是免责条款的内容应为订约当事人真实的意思表示。三是免责条款不违反法律、行政法规的强制性规定，不违背公序良俗。

3. 厘清免责条款的无效情形

根据《民法典》第506条的规定，合同中的下列免责条款无效：

一是造成对方人身损害的。人身损害免责条款，是指在合同中约定，一方当事人在履行合同的过程中如给对方造成人身伤害，免除赔偿责任的条款。例如，老余雇佣一住家保姆，与保姆小张在雇佣合同中约定，免除其对小张的人身伤害赔偿责任。关于此类免责条款的约定，即便小张同意，亦属无效。再如，老顾跟旅行社报了旅行团外出旅游，所签合同中约定：旅游期间如遇任何意外造成人身损害的，旅行社概不负责。即便老顾签字确认，依旧为无效的免责条款。

二是因故意或者重大过失造成对方财产损失的。财产损害免责条款，是指在合同中约定一方当事人因主观故意或重大过失导致对方当

---

① 钟国才，谢菲. 论免责条款的效力［J］. 武汉大学学报（哲学社会科学版），2010，63（6）：898－903.

事人财产损失的，免除其赔偿责任的条款。① 此类条款因具有逃避法律制裁的目的，因此为无效约定。例如，老严将一件价值 5000 元的貂皮大衣送到某干洗店干洗定型，给付了 50 元干洗服务费。某干洗店给老严出具了取件单，背面第 8 条和第 10 条分别写着"出门概不负责""如果所洗衣服破损，本店只负责退换服务费用"（字体、字号和其他条款相同）。老严到干洗店处取回衣服时发现大衣多处损坏，遂主张干洗店赔偿 5000 元，干洗店认为最多赔偿 50 元。双方就此发生纠纷，诉至法院。在这个例子中，单据背面第 8 条和第 10 条两个条款属于免责的格式条款。根据《民法典》第 497 条规定，此类条款因缺乏"提示、告知、说明"等注意义务的履行，应被认定为无效格式条款。干洗店应依公平原则对老严进行赔偿。

（七）老年人订立再就业合同的风险

随着我国人口平均寿命的延长和健康状况的不断改善，"老年人再就业"话题受到社会公众密切关注。前程无忧发布的《2022 老龄群体退休再就业调研报告》显示，68% 的老龄群体在退休后有强烈的就业意愿。然而，老年人想重返职场，将面临诸如相关法律保障制度不完善、求职时容易遭受"年龄歧视"、能身体力行的合适工种少等阻力。② 老年人再就业，如何运用法律手段维护自身合法权益，在维权道路上少走弯路？

2022 年中国老龄协会联合中国司法大数据研究院开展了全国涉及老年人案件情况研究并形成专题报告，并发布《2021 年全国老年人权益保护警示教育案例》，其中有一则关于老年人再就业的案例：

---

① 王鑫. 论我国《民法典》格式条款的完善 [J]. 成都行政学院学报，2021（2）：29 - 34, 43.

② 杨瑞. 退休再就业，还受劳动法保护吗？[EB/OL].（2023 - 05 - 16）[2024 - 06 - 11]. https://mp. weixin. qq. com/s/AjGrWDcb0mwLk1xgcIa2eg.

老人张某自 2013 年起享受养老保险待遇，按月领取养老金。自 2019 年 9 月 20 日起，张某到某超市从事营业员工作，约定月工资 2280 元。出于信任，张某没有签订合同。2020 年 11 月 3 日，张某离职，但某超市并未足额支付其工资。张某遂提起劳动仲裁，但劳动人事争议仲裁委员会因张某超过法定退休年龄对其提起的劳动争议仲裁申请不予受理，故张某诉至法院①。

上述案例的争议焦点在于，张某未与超市签订合同，双方是成立劳动关系还是劳务关系？超市依法应当承担哪些法律责任？"劳动关系"还是"劳务关系"，一字之差直接决定了超龄劳动者能否受到相关法律的保护。

劳动关系是指劳动者和用人单位之间形成的用工关系。根据《劳动合同法》第 7 条的规定，用人单位自用工之日起即与劳动者建立劳动关系。关于劳动关系的认定，在实践中主要存在两种情形：劳动合同关系和事实劳动关系。前者属于"先合同后用工"，后者属于"先用工后合同"。无论哪种情形，均以是否实际用工作为判断劳动关系建立的前提，即无用工事实则无劳动关系的存在。②

需要注意的是，在劳动关系的确定上，必须明确的是订约主体资格，即是否为劳动法中所称的劳动者和用人单位。一般情况下劳动者必须年满 16 周岁，但在文艺、体育和特种工艺 3 个领域，允许用人单位在经过行政审批并保障劳动者接受义务教育的前提下招用未满 16 周岁的未成年人。根据《中华人民共和国劳动法》（以下简称《劳动法》）第 2 条和《中华人民共和国劳动合同法》（以下简称《劳动合同

---

① 2021 年全国老年人权益保护警示教育案例［J］. 中国社会工作，2022（14）：44-48.
② 王磊，宋雯. 法律实务［M］. 北京：国家开放大学出版社，2023：247.

法》）第 2 条的规定，适用劳动法的用人单位需是在中国境内设立的企业、个体经济组织。此外，国家机关、事业组织、社会团体招用劳动合同工的，亦认定为劳动法上的用人单位。

劳务关系是指平等的自然人之间、法人之间、自然人与法人之间，以提供劳务为内容的民事合同关系。劳务关系属于一种经济关系。①因此，劳务关系不属于《劳动合同法》《劳动法》的调整范围，由《民法典》进行规范和调整。在劳动关系中，法律明确要求必须订立书面的劳动合同。但在劳务关系中，基于合同订立的自由原则，对于当事人之间是否签订书面的劳务合同，法律并未作强制要求，实践中允许当事人双方自由协商确定。

根据《劳动合同法》第44条规定，劳动者开始依法享受基本养老保险待遇的，劳动合同终止。根据《最高人民法院关于审理劳动争议案件适用法律问题的解释（一）》第32条规定，用人单位与其招用的已经依法享受养老保险待遇或者领取退休金的人员发生用工争议而提起诉讼的，人民法院应当按劳务关系处理。

因此，上述案例中，张某虽然没有与超市签订合同，但实际上双方已建立并形成劳务关系，即双方虽无劳务合同，但张某实际付出劳务，且超市亦接受张某的劳务给付行为。故宜认定双方对劳务关系的建立是承认的，即通过作为的行为方式对双方的合同关系予以确认。故基于诚实信用原则，超市的行为应认定构成违约。

综上，生活中，已经达到法定退休年龄、享受养老保险待遇的老年人再就业时，应当积极与用人单位签订劳务合同，通过以书面形式签订劳务合同，确保发生纠纷时能够提供证据，最大限度地保障自身的合法权益。

---

① 杨德敏. 论劳动关系与劳务关系 ［J］. 河北法学，2005，23（7）：140－143.

三、老年人签订合同的效力和解除

合同的效力，又称合同的法律效力，是指依法成立的合同对当事人具有的法律约束力。合同的效力，是法律赋予的。[①] 根据《民法典》的规定，合同的效力主要有四种类型：有效合同、效力待定合同、可撤销合同以及无效合同。

需要注意的是，合同的生效与效力是两个不同的法律名词，存在于合同的不同阶段。然而，生活中很多老年人会将这两个词语混用，觉得生效就是效力的意思，实则不然。根据《民法典》第 502 条第 1 款和第 143 条规定，依法成立的合同，自成立时生效，但是法律另有规定或者当事人另有约定的除外。合同的生效要件有三项：一是行为人具有相应的民事行为能力。即合同双方当事人应当具备订约的能力，是完全民事行为能力人。限制民事行为能力人所订立的与其年龄、智力不相符的合同，将被认定为可撤销合同。完全无民事行为能力人所订立的合同，将被认定为无效合同。二是意思表示真实。即双方在邀约、承诺等基础上达成合意，不存在欺诈、胁迫、乘人之危、显失公平等情况。三是合同内容不违反法律、行政法规的强制性规定，不违背公序良俗，不损害国家、集体、第三人的合法权益。

老年人在与他人签订合同时，如果具备判断合同生效与效力的基本认知和能力，可以避免不必要的纠纷发生，或者在遇到合法权益遭到侵害时，能明确寻找权利救济的最佳路径。当所订立的合同成立且生效后，在合同履行过程中，如遇对方当事人存在违约行为时，可以通过行使合同解除权，及时止损，最大限度地维护自身合法权益。

---

① 隋彭生. 合同法 [M]. 10 版. 北京：中国人民大学出版社，2023：39.

（一）老年人签订效力待定合同的认定

效力待定合同是指已经成立，因欠缺一定的生效要件，合同生效与否尚未确定的合同。① 效力待定合同属于可追认的合同，老年人一旦签订效力待定合同，可以通过行使追认权以确定其效力，或者行使撤销权以否认其效力。根据《民法典》的规定，老年人签订效力待定合同的情形主要包括以下两类：

第一，限制民事行为能力人所订立的与其年龄、智力、精神状况不相适应的合同。限制民事行为能力人是指年满 8 周岁不满 18 周岁的未成年人，以及不能完全辨认自己行为的成年人（例如间歇性精神病人）。需要注意的是，间歇性精神病人未发病期间属于完全民事行为能力人，所实施的民事法律行为应为有效。② 根据《民法典》第 145 条第 1 款的规定，限制民事行为能力人实施的纯获利益的民事法律行为或者与其年龄、智力、精神健康状况相适应的民事法律行为有效；实施的其他民事法律行为经法定代理人同意或者追认后有效。

2023 年 3 月 23 日，北京市通州区人民法院发布了一篇题为"阿尔茨海默症患者在美容美发店消费 36 万余元，能否要回？"的文章，列举了一起真实案例：

> 宋某系阿尔茨海默病患者，在 2020 年 1 月就被医院诊断为"老年性脑改变"。2020 年 5 月至 2021 年 1 月期间，宋某用其丈夫张某某的银行卡，通过 POS 机向某美容美发店刷卡支出合计 36 万余元。之后，宋某的监护人张某（宋某之女）得知此事后诉至法院，请求法院确认宋某与该美容美发店之

---

① 韦雷. 论效力待定合同的法律意义［J］. 求实，2003（A2）：49－51.

② 杨代雄.《民法典》第 145 条评注：限制民事行为能力人实施的法律行为［J］. 中国应用法学，2022（3）：224－238.

间的口头服务合同无效，并返还其 36 万余元。对此，该美容美发店认为，宋某订立的是私人定制的长期服务合同，不予退款。宋某支付的费用部分是用于购买乳腺排毒、冷敷贴等美容项目的长期定制服务，还有部分费用是通过刷卡方式取现，并向法庭提交了宋女士的消费小票和明细等，但未载明应收款项和单次价格。张某认为其母亲 2020 年初已被检查出有痴呆症状，对于其签字并实际消费的真实性无法确认，并否认刷卡取现的情况。

该案法院经审理认为，宋某作为限制民事行为能力人，其刷卡行为未经法定代理人张某追认，属于无效行为。同时，作为老年人，在短期内如此高频率高额度的刷卡消费明显不符合常理，该美容美发店即使不知道宋某属于限制民事行为能力人，也不应放任宋某的非理性、非正常消费行为。因此，宋某与该美容美发店之间的口头服务合同应属无效合同。①

由此可见，如果老年人为间歇性精神病人、阿尔茨海默病患者等限制民事行为能力人时，在不具备订立合同的行为能力的情况下，与他人签订合同的，该合同为效力待定合同，其法律效力需经法定代理人同意或追认后方有效。

第二，无权代理订立的合同。根据《民法典》第 171 条的规定，行为人没有代理权、超越代理权或者代理权终止后，仍然实施代理行为，未经被代理人追认的，对被代理人不发生效力。②

2021 年 2 月 24 日，最高人民法院发布了《人民法院老年人权益

---

① 宋姝凝. 阿尔茨海默症患者在美容美发店消费 36 万余元，能否要回？［EB/OL］.（2023 - 03 - 23）［2023 - 11 - 27］. https：//mp. weixin. qq. com/s/3e - irwsSzeix9arCnMJobw.

② 徐钝. 行政协议无效裁判准用《民法典》规范及其修正：基于行政征收协议类案的考察［J］. 行政法学研究，2022（6）：115 - 125.

保护十大典型案例》（2021 年），其中包含了一宗涉及老年人签订旅游合同纠纷的案例：

> 2019 年 12 月，20 位老年人与案外人张某某协商组团前往福建旅游事宜，张某某负责安排签订合同及对接，于某某作为老年人团体的代表，通过微信转账向其交付旅游费用，后收到旅行社发送的电子合同。因参团人员变动多次发生修改，旅行社数次向其发送的电子合同均带有合同专用章。次年 1 月，旅行社再次发送电子合同后，于某某代表 20 位老年人签字予以确认。合同对签约双方、旅游产品名称、旅游日期、旅游费用等进行约定，并附有游客身份信息和旅游行程单。后因疫情未能出行。于某某与张某某沟通退款事宜，张某某以公司未向其退款为由拒绝退还，20 位老人为此诉至法院。旅行社辩称，张某某并非其员工，与于某某沟通签约并非经其授权履行的职务行为，无权代理及收取旅游费用。①

上述案例的争议焦点在于，张某某是有权代理还是无权代理？经法院调查，于某某所代表的 20 位老年人向张某某支付旅游费用及多次修改合同后，均及时收到电子合同，合同均有旅行社的签章，张某某承诺减免的旅游费用也与合同一致，于某某等人有理由相信张某某系旅行社员工，其签订旅游合同及交付旅游款项系善意且无过失的。张某某的行为具有已被授予代理权的外观，致使于某某等人相信其有权而支付旅游费用，应发生与有权代理同样的法律效力，故法院最终判决旅行社向张某某返还上述费用。

---

① 最高人民法院微信公众号．最高人民法院发布人民法院老年人权益保护十大典型案例［EB/OL］．（2021 - 02 - 24）［2023 - 10 - 14］．https：//mp. weixin. qq. com/s/aC385jMoux4o6 NCFEozouA.

从上述案例可以得出以下启发，老年人在与他人成立合同关系时，需注意以下两点：一是老年人因跟团旅游、购买投资理财产品、购买养老服务产品、购买商品房等在签订合同时，要不厌其烦地多听、多问，反复向签约公司的工作人员再三确定其是否具有相应的代理权和签约资质，以减少合同风险，并在遭遇无权代理或未见代理合同时，及时通过诉讼途径维护自身合法权益。二是老年人的个人财产被子女或其他第三人冒名处分的，财产利益受损的老年人要积极寻求有关部门或专业人士的帮助，了解清楚是否有补救措施，例如可否以行为人没有代理权或超越代理权为由不予追认，而使该合同不发生法律效力。

（二）老年人签订可撤销合同的认定

可撤销合同是指因意思表示有瑕疵，效力处于可以撤销状态的合同。合同被撤销后自始无效，如果不被撤销，合同自始有效。可撤销合同需经当事人诉请法院或申请仲裁从而确认其无效，不能以通知等私了方式确认其效力。①

根据《民法典》的规定，可撤销合同的法定情形主要包括以下四种情形：一是重大误解，是指合同当事人因对合同的性质、主体和标的物等存在重大认识错误，而作出有违真意的意思表示，并造成重大不利后果的情形。根据《最高人民法院关于适用〈中华人民共和国民法典〉总则编若干问题的解释》第 19 条第 1 款的规定，如果老年人在与他人签订合同时，对合同行为的性质、对方当事人或者标的物的品种、质量、规格、价格、数量等产生错误认识，就可以认定为重大误解。二是欺诈，是指一方当事人在订立合同之时故意告知虚假情况，或者负有告知义务的当事人故意隐瞒真实情况，致使相对人基于错误

---

① 侯国跃，何鞠师. 论民法典合同编对可撤销合同变更权的有限保留［J］. 河南社会科学，2020，28（2）：75-84.

认识而订立合同的情形。根据《民法典》的规定，实施欺诈行为的一方当事人往往具有不正当的目的，其手段一般不符合法律、行政法规等强制性规定，亦有违公序良俗、社会公德和交易习惯等。三是胁迫，是指合同一方当事人采用违法手段威胁对方，使得对方基于恐惧心理而与之订立合同的情形。需要注意的是，胁迫方在主观上需为故意，并且其故意实施的威胁行为并非仅仅针对订约相对人本人，还包括订约相对人的近亲属等。四是显失公平，是指合同一方当事人利用对方危困、缺乏判断能力等处境，致使对方与之签订合同，且该合同明显不对等，自始显失公平的情形。

合同撤销权是一个受限的单方形成权，受到 90 日、1 年和 5 年除斥期间的限制，如果撤销权人在除斥期间内未行使权利，则该权利归于消灭，可撤销合同成为有效合同。关于撤销权除斥期间，《民法典》第 152 条规定如下：一是当事人自知道或者应当知道撤销事由之日起 1 年内、重大误解的当事人自知道或者应当知道撤销事由之日起 90 日内没有行使撤销权；二是当事人受胁迫，自胁迫行为终止之日起 1 年内没有行使撤销权；三是当事人知道撤销事由后明确表示或者以自己的行为表明放弃撤销权。当事人自民事法律行为发生之日起 5 年内没有行使撤销权的，撤销权消灭。

2023 年 3 月 13 日，广州市中级人民法院发布了《广州法院消费者权益保护十大典型案例》，其中有一起涉及老年人基于重大误解签订合同的效力认定纠纷的案例：

> 七旬老人黄某与某养老投资公司签订《养老服务合同书》，约定公司为黄某提供养老服务，黄某缴纳基础设施使用费 167000 元，缴费后一年内不得申请退款；满一年后申请退款的，视为违约，退还相应基础设施使用费的 60%，剩余的40% 不予退还。黄某缴纳费用后才得知其缴纳 167000 元相当

于会籍费，入住后还需每月额外缴纳床位费、水电费、餐饮费、护理费等费用数千元。次日，黄某要求该公司退款，黄某也未实际入住。双方因此引发纠纷，诉至法院。①

上述案例的争议焦点在于，老人签订养老合同后反悔，可否基于某种诉由起诉要求全额退费？

首先，黄某可以基于重大误解，主张撤销合同，要求养老机构退费。关于黄某所缴纳的"167000 元"费用，黄某是存在重大误解的，属于《最高人民法院关于适用〈中华人民共和国民法典〉总则编若干问题的解释》第 19 条第 1 款的规定的"重大误解"情形之一，对此，根据《民法典》第 147 条的规定，主张合同可撤销。黄某须请求法院确认合同无效，致使其不发生效力。

其次，黄某可以基于无效免责条款主张退款。合同中关于退款的约定，显然存在加重黄某责任、限制其权利的情况，且该公司未采取合理方式向黄某进行提示、说明，应当认定为无效的免责条款。

最后，从情理角度看，老年人付费入住养老机构，其目的在于付费安享晚年。因此，老年人对养老服务机构的服务需求主要集中在日常生活照料、医疗护理、精神慰藉等方面。老年人与养老机构之间需建立较强的信任关系，且合同具有较强的人身属性，不适用强制履行。该案中，黄某入住前已与该养老投资公司发生纠纷，合同难以继续履行，合同目的无法实现，因此，黄某要求退还基础设施使用费于情合理。

（三）老年人签订无效合同的认定

无效合同就是不具有法律约束力的合同。一般而言，合同一旦成

① 吕春华，陈俊贤，谌世景. 老人签订养老合同后反悔，起诉要求全额退费获支持！养老合同退费规则如何设置才合理？［EB/OL］.（2023 - 05 - 10）［2024 - 06 - 11］. https://mp. weixin. qq. com/s/tx9u2MPJtmRaU0UK9N96NQ.

立即生效,无效合同即使成立,也不具有法律约束力。根据《民法典》第144条、第146条第1款、第2款与第154条以及第153条第1款、第2款的规定,无效合同主要有以下五大类型:(1)无民事行为能力人订立的合同;(2)虚假意思表示订立的合同;(3)违反法律、行政法规强制性规定订立的合同;(4)违反公序良俗订立的合同;(5)恶意串通损害国家、集体或第三人利益订立的合同。无效合同由于具有违法性而被认定为自始、确定、当然无效的状态。

2021年3月3日,北京市西城区人民法院的微信公众号发布了一篇题为"老人擅自处分房产不受法律保护"的文章,深入阐述了老年人在未经共有权人同意的情况下擅自处分房产的法律风险:

> 90多岁的苏老爷子有五个儿女,其老伴已去世多年,名下有西城区四居室房屋一套(系二老的夫妻共同财产,价值近千万元)。两年前,苏老爷子与小儿子签订房屋买卖合同,按100元的价格将房屋卖给了小儿子,并办理了产权过户登记手续。一年后,苏老爷子三子女得知此事,愤愤不平,一纸诉状将苏老爷子及弟弟告上法庭,请求法院确认该份房屋买卖合同无效,并要求按照法定继承原则分割房产。庭审中,苏老爷子认为,小儿子无房且一直赡养二老,老伴生前也有口头遗嘱(无证据予以证明),表示要将房子赠送给小儿子,故其将房产过户给小儿子合法合理,并未侵害任何人的利益。最后,法院经审理判决确认苏老爷子与小儿子签订的房屋买卖合同无效。"送"出去的房子还得回到苏老爷子与子女共有的状态。①

---

① 北京西城法院. 西城法院提示:老人擅自处分房产不受法律保护[EB/OL]. (2021-03-03)[2023-11-28]. https://mp.weixin.qq.com/s/uohNeEWExTjBnSJopft4Rw.

上述案例的争议焦点在于老年人擅自处分房产的行为是否有效？可否受到法律的保护？根据《民法典》第154条，行为人与相对人恶意串通，损害他人合法权益的民事法律行为无效。显然，在上述案例中，房屋系苏老爷子与老伴儿的夫妻共同财产，根据法律规定，在老伴去世后，苏老爷子及其子女均是法定继承人，享有房屋继承权。而苏老爷子及小儿子对此明知，在没有取得其他共有人同意的情况下，仍签订虚假合同，存在恶意串通的嫌疑，故该份房屋买卖合同应当认定为无效合同。

从以上案例可以看出，老年人在老伴儿去世后，如果家中有涉及夫妻共同财产的，对于去世老伴儿名下的财产份额应当进行析产分割，在此之前，健在老人和子女等继承人为遗产的共同所有人。如健在老人存在擅自处分、侵犯共有人合法利益的合同行为，该"合同"不受法律保护。

（四）老年人合同解除权的行使

合同的解除，是指在合同依法成立且生效之后，尚未履行完毕之前，当事人双方通过协议或者一方行使法定或约定解除权的方式，使合同权利义务关系提前终止的行为。① 其中，无效合同因其自始不发生履行效力，不能也无须适用解除的规则。

合同解除权是形成权，单方行使权利即可使得合同关系发生消灭的效果。《民法典》第465条规定了合同严守原则，合同一旦订立，即对当事人产生法律约束力。但是，在合同的履行中，因种种原因，一方当事人违反合同义务的情况也时而有之，在此种情况下，如仍坚持让未违反义务的当事人履行合同，明显不公。因此，解除权可使未违反义务的当事人从"法锁"中解脱出来。

合同解除权的行使，常见于老年人与他人订立买卖合同、养老服

---

① 邹芳. 试论保险合同的解除［J］. 河北法学，2000（4）：138－140.

务合同、保险合同、劳务合同等纠纷，其目的在于合同无法继续履行时，通过行使解除权及时保护老年人的合法权益。例如，福州中级人民法院于 2023 年 5 月发布了一起"老年代步车，能'行'不能'行'"的案例，主要内容如下：

2021 年 1 月，八旬老人张某至甲车行欲购买一辆老年代步车往返县城看病买药，甲车行以 26000 元的价格向其出售案涉车辆，并由车行工作人员帮助张某将车辆从长乐开回连江。数月后，张某以车辆系"假冒商品""多次出现故障"及"甲车行隐瞒车辆的真实情况，车辆具有严重质量问题，出售行为构成欺诈"等为由投诉至市场监督管理所。因调解未果，张某遂诉至一审法院，请求解除案涉车辆买卖合同，甲车行向其退还购车款 26000 元。一审法院作出不予支持的裁判结果。张某遂提起上诉。

最后，二审法院经审理认为，民事主体从事民事活动，应当遵循公平、诚信原则。现行法律法规明确规定，机动车需经公安机关交通管理部门注册登记后方能上路行驶。二审法院经向连江县交警大队函询，得知案涉车辆无法办理车辆注册登记，且禁止在城市道路内通行。甲车行在庭审调查中亦确认案涉车辆在福建区域不能上牌，只能在农村及内部场地使用。即甲车行向张某交付的是一辆不能登记上牌和上道路行驶的老年代步车，张某作为一名八旬高龄普通消费者并不能完全知晓案涉车辆的前述详细情况，亦缺乏完全的判断能力，而甲车行系专业的机动车、电动车辆销售主体，其应尽到相应的告知和提醒义务，但现有证据不足以证明甲车行将上述情况进行了告知，影响了案涉合同目的的实现，故张某诉请解除案涉合同于法有据，在扣除车辆折旧后，判令张某返还车辆、甲车行返还剩余购车款。①

根据《民法典》规定，合同解除可以分为以下两种类型：

一是约定解除。根据《民法典》第 562 条的规定，约定解除包括协议解除和约定解除权两种情形。

协议解除，又称协商解除，是指在合同效力存续期间，合同双方当事人协商一致解除合同，使得合同效力归于消灭的行为。《民法典》第 562 条第 1 款规定："当事人协商一致，可以解除合同。"协议解除系合同双方当事人自由意识表示的行为，因此，双方均无须承担违约责任。但需要强调的是，协议解除虽然系自由意识表示的体现，但协议解除的内容不得违背国家利益和社会公共利益，否则，该协议解除将被认定无效。

约定解除权，是指合同双方当事人基于合同自由原则可以约定一方解除合同的条件，在条件成就时，解除权人可以不必征得对方当事人的同意，单方面解除合同。因此，约定解除权系形成权，得由解除权人行使方能产生法律上的效果。②《民法典》第 562 条第 2 款规定："当事人可以约定一方解除合同的事由。解除合同的事由发生时，解除权人可以解除合同。"

二是法定解除。是指出现法律规定的情形时，合同当事人通过行使解除权使合同关系予以消灭的行为。根据《民法典》第 563 条第 1 款规定："有下列情形之一的，当事人可以解除合同：（一）因不可抗力致使不能实现合同目的；（二）在履行期限届满前，当事人一方明

---

① 福州市中级人民法院. "案"含道理丨老年代步车，能"行"不能"行"？［EB/OL］.（2023 – 05 – 16）［2023 – 10 – 14］. https：//mp. weixin. qq. com/s/9WjWQFfmJj BqXL8WR_BB4A.

② 孙瑞玺. 论合同解除权行使的方式［J］. 苏州大学学报（哲学社会科学版），2012，33（2）：108 – 115.

确表示或者以自己的行为表明不履行主要债务；（三）当事人一方迟延履行主要债务，经催告后在合理期限内仍未履行；（四）当事人一方迟延履行债务或者有其他违约行为致使不能实现合同目的；（五）法律规定的其他情形。"

因此，老年人在合同履行过程中如遭遇对方当事人不履行、迟延履行等情形时，要积极查找是否存在约定解除事由或法定解除事由，并收集和固定证据，及时通过司法途径救济自身合法权益，从而"及时止损"。

四、涉老欺诈行为的认定与救济

当涉老欺诈盛行，在生活中无孔不入时，老年人在其合法权益遭受侵害时应积极寻求法律救济。正如法律谚语所说的："法律不保护权利上的睡眠者。""没有救济就没有权利。"即法律保护积极行权之人，对于怠于行权者，法律不会主动保护。对此，我国《民法典》规定了很多"请求权"，民事司法实践中亦遵循"不告不理"的基本原则。

（一）老年人遭遇合同欺诈的认定

欺诈，《说文解字》曰："诈，欺也。"欺诈的本意是欺骗。孔子曰："人而无信，不知其可也。"一个爱说谎之人，素来为世人所不齿。诚实守信是中华民族的优秀传统美德，古有"曾子杀猪""季布的'一诺千金'""孟信不卖病牛""查道吃枣留钱"等典故，无不在歌颂诚实守信的美好品德。

欺诈，从法律上看，可以从民事欺诈和刑事诈骗两个层面来理解。刑事诈骗与民事欺诈的区别在于行为人主观上是否具有非法占有目的，相对来讲，刑事诈骗是民事欺诈中的严重部分。[①] 民事欺诈是指在设立、变更、终止民事权利和民事义务的过程中，一方当事人故意告知

---

① 何荣功. 民事欺诈与刑事诈骗的类型化区分 [J]. 交大法学, 2023 (1)：114 – 128.

对方虚假情况，或者故意隐瞒真实情况，诱使对方做出错误表示的行为。我们正处在一个经济飞速发展、科技日新月异的时代。签订合同作为经济发展中较为常见的活动之一，在市场经济生活中扮演着无可取代的角色。与此同时，利用合同这种法律形式实施欺诈的事件频繁发生。

具体到生活中，老年人可能会遭受的合同欺诈主要表现为伪造合同、虚构主体、虚假广告、信息引诱、抵债诈骗等形式。老年人应学会识别欺诈陷阱，提高警惕，谨防遭受财产损失。

2023年4月27日，最高人民法院发布了《老年人权益保护第三批典型案例》，其中包含一起关于老年人主张养生合同违约责任的案例：

> 2019年，吴某同某养老产业发展有限公司（一家为老年人、残障人士提供养护服务的酒店）签订养生养老合同，约定吴某支付预订金后，即获得会员资格和相应积分，积分可以在该公司旗下任何酒店抵现使用。预付的订金如果没有额外消费，期满后还可退还。吴某支付21万元预订金后，该公司无法提供相应服务且不退款。吴某起诉请求解除合同，并判令该公司返还预订金及利息。该案审理法院认为，判决某养老产业发展有限公司返还吴某预订金，并支付利息。法院亦将该公司涉嫌养老诈骗犯罪线索移送公安机关。①

上述案例的争议焦点在于，吴某与某养老产业发展有限公司所签订的养生养老合同是否合法有效？养老产业公司是否存在根本违约

---

① 最高人民法院．最高法发布人民法院老年人权益保护第三批典型案例［EB/OL］．(2023 - 04 - 27)［2023 - 10 - 14］．https：//mp. weixin. qq. com/s/__7X2bW6YrO2wtfXf MbLRA.

行为？

根据《民法典》第563条规定，当事人一方迟延履行债务或者有其他违约行为致使不能实现合同目的的，当事人可以解除合同。民事主体从事民事活动应当遵循诚信原则，秉持诚实，恪守承诺。上述案例中，双方签订的养生养老合同合法有效，某养老产业发展有限公司收到吴某预订金后无法提供相应服务，存在根本违约，吴某享有合同解除权。

何为合同欺诈？《民法典》及相关司法解释并未针对"合同欺诈"作出直接规定。《民法典》第148条规定："一方以欺诈手段，使对方在违背真实意思的情况下实施的民事法律行为，受欺诈方有权请求人民法院或者仲裁机构予以撤销。"《民法典总则编司法解释》第21条规定："故意告知虚假情况，或者负有告知义务的人故意隐瞒真实情况，致使当事人基于错误认识作出意思表示的，人民法院可以认定为民法典第一百四十八条、第一百四十九条规定的欺诈。"基于此规定，可以将合同欺诈定义为：以非法占有为目的，在履行合同或者签订合同的过程中，通过隐瞒真相、设定陷阱、虚构事实等手段骗取对方财产的行为。

（二）老年人遭遇合同诈骗的认定

合同欺诈与合同诈骗，虽"一字之差"，但二者在行为定性及法律责任的承担上截然不同。合同欺诈行为在违反《中华人民共和国刑法》（以下简称《刑法》）规定、构成犯罪时，将被认定为合同诈骗罪，并依法追究刑事责任。根据《刑法》第224条的规定，合同诈骗是指以非法占有为目的，在签订、履行合同过程中，通过虚构事实、隐瞒真相、设定陷阱等手段骗取对方财产的行为。

相比较于合同欺诈，合同诈骗具有以下特点：①合同诈骗的主观目的在于骗取对方财物。②合同诈骗则是一种结果犯，以被害人处分财物作为犯罪既遂的标准。③合同诈骗作为一种犯罪行为，成立于合同订立及履行的全过程中。④合同诈骗的数额往往不受合同标的额的影响，可能会给被骗者带来巨大的经济损失。⑤合同诈骗罪一旦成立，实施诈骗行为者必须承担刑事责任，被定罪量刑。①

生活中，以合同的法律外衣实施合同诈骗的案件屡见不鲜。2022年9月1日，云南省高级人民法院发布一批养老诈骗典型案例，其中包含了一宗涉及老年人养老项目的合同诈骗案：

2018年2月，王某谎称其从郎某处分包取得"国家重点工程曲靖康复养老项目"土石方500万立方米挖、装、运工程，并带领老年人计某、张某，证人毛某、冷某四人到曲靖市碧桂园旁查看项目。2018年2月28日，王某与计某在昆明市西山区隆居花园合玺茶坊签订了"国家重点工程曲靖康复养老项目"土石方工程合作协议，约定由计某支付30万元项目认定金。2018年3月2日，张某通过其嫂子陈某银行账户向王某账户支付20万元项目认定金，该20万元随即被王某用于偿还个人债务及日常花销。案发前，王某向计某返还3万元。案发后，王某以合同诈骗罪被提起公诉，法院经审理后以王某犯合同诈骗罪，判处其有期徒刑二年，并处罚金2万元，并判令继续追缴涉案赃款返还计某、张某②。

上述案例系一起典型的犯罪分子通过虚构涉养老工程项目的方式实施合同诈骗的典型案例。犯罪分子利用涉养老项目设置骗局，与老年人签订所谓的合同，并成功骗取财产，达到非法占有之目的。

---

① 姚志荣. 浅析合同诈骗罪［J］. 中共福建省委党校学报，2004（5）：41-44.

② 最高人民法院. 云南高院发布一批打击整治养老诈骗典型案例［EB/OL］.（2022-09-03）［2023-11-28］. https：//mp. weixin. qq. com/s/PD60IiMHeXpKP8TPODsUyg.

根据《刑法》第 224 条的规定，合同诈骗罪的罪状是一种叙明罪状，合同诈骗罪的构成要件分为客观上的诈骗行为和主观上的非法占有目的。

首先，关于合同诈骗行为的判定。《刑法》第 224 条以列举方式规定了合同诈骗罪的五种类型：①以虚构的单位或者冒用他人名义签订合同的。②以伪造、变造、作废的票据或者其他虚假的产权证明作担保的。③没有实际履行能力，以先履行小额合同或者部分履行合同的方法，诱骗对方当事人继续签订和履行合同的。④收受对方当事人给付的货物、货款、预付款或者担保财产后逃匿的。⑤以其他方法骗取对方当事人财物的。

其次，关于合同诈骗的主观判定。合同诈骗罪的主观方面，表现为直接故意，并且具有非法占有对方当事人财物的目的。[①] 如何认定非法占有目的？《刑事审判参考》指导案例指出，对行为人是否具有非法占有目的，一般可以从以下几个方面进行分析：第一，行为人是否具有签订、履行合同的条件，是否创造虚假条件；第二，行为人在签订合同时有无履约能力；第三，行为人在签订和履行合同过程中有无诈骗行为；第四，行为人在签订合同后有无履行合同的实际行为；第五，行为人对取得财物的处置情况，是否有挥霍、挪用及携款潜逃等行为。

（三）老年人遭遇合同欺诈的救济与赔偿

老年人遭遇合同欺诈，可采取哪些补救措施，以救济其合法权益？根据法律规定，一般可以采取以下措施：

一是与对方协商变更或解除合同。例如对合同中有损己方利益的内容或条款，与对方协商进行变更。但由于变更合同是建立在协商基

---

① 刘良. 合同诈骗罪的认定及其与经济合同纠纷的界限 [J]. 中国刑警学院学报，2000 (4)：41–43.

础上的，因此，对方有拒绝的权利。此时，老年人可以尝试从欺诈的角度主张解除合同。

二是不予履行。老年人如发现合同不符合法律规定，对方存在欺诈行为的，应拒绝履行合同义务，例如不予付款，以免造成财产损失。

三是通过起诉请求人民法院或仲裁机构确认合同无效。老年人一旦发现对方有欺诈行为，要及时收集和固定证据，并通过司法途径维护自身合法权益。尤其是发现欺诈方可能处分或转移已经履行的财产的，依法向法院申请诉讼财产保全。

四是及时向司法机关报案。实践中许多合同欺诈案件会触犯刑法，欺诈方会被追究刑事责任。因此，老年人在发现欺诈方有隐匿财产不能履行或潜逃的，应当及时向公安机关、人民检察院报案，并积极收集合同欺诈的证据，帮助司法机关快速侦破案件，以挽回财产损失。

根据《民法典》第179条的规定，老年人遭遇合同欺诈时，得向欺诈方主张承担民事责任，承担民事责任的方式主要有：停止侵害；排除妨碍；消除危险；返还财产；恢复原状；修理、重作、更换；继续履行；赔偿损失；支付违约金；消除影响、恢复名誉；赔礼道歉。根据《民法典》第148条和第157条的规定，基于欺诈而订立的合同，受欺诈方可以请求人民法院或仲裁机构予以撤销。合同一经撤销，自始不发生法律效力。合同被撤销不发生法律效力后，已处分的财产按以下方式处理：欺诈方已取得的财产应当予以返还；不能返还或没有必要返还的，应当折价补偿。有过错的一方应当赔偿对方遭受的损失，双方均有过错的，则按各自的过错承担相应的赔偿责任。

（四）老年人遭遇合同诈骗的救济与赔偿

欺诈方实施合同诈骗行为，构成犯罪的，依法追究刑事责任。《刑法》第224条明确规定了合同诈骗罪的立案量刑标准，即以非法占有为目的，在签订、履行合同过程中，骗取对方当事人财物，按以下立案量刑标准执行：第一，数额较大的，处三年以下有期徒刑或者拘役，并处或者单处罚金；第二，数额巨大或者有其他严重情节的，处三年以上十年以下有期徒刑，并处罚金；第三，数额特别巨大或者有其他特别严重情节的，处十年以上有期徒刑或者无期徒刑，并处罚金或者没收财产。

此外，根据最高人民法院、最高人民检察院《关于办理诈骗刑事案件具体应用法律若干问题的解释》第 2 条第 4 项的规定，诈骗残疾人、老年人或者丧失劳动能力人的财物的，酌情从严惩处。

关于老年人合同诈骗案的打击和赔偿，以下针对中国老龄协会发布的《2021 年度全国老年人权益保护警示教育案例》之"陈某、孔某等电信网络诈骗案"进行分析：

> 杨某伙同陈某、孔某等 6 人，由陈某组织并提供"客户信息"及"药品"等作案工具，以拨打电话联系的方式，冒充医学专家、老师、学生、助理等身份，面向患有不同病症的老年人开展所谓的问诊、回访，获取老年人病症等信息。在骗取老年人信任后，他们古方调理、特配中药能够治疗相关疾病而向老年人推销"药品"，以及为老年人办理药费报销需交纳税金、保证金，通过快递投递"药品"、货到付款的方式，骗取北京、河北、河南、山西、安徽、四川等地 18 名老年人共计 130692 元。法院审理后，依据犯罪事实和情节轻重，分别对陈某、杨某、孔某等 7 人作出构成诈骗罪，并判处有期徒刑和罚金的判决。同时追缴 7 人的违法所得用于退赔受害者。①

---

① 陕西关工委．［五老视窗］中国老龄协会发布 2021 年度全国老年人权益保护警示教育案例［EB/OL］．（2022 - 05 - 08）［2023.10.14］．https：//mp. weixin. qq. com/s/oqYHsq4pzWut8x8t - 2aIzg.

上述案例中，杨某等 7 人既无行医资格而向老年人销售所谓"灵丹妙药"，也不是建立在合法、正当的医疗诊断基础之上，其行为既不能对老年人的疾病进行有效治疗，也存在对老年人身体健康造成损害的危险性，其目的就是冒充医学相关人员身份，以销售"药品"和所谓报销药费为手段骗取财物，所得药款及所谓税金、保证金等均为诈骗犯罪所得。

第三章 老年人房产居住的民法关怀

居住权制度充分体现了老年人房产居住的民法关怀，系《民法典》的立法亮点，既弥补了居住权的立法空白，又为老年人的养老问题撑起了一把法律的保护伞。保障老年人居住权益是《民法典》确立居住权制度的重要初衷。但在《民法典》运行中，围绕居住权的内涵、设立形式、权利限制以及消灭方式等内容，司法适用出现困境。[①]应当说居住权是否足以应对关涉老年人"老有所居"的现实问题，尚需等待实践的检验。

一、老年人房产权属的确定

常言道"居者有其屋，耕者有其田"，房屋和土地与社会经济生活息息相关。古往今来，关于"住"的理想扎根于每个人的心中，住房问题不仅是人民"安身立命"的根本问题，还是社会建设进程中最为关注的民生问题之一。

孟子《滕文公上》曰："民之为道也，有恒产者有恒心，无恒产者无恒心。"大概意思是：有固定产业的人就有固定生活的信心和决心，没有固定产业的人就没有固定生活的信心和决心。诗圣杜甫亦在

---

① 何丽新，朱欣蕾.《民法典》视域下居住权的养老功能与实现路径［J］. 厦门大学学报（哲学社会科学版），2022，72（2）：129－140.

《茅屋为秋风所破歌》中书写"安得广厦千万间，大庇天下寒士俱欢颜"的千古名句。"住"素来影响人民生活的方方面面，绝大多数人用尽其一生财富只为营建"有瓦遮头"的家庭港湾，而不至于陷入"流落街头""无家可归"的境地。住房不仅是财富的象征，亦是家的象征，关乎人民的生活幸福感和归属感。

在当今法治社会，作为人民关注且期待的社会主义善治之法，对关涉民心的"有恒产者有恒心"问题作出了哪些明确规定或者回应？民有所呼，法有所应。不管是《宪法》《民法典》，还是已废止的《中华人民共和国物权法》（以下简称《物权法》），均对人民的住房问题作出了积极回应，通过法律对人民的房屋产权予以详细规定，不仅进一步强化保护公民财产权利，更是让有恒产者有恒心，以充分保障人民"安居乐业"。改革开放以来，随着市场经济的快速推进、发展，我国通过大力推进产权制度改革，基本形成了比较完善的产权保护机制和法律保护框架，全社会产权保护意识不断增强，保护力度不断加大。[①]

何为产权？在我国，以土地房屋为基础的产权制度，是在土地使用权基础之上的一种产权形式。[②] 中共中央、国务院于 2016 年 11 月 4 日发布的《关于完善产权保护制度依法保护产权的意见》中明确指出："产权制度是社会主义市场经济的基石，保护产权是坚持社会主义基本经济制度的必然要求。有恒产者有恒心，经济主体财产权的有效保障和实现是经济社会持续健康发展的基础。"[③] 此处的"产权"包含一切财产的所有权，包括不动产、动产以及其他形式的财产所有权，而房屋产权属于个人不动产产权，是私有财产的一种，受我国《宪法》《民法典》的保护。根据《宪法》第 13 条第 1 款规定，公民的合

---

① 周楠楠. 我国制度变迁对企业家精神的影响研究［D］. 长春：吉林大学，2019.

② 甘峰. 土地使用权与小康社会［J］. 中国特色社会主义研究，2004（2）：47 - 50.

③ 辛向阳. 马克思主义与中国特色社会主义文化自信［J］. 理论探讨，2017（2）：12 - 17.

法的私有财产不受侵犯。因此，公民合法持有或享有的房屋产权不受非法侵犯，平等地受到法律的保护。

何为房屋产权？根据现行法律的规定，房屋产权亦可理解为"不动产产权"。一般而言，房屋产权包括房屋所有权和土地使用权两个部分，即房屋产权＝房屋所有权＋土地使用权。①

何为房屋所有权？根据我国《宪法》规定，土地的所有权属于国家和集体所有。《民法典》第 240 条规定："所有权人对自己的不动产或者动产，依法享有占有、使用、收益和处分的权利。"基于上述两个条文的规定，可以通过概括方式来理解所有权的含义，即所有权是指所有人在法律规定的范围内，对其所有之物全面支配的物权。《民法典》第 266 条规定："私人对其合法的收入、房屋、生活用品、生产工具、原材料等不动产和动产享有所有权。"因此，房屋所有权可以理解为，房产的所有者依法享有的对其房屋进行占有、使用、收益和处分的权利。

何为土地使用权？土地使用权是国家向组织、机构及个人出让的一项使用权。根据《城镇国有土地使用权出让和转让暂行条例》第 12条规定，土地使用权出让最高年限按用途分为 40 年、50 年和 70 年不等，其中住宅用地的期限为 70 年。因此，就个人所持有的房产而言，房屋所有权是永久性权利，而房屋的土地使用权是有期限的，为 70年。那么，房屋土地使用权期限届满怎么办？《民法典》第 359 条第 1款规定："住宅建设用地使用权期限届满的，自动续期。续期费用的缴纳或者减免，依照法律、行政法规的规定办理。"因此，从房产所有者的角度看，该房屋的土地使用权期限届满后，不需要房屋所有权人办理申请和审批手续，自动续期。此外，续期所需要缴纳的费用，应根

---

① 百度百科. 产权 [EB/OL]. [2024–01–03]. https：//baike. baidu. com/item/% E4% BA% A7% E6% 9D% 83/1331367？ fr = ge_ala.

据法律、行政法规的规定确定全额缴纳或者予以减免。

综上，"房屋产权"与"土地使用权"二者的联系在于，根据"地随房走""房随地走"的基本原则，房屋产权人在拥有房屋所有权的同时，也拥有房屋所在土地的使用权；失去房屋所有权的同时，土地的使用权也随之失去。二者的区别在于，房屋所有权是一项永久的无期限权利，只要房屋没有完全毁损、灭失，房屋产权人即可一直享有该项权利；而土地使用权是有期限的，国家通过土地有期出让方式，授予用地人40年、50年、70年不等的使用权。

生活中，房屋产权主要通过购买、建设、受赠、抵押或继承等方式取得，并通过不动产登记手续获得对抗他人的公信力。例如，甲向某开发商购买一套商品房，在经过了合同签订、房款交付并办理不动产登记、缴纳契税等手续后，取得不动产产权证书，从而获得了房屋的产权。换言之，在未取得不动产产权证书以前，甲都不是房屋的所有权人，在此期间就房屋交付、房屋归属等问题发生纠纷的，甲只能基于买卖合同主张债之权利，而不能主张房屋产权归其所有。

（一）老年人面临"一房二卖"的确权规则

生活中房屋产权归属纠纷十分常见，尤其"一房二卖"的纠纷层出不穷。例如，老赵得知邻居甲欲出售其对门的商品房，便找到甲商讨购买事宜，并与甲签订了房屋买卖合同，约定购房款为200万元。同时，老赵为了预防甲反悔，向其支付了20万元定金。随后，邻居甲又将该房屋卖给出价更高的乙，且双方办理了过户登记手续。老赵得知此事后，三方就房屋归属问题引发纠纷，诉至法院，最终法院将房屋判给了乙，老赵无法取得房屋所有权，只能依据房屋买卖合同的约定向甲主张违约责任。老赵对此深感疑惑，百思不得其解，明明他签订合同在前，且已付定金。而乙签订合同在后，反而能取得房屋，这于法有据吗？难道合同的签订不分"先来后到"吗？

在不少老一辈人的认知里，房屋买卖全靠一个"信"字，因此，大多数发生在"熟人社会"里，"一手交钱，一手交房"是常态，最多手签一份房屋转让协议，鲜少有从法律层面对房屋产权进行确认的概念，农村地区尤为常见。

然而，事实上，根据《不动产登记暂行条例》（2019 修订）第 2 条的规定，房屋属于不动产。根据《民法典》第 214 条的规定，不动产物权变动采用登记生效主义，即不动产物权的设立、变更、转让和消灭，依照法律规定应当登记的，自记载于不动产登记簿时发生效力。这表明，不动产物权以登记为产权变动的法定公示手段。

因此，在房屋买卖中，房屋产权的归属不是简单地以占有房屋、支付购房款、签订买卖合同作为判断要件，而是根据不动产登记簿所记载的信息来明确房屋产权归属问题，确定房屋产权人。换言之，实践中，老年人得基于不动产登记簿所记载的产权人信息来证明其房屋产权人的身份，并依法获得法律的承认和保护。

实践中，有没有存在不动产登记生效的例外情况？根据《民法典》第 209 条第 1 款的规定，不动产权利变动原则上应当以登记为要件，但法律有特别规定的除外。从《民法典》物权编来看，其例外情形为：（1）因人民法院、仲裁机构的法律文书、人民政府的征收决定等，导致物权设立、变更、转让或消灭的，自法律文书生效或决定行为生效时发生效力。（2）因继承取得的物权，自继承开始时发生效力。（3）因合法建造、拆除房屋等事实行为设立、消灭物权的，自行为发生时发生效力。（4）土地承包经营权自土地承包经营权合同生效时设立。

中国裁判文书网有这样一则关于老年人房屋产权确权争议的案例：

2017 年 8 月 3 日，游某（57 岁）与龚某（61 岁）签订厂房抵债协议，将其个人经营的蕲春县玉安塑料制品厂内的厂房一栋（10 列）以 1800000 元抵偿给龚某，但未办理产权过户相关手续。2017 年 12 月 6 日，邓某（34 岁）与游某签订厂房买卖协议，游某将东三列厂房以 600000 元出卖给邓某，抵偿其欠邓某的房屋装修款、借款等债款，但未办理产权过户相关手续。后龚某得知此事，与游某产生纠纷，遂就东三列厂房出卖一事起诉至法院，请求判决游某偿还龚某借款 600000 元。

2020 年 7 月 17 日，一审法院作出由游某偿还龚某借款 600000 元的民事调解书。后因游某未履行法定义务，龚某申请一审法院强制执行。2020 年 11 月 9 日，一审法院作出查封、拍卖游某厂房一栋中的东三列厂房（即涉案厂房）及机械设备一套。邓某作为案外人提出执行异议，要求撤销查封、拍卖裁定，解除查封涉案厂房。一审法院于 2021 年 11 月 20 日作出驳回邓某的异议请求的裁定。邓某在收到该执行异议裁定书的十五日内向一审法院提起了案外人执行异议之诉。①

上述案例中，游某和龚某之间签订的是"厂房抵债协议"，且未办理产权过户手续，故房屋产权并未发生变动，依旧属于游某所有。游某与邓某之间签订的虽为"厂房买卖协议"，但实质上属于"以物抵债协议"，其目的在于消灭邓某对游某的债权（基于双方之间的房屋装修款、欠款等的抵债行为），而非单纯的不动产买卖。因此，邓某只能主张游某欠债还钱，但无法主张自己是房屋所有人。换言之，即使邓某实际占有使用了不动产，也不能据此认定其取得了不动产的所有权。因此，最后邓某的诉求未获得法院的支持。

故上述案例中，游某将东三列厂房以 600000 元出卖给邓某，实质

---

① 湖北省黄冈市中级人民法院（2022）鄂 11 民终 1696 号民事判决书。

上并未发生产权变更的法律效果，法院将该房屋进行拍卖并将拍卖款执行用以偿还龚某的 600000 元借款，并无不妥。

老年人遭遇"一房二卖"的买卖合同纠纷时，合同效力如何认定？房屋产权如何确权？权利的保护顺位如何确定？

根据《第八次全国法院民事商事审判工作会议（民事部分）纪要》第 15 条规定，审理一房数卖纠纷案件时，如果数份合同均有效且买受人均要求履行合同的，一般应按照已经办理房屋所有权变更登记、合法占有房屋以及合同履行情况、买卖合同成立先后等顺序确定权利保护顺位。但恶意办理登记的买受人，其权利不能优先于已经合法占有该房屋的买受人。对买卖合同的成立时间，应综合主管机关备案时间、合同载明的签订时间以及其他证据确定。

因此，老年人面临"一房二卖"纠纷时，按以下规则处理：

首先，关于买卖合同效力问题。在"一房二卖"纠纷中，根据物权区分原则及债权平等性原则，除有恶意串通等原因，两份买卖合同的效力不受成立先后的影响。即只要依法订立的合同，都属于成立且生效的合同，两份买卖合同均有合同效力。

其次，关于房屋产权归属问题。根据物权变动采取"不动产登记"原则，无论房屋是否进行多次买卖，买卖合同效力并不产生产权变动效力，产权变动效力以登记为准，即房屋登记在谁的名下，房屋就归谁所有。

最后，关于权利顺位保护问题。在"一房二卖"纠纷中，除恶意登记情形外，一般按照已经办理房屋所有权变更登记、合法占有房屋以及合同履行情况、买卖合同成立先后等顺序确定权利保护顺位。

基于上述案例的启发，建议老年人在日常买卖房屋的过程中，要注意检查卖方的房屋产权证明，并尽快完成过户登记手续，以充分保护自身的财产权利。

（二）老年人"借名买房"的产权归属

借名买房，顾名思义，是指借名人由于不具备购房资格或不方便以其本人名义购房等原因，与出名人达成协议，借名人用出名人的名字与卖方签订房屋买卖合同，以达到买房目的。[①] 现实生活中，在大多数借名买房纠纷中，借名人与出名人之间一般具有诸如亲属、朋友等特殊身份关系，双方之间往往具有较强的互信基础，借名买房合意多以口头形式达成，缺乏书面约定。当借名买房关系中，借名人与出名人之间就房屋产权归属发生纠纷时，该房屋"花落谁家"？

根据《民法典》对不动产物权变动的规定，借名人对借名所购房屋仅享有债权，借名人与出名人之间关于房屋所有权归属的约定并不产生物权效力。[②] 换言之，在借名买房不违反公序良俗原则、不存在无效事由的情况下，借名人可以依据实质上的代持关系，基于双方之间的债权请求权，要求出名人将房屋过户至其名下，并经过法定的产权变更程序完成物权变更登记，以此取得房屋所有权。但是，在完成物权变更公示之前，借名人并不是房屋所有权人，无法直接根据借名买房协议主张房屋产权，因为借名人根据借名买房协议所享有的仅是合同债权请求权，该项权利是一项对人权，而非对世权，不具有排他的物权效力。换言之，根据物权变动的实然规定，这就是借名人故意制造借名买房所必须面临或承担的法律风险，这种法律风险一般在借名买房之前就应该合理预见。

中国裁判文书网有一则由广州市中级人民法院于 2023 年 8 月审理的涉及老年人借名买房纠纷案：

---

① 翟业虎，程婉秋. 借名买房行为法律问题初探 [J]. 江淮论坛，2015（4）：84 – 87.
② 司伟. 借名买房排除强制执行的法律规则：基于学说与案例的分析与展开 [J]. 法治研究，2021，136（4）：32 – 46.

　　老叶与小叶是父子关系。2006年12月18日，老叶与罗某（卖方）签订了一份《房地产买卖合同》，约定老叶向罗某购买广州市海珠区××房，成交价为30万元。后在办理房贷时得知年龄已过60周岁，银行限贷，老叶遂与儿子小叶商量借其名义购房，因小叶系自由职业者亦不易批贷，遂与儿媳小唐商定，借其夫妻二人名义购房，以小唐名义办理贷款并还贷。由于是至亲关系，双方仅就借名事宜口头达成合意，未专门签订借名协议。

　　2007年1月25日，小叶、小唐作为借款人，与某银行签订《个人购房担保借款合同》，并办理了贷款的相关手续。2007年1月31日，老叶作为买方，与罗某（卖方）签订《补充协议》，就双方首期款13万元自行交接等事宜进行补充约定。房屋贷款办理之后，由老叶亲自掌握以小唐名义办理的用于还贷的银行卡，并分批转款到该银行卡上用于还贷。整个购房过程均是老叶操作，包括收房装修并以老叶名义办理"业主卡"入住，之后该房屋也一直由其占有、使用等。该房屋的购房合同、相关支付凭证及权属证等在内的全部原始资料原件均由老叶保管。后老叶与其儿子、儿媳就该房屋产权归属问题发生纠纷，诉至法院。①

　　上述案例的争议焦点在于：老叶主张属于借名买房，而小叶、小唐主张属于房屋赠予。孰是孰非？生活中，如借名方与出名方双方为父母与儿子儿媳的至亲关系，未签订书面的借名买房协议实属正常。然而，根据《民法典》的规定，房屋产权的设立、变更、转让和消灭采用登记生效主义，即以不动产登记簿的记载为准。因此，借名买房

---

① 广东省广州市中级人民法院（2023）粤01民终358号民事判决书。

纠纷中，往往会因为不动产登记簿的登记信息与实际情况有出入而发生"亲人对簿公堂"的情况。

上述案例的结局是老叶败诉，从法理的角度看，这是借名人应承担的法律风险。而从情理看，也许跟绝大多数人心中所认知的"公序良俗""伦理道德"观念相违背。因此，也许最后只能通过"晓之以理，动之以情"的协商和解或调解方式，在老叶和其儿子媳妇之间达成协议，以化解纠纷。

从上述案例进一步思考：如何判断到底是借名买房还是房屋赠予？根据目前法院审理此类纠纷的司法实践，若当事人之间无书面约定，则应当通过查明以下事实来综合认定是否存在借名买房的关系：（1）当事人借名买房的原因；（2）购房款支付及贷款偿还情况；（3）房屋实际占有使用及房屋权属证书保管情况等。因此，在借名买房纠纷中，根据"谁主张谁举证"的证据规则，对于借名方而言，要想主张房屋产权，就必须提供强有力的证据，否则，极有可能败诉。正如上述案例的老叶，最后因为证据不足，其诉求最终并未获得一审、二审法院的支持。

（三）老年人购买房产的权利证书与登记簿的关系

实践中，房产证与不动产登记簿信息不一致时，如何确权？房屋登记事项记载于不动产登记簿，但尚未颁发权属证书，是否产生法律效力？此类纠纷十分常见，其问题焦点就在于房产证与不动产登记簿在房屋产权确权问题上，效力孰强孰弱？

在房屋买卖中，房产证信息与不动产登记簿不一致的情况时有发生，稍有不慎，容易陷入"房钱两空"的境地，尤其在购买二手房时，房屋产权查册显得尤其重要。

老钱打算购买老孙的房屋，在申请办理过户手续时，发现不动产登记中心的不动产登记簿上记载，该房屋为老孙和老李共有。那么，不动产权属证书与不动产登记簿不一致时，该以哪个为准？老钱该如何处理才可以更好地保护其合法权益？

根据《民法典》第 210 条、第 211 条、第 214 条及第 216 条第 1 款的规定，当事人申请不动产登记应当向不动产登记机构提出，由不动产所在地不动产登记机构予以办理。不动产物权的变动（设立、变更、转让和消灭），自记载于不动产登记簿时发生效力。不动产登记簿是不动产登记的载体，不动产物权的公示公信原则在实践中主要是通过权利人查询登记簿的记载来实现的。① 因此，不动产登记簿是物权归属和内容的根据。所谓不动产登记簿，是指由不动产登记机关依法制作并备存的用于记载、证明不动产自然状况、权利状况以及相关事项的官方簿册。权利人、利害关系人等可以依法申请查询、复制该簿册。何为房产证？实践中认为，房产证是由房产部门发放的权利凭证，只起到证明享有权利的证据作用，不代表是房屋的最终产权人。

根据《民法典》第 217 条规定，不动产权属证书是权利人享有该不动产物权的证明。不动产权属证书记载的事项，应当与不动产登记簿一致；记载不一致的，除有证据证明不动产登记簿确有错误外，以不动产登记簿为准。由此可见，不动产登记簿十分重要，不动产登记簿是物权归属和内容的根据，具有证据效力，是一份强有力的法定证明材料。房产证的证据效力弱于不动产登记簿。在涉及房屋产权争议的案件审理中，当事人可以不动产登记簿和不动产权属证书作为诉讼证据，并根据不动产登记簿的证据力优于不动产权属证书的证据力的

---

① 张明. 不动产登记簿的功能和效力［J］. 大连理工大学学报（社会科学版），2005，26（1）：72－75.

原则，确定谁是真正的权利人以及争讼房产的归属。

因此，根据上述《民法典》的规定，不动产权属证书与不动产登记簿记载不一致时，应以不动产登记簿为准。故上述案例的解决路径建议如下：老钱可以要求老孙通知老李到场，由老孙和老李一起作为房屋出卖人重新签订房屋买卖合同，并办理房屋过户登记手续。切忌使用"先斩后奏"的处理方案。

（四）老年人"小产权房"的确权困境

"居者有其屋""一座城、一间房、一盏灯"也许是绝大多数人的梦想，然而"理想很丰满，现实很骨感，"面对一、二线城市居高不下的房价，看着万家灯火，不少人只能"望楼兴叹"，并将目光投向小产权房，以期通过相对较低的价款购得一房。生活中，尤其是老年人，为了帮助子女实现"成家立业"的使命或梦想，更是容易陷入各种"买房套路"当中，也许耗尽毕生积蓄，也许散尽养老金，最终只落得个"得不偿失"的结果。那么小产权房究竟能不能买？其低房价背后有哪些法律陷阱？购买后又存在着怎样的风险隐患？

随着社会老龄化发展，财产继承纠纷日益增多，越来越多的家庭不得不考虑财产分配及继承问题。基于我国国情，实践中不少家庭财产构成中存在小产权房，虽然小产权房被限制转让和交易，但是长辈过世后留下的小产权房应该如何确权？如何分割？已然成为继承纠纷案件的焦点问题。

何为小产权房？小产权房又称"乡产权房"，事实上不是一个法律概念，只是人们在社会实践中形成的一种约定俗成的通俗称谓。"小产权房"是指村镇集体和农民个人利用土地和宅基地兴建用于出售的房屋，由于未通过政府进行土地征拨，未缴纳土地出让金及相关税费，无法拿到国家颁发的房产证和土地使用证。[1]

---

[1]　陈武元．"小产权房"路在何方？[J]．农村经济，2008（3）：11 – 12．

实践中，小产权房的类型主要包括农村宅基地自建房屋以及房地产开发商出钱在农村宅基地建设并出售的房屋两种类型。以下两种小产权房买卖合同属于无效：（1）本集体与其他集体组织成员之间买卖小产权房一般认定合同无效；（2）集体组织成员与城镇居民之间买卖小产权房一般认定合同无效。小产房虽然具有价格便宜、符合居住需求的优点，但亦存在较大法律风险。

中国裁判文书网有这样一则关于老年人购买小产权房引发确权纠纷的案例：

> 高某昌父母早亡，膝下无子，妻子张某芬于 2008 年死亡。高某昌有兄弟五人，即高某福、高某寿、高某 2、高某昌、高某 3，现高某福、高某寿分别于 2000 年、2002 年死亡。高某 1 与高某 2 系父子关系，与高某 3 系叔侄关系。2016 年 4 月 6 日高某昌死亡，生前留有遗嘱，将其名下小产权房的个人份额等财产归侄子高某 1 所有。该小产权房系高某昌与王某共同购买。高某 1、高某 2、高某 3 就高某昌遗产继承问题发生纠纷，高某 1 遂诉至法院，请求依法继承高某昌名下小产权房份额等财产。
>
> 天津市西青区人民法院经审理认为，小产权房由王某、高某昌二人共同购买。该诉争小产权房屋涉及权属争议，高某 1 起诉，不属于人民法院受理民事诉讼的范围，故裁定驳回原告高某 1 的起诉。高某 1 对此不服，提起上诉。天津市第一中级人民法院经审理，裁定驳回上诉，维持原裁定。高某 1 不服，继续提起再审申请。天津市高级人民法院经审理，裁定驳回高某 1 的再审申请。①

---

① 天津市高级人民法院（2019）津民申 2203 号民事裁定书。

上述案例的争议焦点在于，遗产继承纠纷案件中，如遗产中有小产权房，且涉及权属争议时，继承人持遗嘱向法院起诉依法继承小产权房，是否能获得法院的支持？

上述案例中，高某1的诉求之所以未获得一审、二审、再审法院的支持，其主要原因在于被继承遗产涉及小产权房屋权属确权问题。根据《民事诉讼法》（2021年修正）第122条的规定，起诉必须符合下列条件：（1）原告是与本案有直接利害关系的公民、法人和其他组织；（2）有明确的被告；（3）有具体的诉讼请求、事实和理由；（4）属于人民法院受理民事诉讼的范围和受诉人民法院管辖。根据《最高人民法院关于适用〈中华人民共和国民事诉讼法〉的解释》（2022年修正）第208条第3款的规定，立案后发现不符合起诉条件或者属于民事诉讼法第127条规定情形的，裁定驳回起诉。

因此，上述案例由于继承遗产中的小产权房存在房屋确权问题，以致高某1的起诉不属于法院受理范围，故其诉求无法获得法院的支持。

结合上述案例和实践现状，购买小产权房具有以下法律风险：一是因无法办理房产证，无法规避"一房多卖"的情况，且日后无法在二手市场上进行房屋转让交易。二是小产权房亦可能因为相关政策的出台而面临被无偿征用、征收或被强拆的风险。例如，2020年7月2日，广州市白云区人民政府黄石街道办事处发布了一则公告，明确指出，根据《白云区违法建设治理工作小组办公室关于〈广州市白云区违法建设拆除三年行动计划（2019—2021年）〉的通知》将依法拆除江景花园A、B、C、D、E栋（小产权房）违法建筑。三是小产权房因没有房屋所有权证书，往往导致确权困难，因此在离婚或继承中涉及财产分割发生纠纷时，当事人的诉求往往不被法院支持，即法院一般会作出驳回起诉的裁定。

对于老年人来说，购买小产权房会面临房产无法办理产权证的法律风险，与此同时，在房屋确权方面往往因为房屋性质等原因，在确权问题上容易诱发纠纷，以至于发生类似上述案例的情况，会让子孙后代在房屋继承纠纷的解决上遭受诸多困难或阻碍。

（五）城市老年人在农村自建房屋的风险

陶渊明笔下的"采菊东篱下，悠然见南山"描绘了一幅"归田隐居""怡然自乐"的美好田园生活，曾经为多少文人墨客所追逐。当今社会，随着城市化进程的推进，有多少人背井离乡，进城务工，在耄耋之年或许都有一个愿景，或"落叶归根"，或"安享一方净土"。然而，在对这一方净土进行选择之时，也许需要先明确一点"普天之下莫非王土"。

根据我国《宪法》第10条规定，城市的土地属于国家所有。农村和城市郊区的土地，除由法律规定属于国家所有的以外，属于集体所有；宅基地和自留地、自留山，也属于集体所有。国家为了公共利益的需要，可以依照法律规定对土地实行征收或者征用并给予补偿。任何组织或者个人不得侵占、买卖或者以其他形式非法转让土地。土地的使用权可以依照法律的规定转让。一切使用土地的组织和个人必须合理地利用土地。因此，当选择自建房屋时，必须严格根据宅基地使用权的相关法律规定予以处理。对此，我国《民法典》第363条规定："宅基地使用权的取得、行使和转让，适用土地管理的法律和国家有关规定。"

以下通过一个案例进行"以案释法"：

退休军官老卫一直怀揣"田园梦"，他通过熟人介绍在驻地乡镇"买"下一块宅基地，花费80余万元修建一栋3层小楼，过上了"采菊东篱下"般的诗意生活。不久，该乡开展违法建筑清查，老卫的小楼被认定为违法建筑，后被主管部门强制拆除。老卫损失惨重，"解甲归田"的美梦也就此化为泡影。为何自建房屋会被强制拆除呢？根据我国现行法律规定，宅基地是村民基于本集体经济组织成员身份而享有的可以用于修建住宅的集体建设用地，宅基地使用权有严格的身份限制，非集体经济组织成员无权取得。该案中，老卫不是村民，无权取得宅基地使用权，更无权在宅基地上建造房屋。老卫"买地"的行为违法无效，其可以要求卖方返还"购地款"，但宅基地被收回、房屋被拆除等相关损失须由老卫自行承担。①

自建房屋，并非一个法律概念，生活中常听到的"自建房"多指个人基于自住需求，通过雇佣他人施工而建造的房屋。需要注意的是，并非所有的"自建房"均是合法建筑，只有在履行审批手续之后建设的房屋才属于合法建设；反之，则属于违法建设。因此，拥有一间"山间别院"并非一件容易实现的梦想。

生活中，老年人由于"落叶归根"的固化思维或情结，往往在自建房屋问题上缺乏风险意识，直到出现因为违规违法建筑而发生强拆等问题时才追悔莫及。根据我国《土地管理法》（2019 年修正）、《城乡规划法》（2019 年修正）、《建筑法》（2019 年修正）等规定，不属于村集体成员的老年人（即户口已迁出村集体的）即便回乡建房，亦无法获得法律的保护。在此建议老年人在回乡自建房屋时，首先要明确是否具备村集体成员的身份，如果户籍并未迁出村集体，则需进一步考虑是否具备自建房屋的条件，然后再依法依规办理相关手续，开始筹划自建房屋。具体而言，需谨记以下要点，防范风险的发生：

---

① 丹阳司法微信公众号.［民法典典型案例库］解读不动产领域 10 个典型案例［EB/OL］.（2023 – 06 – 05）［2023 – 10 – 20］. https：//mp. weixin. qq. com/s/z7Gz1AXH – RdDQM-dP7e4FUA.

第一，不准未批先建。老年人回乡修建房屋前，应按要求和程序做好审批申请，获得或取得相应的《农村宅基地批准书》《乡村建设规划证》等文件，同时征求相关部门的意见，切记不要在手续未办齐的情况下擅自修建房屋。

第二，不准超面积标准建造。根据《土地管理法》的规定，农村自建房，实行"一户一宅"原则。

第三，需经过审批且获得许可证方可翻修翻建房屋。

第四，不得违反国家有关工程建设标准。例如，不得影响相邻建筑物的通风、采光和日照。

第五，不得违反法律、法规以及管理规约擅自改变住宅用途。

第六，不准随意多层修建。例如，在农村建造或翻修超过三层以上的农房时，需向乡镇政府递交相关的申请，经过审批后才可以动工。

二、老年人居住权的保障

居住权最早产生于罗马法，是一种限制性的人役权，其存在以身份关系为前提，充分体现人文关怀的权利属性。之后，居住权被欧洲各国所采纳，例如《法国民法典》第 625 条规定："使用权与居住权，依用益物权的方式设立与丧失。"即其将居住权与使用权规定为同一性质的用益物权。《德国民法典》则将居住权设定为"限制人役权"。虽然各国关于居住权的相关规定大同小异，但均充分展示了民法特有的利益衡量色彩，在利益平衡与兼顾公平的基础上，进一步关注弱势群体的需求。[①]

（一）老年人居住权的确立

何为居住权？顾名思义，"居住的权利"，是指对他人的住宅进行占有使用，以满足生活居住需求的他物权。居住权的设置目的在于保

---

① 任俊琳，张昊智. 老年人居住权的实证研究［J］. 太原理工大学学报（社会科学版），2022，40（6）：38－46.

障"住有所居",党的十九大报告提出,要加快建立多主体供给、多渠道保障、租购并举的住房制度,让全体人民住有所居。在此背景下,《民法典》第 14 章中增加了"居住权",充分体现了该制度对以老年人为代表的弱势群体居住权益重视之初衷。

> 已到古稀之年的王老太,膝下无子,身患癌症,欲卖房治病。于是找到小王律师(28 岁),告知其卖房治病之事,小王律师表示愿意购买该房屋。王老太开价 300 万元,小王律师表示只愿意出 230 万元,但可以为王老太设定居住权,直到她去世为止。王老太欣然同意,二人签订房屋买卖合同,同时办理了居住权登记手续。一晃 10 年光景已过,王老太依旧身强体健,享受她美好的晚年生活。对此,小王律师深感后悔。

这则故事中,王老太受益于居住权,不但有了治病之钱,实现了"老有所居",也因此过上"老有所乐"的生活。那么王老太所享有的居住权是何种权利?我国《民法典》关于居住权又是如何规定的?

《民法典》第 366 条至第 371 条分别对居住权的内涵、设立、限制、期限作了详细规定,明确了居住权作为一种特殊的用益物权存在于物权体系中,适用用益物权的一般规则。具体而言,居住权有以下法律特征:

(1)居住权的客体限于住宅。《民法典》第 366 条规定:"居住权人有权按照合同约定,对他人的住宅享有占有、使用的用益物权,以满足生活居住的需要。"

(2)居住权基于书面合同、遗嘱方式设立。《民法典》第 367 条第 1 款规定:"设立居住权,当事人应当采用书面形式订立居住权合同。"换言之,当事人之间必须订立书面的居住权合同,排除了通过口头方式以及其他非书面方式订立居住权合同的情况。《民法典》第371条规定："以遗嘱方式设立居住权的，参照适用本章的有关规定。"

（3）居住权采用登记设立主义。第368条的规定："设立居住权的，应当向登记机构申请居住权登记。居住权自登记时设立。"

（4）居住权以无偿性为原则，以有偿性为例外。《民法典》第368条规定："居住权无偿设立，但是当事人另有约定的除外。"由此可见，居住权并非均为无偿的。

（5）居住权以不可转让性为原则，以可转让性为例外。《民法典》第369条规定："居住权不得转让、继承。设立居住权的住宅不得出租，但是当事人另有约定的除外。"据此，居住权可否转让，取决于居住权合同的约定。

（6）居住权具有长期性。《民法典》第370条规定："居住权期限届满或者居住权人死亡的，居住权消灭。居住权消灭的，应当及时办理注销登记。"

2021年1月4日北京市海淀区人民法院宣判了首例居住权案件，该案是基于"以合同方式设立居住权"引发的纠纷，案情及法院处理情况如下：

> 王迪（化名）系王家和（化名）与李芳（化名）所育之女，王家和与李芳早年离婚，王迪随王家和共同生活在涉案房屋内。后王家和与张杨（化名）再婚，王迪称张杨不让其在涉案房屋内居住，故起诉确认对涉案房屋享有居住权。法院经审理后认为，根据《最高人民法院关于适用〈中华人民共和国民法典〉时间效力的若干规定》第3条规定，该案可以适用《民法典》的规定。王迪作为成年人要求确认对涉案房屋享有居住权，无权利基础，其主张既不具有《民法典》施行前的相关法律依据，亦不符合《民法典》中关于居住权

的规定，故判决驳回王迪的诉讼请求。

海淀区人民法院不支持当事人的居住权诉讼请求具体理由有三点：一是王家和、李芳的离婚协议中约定王迪由王家和抚养，涉案房屋归王家和所有。二是王家和单方承诺王迪可在涉案房屋中居住，该承诺是王家和作为王迪监护人应履行的监护义务，而非法律意义上的居住权。三是王家和再婚后对涉案房屋进行了产权变更，王迪与现房屋所有权人王家和、张杨并未签订书面合同，亦未向登记机构办理登记。①

从上述案例可以得出以下启发：老年人在生活中欲设立居住权，必须谨记要按照法定程序办理好登记手续，否则居住权未设立，不受法律保护。

（二）老年人居住权的司法适用

随着老龄社会的发展，老年人作为弱势群体，其数量日益增加。该群体的扩大，使得养老问题成为社会亟待解决的重要民生问题之一。自古以来，"衣食住行"是人民群众最为关心的基本生存问题之一，"住有所居"是绝大多数人的基本需求。因此，实践中不乏关于居住问题引发的纠纷，其中，老年人群体的居住权纠纷案件是比较常见的。

有学者在其实证研究中如是阐述："在北大法宝案例数据库中检索2013年至2020年期间发生的老年人居住权案件，案由为'婚姻家庭、继承纠纷'的判决书共842份，其中赡养纠纷共420份、分家析产纠纷共128份、继承纠纷共124份，所占比例为79.8%。这从侧面体现了现实生活中人们对居住权的迫切需求。"②

---

① 史敬阳.《民法典》实施，海淀法院宣判首例居住权案件［EB/OL］.（2021－01－04）［2023－12－09］. https：//bjhdfy. bjcourt. gov. cn/article/detail/2021/01/id/5690633. shtml.

② 任俊琳，张昊智. 老年人居住权的实证研究［J］. 太原理工大学学报（社会科学版），2022，40（6）：38－46.

也有学者通过"科威先行"网站检索有关居住权的案例，得出以下分析："从 2020 年 8 月至 2021 年 8 月，民事案件有 9723 条相关结果，其中'婚姻家庭、继承纠纷'1528 条，'物权纠纷'2719 条，其余纠纷以'合同、准合同纠纷'为主。该数据体现出，在居住权相关案件中，除居住权合同纠纷以外，家庭矛盾与房屋相关权益是大众争议核心。""笔者在结果中进一步以'老人''老年人'作为关键词限缩，分别有 882 条和 257 条，以时间线与关键词命中频次为标准阅览了前 500 条搜索结果，发现大多数案件的争议焦点并非老年人的居住权益，甚至老年人也非案件原被告。究其原因，一方面，老年人维权意识相对不足，在诉求上表达能力较弱，所提供的相关证据难以达到法院认可的事实标准；另一方面，大多数老年人更倾向于选择在家庭内部解决纠纷。"①

而笔者在中国裁判文书网通过"居住权""老年人"两组关键词进行检索，共检索到 1445 件案例，具体数据如图 3 - 1 所示。

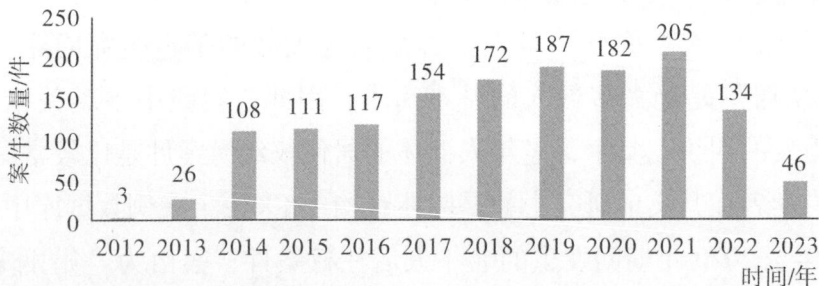

图 3 - 1 2012—2023 年中国裁判文书网关于"居住权""老年人"纠纷案件汇总图

通过图 3 - 1 的数据可以看出，老年人有居住权的需求，纠纷数量从 2012 年至 2021 年呈上升趋势，而 2021 年至 2023 年，案件量又呈

---

① 何丽新，朱欣蕾.《民法典》视域下居住权的养老功能与实现路径［J］. 厦门大学学报（哲学社会科学版），2022，72（2）：129 - 140.

下降趋势。由此可见，以《民法典》的实施为分水岭，居住权的相关法律规定已然为大多数人所认识，并且应用于生活当中。这亦从侧面反映出一个情况：通过法律的规范性指引，由居住权引发的纠纷大多数被控制在萌芽阶段，越来越多的老年人懂得运用法律规定来保护自己的居住权，进行合理的风险防范。可见《民法典》关于居住权的规定，虽然只有6个条文，但在法律实施效果上收效甚好。

如何更好地保护老年人的居住权，充分保障其"老有所居"的诉求？毫无疑问，通过"善法之治"予以实现。对此我国从立法、司法、执法等层面予以充分保障。以下对我国现行法律规定和相关政策支持进行梳理：

（1）1996年，我国出台了《老年人权益保障法》，该法先后于2009年、2012年、2015年、2018年进行了四次修正或修订，目前在其第16条第1款中明确规定，赡养人应当妥善安排老年人的住房，不得强迫老年人居住或者迁居条件低劣的房屋。这也成为此后法官裁判的重要依据，但在司法实践中却存在不足之处，例如居住权不具有对抗第三人的效力。

（2）2021年实施的《民法典》，在其物权编中对居住权进行了规定，明确了老年人的居住权属于物权请求权，也因此赋予了居住权具有了对抗第三人的效力，对老年人居住权的保护可以说是质的飞跃。

司法实践中，从《民法典》所确立的居住权制度来看，6个立法条款均以原则性规定为主，难以直接化解居住权纠纷，仍存在诸多司法适用困境。例如，根据《民法典》第369条的规定，居住权不得转让、继承。而实践中此类纠纷十分常见，法院在审理此类案件时如何做到"既要遵从法律规定，又不违背公序良俗"？

中国裁判文书网有这样一则由上海市第一中级人民法院审理的"朱某等排除妨害纠纷案"，案情如下：

　　丁某与朱某是继母女关系。1993 年 9 月，朱某的父亲与丁某结婚，此时朱某已成年。2000 年 9 月，因"拆公还公"政策，朱某及其父亲购买了一套公有住房，并登记在朱某名下。取得房屋后，朱某及其父亲、丁某共同居住使用。后因各自生活习惯差异，朱某搬离并在外租房住。2019 年 9 月，朱某父亲因病去世，朱某因身体原因及经济原因决定搬回家居住，要求丁某腾退房屋。丁某拒绝，双方发生纠纷，朱某遂诉至法院，请求判令丁某搬离并返还房屋。上海市闵行区人民法院作出支持朱某主张的判决。对此，丁某不服，提起上诉。最终，上海市第一中级人民法院判决驳回上诉，维持原判。①

　　上述案例直观地反映了居住权在我国的法律属性及实践争议，其争议焦点在于，根据《民法典》第 369 条规定，居住权依法不能继承。那么，在共同居住的居住权人死亡后，同住人可否凭借其与居住权人生前的人身关系而直接继承该居住权？

　　上述案例的一审法院认为，丁某与朱某虽为继母女关系，但双方并未形成抚养与赡养关系，且丁某育有二子，名下均有住房。因此，不管是从法律强制性规定不可违的角度，还是从公序良俗的角度，丁某都无法继续享有该房屋的居住权。二审法院亦认为，丁某要求继续居住使用该房屋缺乏事实和法律依据。首先，该房屋的来源与丁某无关，丁某未提供有效证据证明其对朱某购买房屋进行过出资。其次，丁某基于与朱某父亲的婚姻关系而入住该房屋，朱某父亲去世后，两人的婚姻关系自行消灭，丁某居住该房屋的权利基础已丧失。

　　《民法典》第 369 条之规定属于强制性规范，即"法已规定不可违"，任何违反法律强制性规定的民事行为均被认定为无效。那么，实

---

①　上海市第一中级人民法院（2021）沪 01 民终 3396 号民事判决书。

践中，如果确实需要进行居住权转移的，该如何在法律允许的范围或条件下进行意思自治？有学者认为，居住权本身虽不可转让，但是，假如居住权人与房屋所有权人特别约定，将其所享有的居住权进行转让，所有权人同意的，则该约定可以认定有效，即通过所有权人设立新居住权的方式达到"居住权转让"的效果。①

（三）老年人居住权的权利冲突

居住权入典后，明确了其用益物权属性。作为一项物权，居住权以保障"住有所居"的民生问题为首要使命，尤其关注弱势群体的居住利益。似乎原则上居住权应当在意思自治原则之下得到优先保护，实则不然，这需要根据公平原则、意思自治原则、物权法定原则等综合判断，且在利益平衡基础之上寻求权利冲突解决机制。

司法实践中关于居住权的纠纷层出不穷，尤其是居住权与所有权、租赁权等保护顺位问题更是引发一系列争议，例如，生活中不乏因为"设置居住权的房屋被卖了""设置居住权的房屋被出租了"而引发居住权人与房屋所有权人、居住权人与承租人之间的纠纷，对此，如何处理？

1. 当居住权与所有权发生冲突，如何解决？

居住权和房屋所有权同为物权，物权主要有四项权能，即占有、使用、收益和处分。实践中居住权和所有权的主要冲突在于：居住权的设立将有碍所有权人对房屋行使收益和处分权；而房屋所有权人亦会采取一系列的手段去干涉、妨害居住权人行使对房屋的占有和使用权。② 因此，双方不可避免地产生纠纷或矛盾，甚至出现"房住不了亦卖不了"的"两败俱伤"的情况。

根据《民法典》的规定，房屋一旦设立居住权，居住权人便享有

---

① 何丽新，朱欣蕾.《民法典》视域下居住权的养老功能与实现路径［J］. 厦门大学学报（哲学社会科学版），2022，72（2）：129－140.

② 俞建伟. 居住权与房屋所有权之间的冲突及利益平衡［J］. 中国律师，2021（5）：72－74.

对房屋实际占有和排他的支配权限，房屋所有权人的收益和处分权能将受到极大的干扰、限制，成为"受限所有权"。因此，在居住权与所有权冲突问题的解决上，必须坚持公平原则，在两者之间寻求利益平衡点，探索"所有权与居住权并存保护机制"。

2022年2月25日，最高人民法院发布了《人民法院贯彻实施民法典典型案例（第一批）》，其中包含了一宗涉及老年人遗嘱取得房屋居住权的案例：

> 邱某光与董某峰于2006年登记结婚，双方均系再婚，婚后未生育子女，董某军系董某峰之弟。董某峰于2016年3月去世，生前写下遗嘱，其内容为："我名下位于洪山区珞狮路某房遗赠给我弟弟董某军，我丈夫邱某光在没再婚前拥有居住权，此房是我毕生心血，不许分割、不许转让、不许卖出……"董某峰离世后，董某军等人与邱某光发生遗嘱继承纠纷并诉至法院。法院判决被继承人董某峰名下位于武汉市洪山区珞狮路某房所有权归董某军享有，邱某光在其再婚前享有该房屋的居住权。判决生效后，邱某光一直居住在该房屋内。2021年初，邱某光发现所住房屋被董某军挂在某房产中介出售，担心房屋出售后自己被赶出家门，遂向法院申请居住权强制执行。最后，法院经审理认为，案涉房屋虽为董某军所有，但是董某峰通过遗嘱方式使得邱某光享有案涉房屋的居住权。执行法院遂依照《民法典》第368条等关于居住权的规定，裁定将董某军所有的案涉房屋的居住权登记在邱某光名下。①

---

① 北大法宝．最高人民法院发布13件人民法院贯彻实施民法典典型案例（第一批）之五：邱某光与董某军居住权执行案：为申请执行人办理居住权登记保障其根据遗嘱取得的房屋居住权［EB/OL］．（2022-02-25）［2024-01-03］．https：//www.pkulaw.com/pfnl/95b2ca8d4055fce15b740dc71cb71ba9a456fe7def0dc6debdfb.html.

上述案例的争议焦点在于当房屋所有权人与居住权人的利益发生冲突时，二者该如何平衡？即当房屋继承人与居住权人不是同一人时，继承人可否擅自将房屋出售？居住权人可否向法院申请居住权强制执行？孰是孰非？这其实是居住权与所有权保护顺位的问题。

对此，《民法典》物权编增设的有关居住权的规定，赋予了此类纠纷明确的处理指引。上述案例的申请执行人邱某光作为丧偶独居老人，于《民法典》实施之前取得房屋居住权，于《民法典》实施之后，在执行法院的帮助下办理了居住权登记，从而获得了房屋居住权。从案件处理结果看，法院合理化解了居住权与所有权顺位冲突，同时保护了所有权和居住权两种权利，充分体现了《民法典》确立居住权制度的初衷，即保障弱势群体的居住生存权益，让老年人在法律的保护羽翼之下实现"老有所居"。

因此，生活中所有权与居住权可并存保护，"带居卖房"是法律允许的。如物权变动时，居住权未登记，买卖合同依旧有效，但居住权无效，所有权顺位优先；反之，如居住权已登记，买卖合同有效，居住权亦有效，同一房屋的所有权与居住权应并存保护。此时，新的产权人不能以所有权对抗居住权人对房屋的占有、使用。[①]

2. 当居住权与租赁权发生冲突，如何解决？

在房屋上设立居住权或签订租赁合同均是解决住房问题的重要途径，居住权和租赁权的实现都需要对房屋进行占有和使用。因此，在所有权的占有、使用、收益和处分四项权能的实现上，二者是相斥的，即一个房屋无法同时满足不同权利人的利益需求。居住权是一项物权，租赁权是一项债权，根据现行法律规定，"物权优先于债权""买卖不破租赁"均是实践中适用的两个原则，如果同一间房屋出现了居住权人与承租人同时主张房屋占有、使用的权利时，保护的顺位应如何

---

① 薛浩，马晓慧. 浅析居住权的保护顺位问题［J］. 西部学刊，2022（15）：53－56.

明确？

首先，如果出租人隐瞒房屋设立居住权的事实，擅自将房屋出租给承租人，即"先居后租"的冲突该如何解决？

> 老王是独居老人，其女儿定居国外，由保姆小李照料。在小李十年如一日的悉心照料下，老王得安度晚年。为表感谢，老王定下一份遗嘱，明确其百年归老后，其名下房屋由女儿小王继承，同时在该房屋上为小李设立居住权，并办理居住权登记手续和遗嘱公证。后来，老王过世，小王回国料理完后事，考虑到不在国内居住，遂委托房产中介将房屋"挂牌出租"，并与不知情的赵某签订了为期三年的《房屋租赁合同》。小王和赵某要求小李在一周内清空房屋并搬离。请问，小李可否拒绝搬离，继续住在该房里？

上述案例实际上是"先居后租"情况下，权利冲突与权利边界如何厘清的问题。关于居住权与租赁权的权利边界问题，《民法典》第369条进行了限制，该条文明确规定，原则上设立居住权的住宅不得出租，除非当事人另有约定。由此可见，原则上居住权与租赁权无法共存。因此，在居住权设立在先、租赁在后的，居住权的保护顺位优先于承租权，即设立在先的居住权对成立在后的租赁权具有对抗效力。[①]

因此，上述案例中，小李有权拒绝搬离，并继续保有居住权。那么，实践中，居住权与租赁权是否有"共存"的可能性？根据《民法典》第369条的规定，是允许存在例外情况的，例如居住权人因暂时无居住需求，并经房屋所有权人同意后，将房屋出租；或者居住权人

---

① 薛浩，马晓慧. 浅析居住权的保护顺位问题［J］. 西部学刊，2022（15）：53–56.

仅对房屋进行部分占用、使用，经房屋所有权人同意后，将剩余部分房屋出租。

其次，如果所有权人先把房屋出租，而后又在该房屋上为他人设定居住权，即"先租后居"的冲突该如何解决？

> 老宋是独居老人，有一子小宋定居国外。老宋名下有两套房，房屋 A 用于自住，房屋 B 用于出租收取租金。老宋雇佣一住家保姆小张，为了让小张尽心尽力完成照护工作。老宋承诺小张，待其百年归老后，在房屋 B 为小张设立居住权，小张可在房屋 B 居住直到过世。老宋与小张签订了居住权合同后办理登记手续。一年后，老宋突发意外死亡。而此时房屋 B 的租赁合同未到期，请问，小张可否要求租客搬离，自己搬进房屋 B 居住？

根据《民法典》第 368 条规定，设立居住权的，应当向登记机构申请居住权登记。居住权自登记时设立。换言之，居住权基于登记而具有对抗第三人的效力。而租赁权作为一项债权，属于相对权，而非对世权，其基于合同而设立，不需要登记。根据《民法典》第 725 条规定，租赁物在承租人按照租赁合同占有期限内发生所有权变动的，不影响租赁合同的效力。换言之，租赁权作为一项对人权，基于合同之债的同一性原则，只有在买卖不破租赁的场合才具备对抗效力，其他情况之下，其合同效力只及于债的相对人（即出租人）。居住权作为一项用益物权，仅仅只是占有、使用房屋，并未发生所有权转移。

因此，根据"物权优先原则"，当居住权与租赁权发生冲突时，居住权人可以请求承租人返还租赁房屋，优先保护居住权的实现。而承租人得基于债的相对性原理，向出租人主张违约责任或合同履行不能的损害赔偿责任。

故上述案例中，小张可以要求租客搬离房屋 B，然后自己住进房屋 B。而租客则可基于租赁合同之债，向房屋 B 的所有权人（即房屋 B 继承人小宋）主张违约责任或合同履行不能的损害赔偿责任。

（四）老年人居住权不受侵犯

中华上下五千年历史，一直传承"百善孝为先，孝为德之本"。《孝经·三才》中讲道："夫孝，天之经也，地之义也。"因此，"孝"是儒家文化"八德"之首，是"优良家风"的文化根基。

何为"孝"？《论语》中子曰："今之孝者，是谓能养，至于犬马，皆能有养，不敬，何以别乎？"孝的本质在于以恭敬之心，供养父母。羔羊跪乳、乌鸦反哺的典故无不体现孝义之所在。生活中，长辈对晚辈的疼爱，晚辈对长辈的关爱，是"双向奔赴"的幸福，亦是人类最原始、最朴实的自然情感之一。然而现实中，父母为子女生活之事"殚精竭虑"，穷尽呵护之余，不乏出现个别子女不孝顺、剥夺父母财产权益的情形，至亲之人对簿公堂的情况亦时有发生。例如，父母为子女成家立业或为儿孙升学之需，选择出资为子女购房或将其名下房屋过户登记在子女名下……而后出现子女不愿与父母居住于"同一屋檐下"而要求父母搬离，或者在父母年迈之时逼迫其搬离，或者将父母所赠与房屋对外抵押、转让、出租……导致父母"无房可住"，等等。这些情况随着《民法典》的实施，有了具体的处理机制。即通过设立居住权，为老年人守住"老有所居"的最后一道防线。不管是有房老人还是无房老人，居住权与老年人群体息息相关，关系其养老与赡养问题。针对子女的不孝行为，老年人可以通过居住权制度寻求居住利益的保障救济。

2022 年 2 月 23 日，最高人民法院发布了《第二批人民法院大力弘扬社会主义核心价值观典型民事案例》，其中包含了一宗涉及老年人将学区房"让"给孙辈上学引发居住权纠纷的案例：

何某玮通过其祖父何某新的遗赠和祖母杜某妹的赠与取得某房屋所有权。后何某玮的父母离婚，何某玮由其母亲伍某抚养。何某玮及其法定代理人伍某向人民法院起诉，请求判令杜某妹腾空交还其赠与的房屋，并支付租金损失。法院经审理认为，何某玮受遗赠、赠与取得房屋产权时年仅4岁，根据生活常理，何某新、杜某妹将二人的家庭重要资产全部赠给何某玮显然是基于双方存在祖孙关系。此种源于血缘关系的房屋赠与即便双方没有明确约定赠予人有继续居住的权利，基于人民群众朴素的价值观和善良风俗考虑，在杜某妹年逾60岁且已丧偶的情况下，何某玮取得房屋所有权后不足一年即要求杜某妹迁出房屋，明显有违社会伦理和家庭道德。何某玮虽享有案涉房屋所有权，但杜某妹在该房屋内居住是基于双方存在赠与关系、祖孙关系以及长期共同生活的客观事实，如以所有权人享有的物权请求权而剥夺六旬老人的居住权益，显然有违人之常情和社会伦理，故杜某妹的居住行为不属于无权占有的侵权行为。何某玮要求杜某妹腾退房屋，缺乏法律依据，不应予以支持。故法院判决驳回何某玮的全部诉讼请求。①

上述案例的争议焦点在于，祖母将房屋赠与孙子之后，是否有权继续在该房屋中居住？这是一个涉及法理与情理兼顾与平衡的问题。生活中，也许在许多人看来法律是强制的，是硬性的规定，正所谓"法已规定不可违"，然而法不外乎人情，在法的具体实施过程中，既要彰显法律的权威，亦要体现法理精神背后的温度。上述案例的法官从情理角度出发，综合考量房屋权属来源、居住使用情况及当事人之

---

① 北大法宝. 最高人民法院发布第二批人民法院大力弘扬社会主义核心价值观典型民事案例［EB/OL］.（2022－02－23）［2024－01－03］. https：//www. pkulaw. com/chl/fdb64c89d87f5129bdfb. html.

间的身份关系要素等，特别强调受赠人有义务保障老年人的居住权益，从而作出合情、合理、合法的判决，既充分体现了司法为民的"温度"，亦协调了家庭矛盾。

上述案例中老年人的房屋并未发生对外转让的情形，尚可基于情理采取补救措施，保住老年人的居住权益。那么，如果生活中，老年人将房屋过户给子女后，又被子女对外转让的，此时，老年人的居住权益又该如何保障？显然，根据《民法典》的规定，居住权基于登记而设立，未依法定程序进行登记，居住权未设立。此时，如果子女将房屋对外转让且办理了产权转移登记手续的，从法理角度看，老年人便丧失了主张居住权的权利。因此，为了最大限度保障老年人的居住权益，建议老年人在对房屋作出赠与行为时，要有风险防范意识，即在办理房屋转移登记手续之前先办理居住权登记，明确约定清楚终身保留房屋居住权，以确保其居住权益不受侵犯。

（五）老年人遗嘱设立居住权

作家路遥在小说《平凡的世界》中写道："即使是最平凡的人，也要为他那个世界的存在而战斗。"人生在世，谁不为幸福生活奋斗？幸福是什么？仁者见仁，智者见智。有人说，幸福是家财万贯；有人说，幸福是丰功伟业；有人说，幸福是身强体壮；有人说，幸福是儿孙满堂；有人说，幸福是白首不相离……不管何种，幸福最起码应该如狄更斯所说："成为自己。"

随着我国老龄化社会的发展，老年人不再仅仅追求物质保障，更需要精神慰藉，正所谓"一屋两人三餐四季"，老年人再婚"司空见惯"，该群体的日益庞大亦引发了大量涉房屋的遗产纠纷案件。生活中，老年人再婚，不仅仅是其个人婚恋自由的问题，更多的是涉及财产分配的问题。不少人会认为，老年人再婚，将会使得财产继承权益大大缩水，因此，有些人选择对老年人再婚诸多阻挠，有些人虽未阻挠，但不可避免地发生财产分配纠纷或继承纠纷……

正如电视剧《都挺好》中所表演的，苏大强与保姆蔡根花的"黄昏之恋"，由于蔡根花所设的"爱情陷阱"（名为结婚，实为骗财），苏大强的二儿子苏明成不惜选择采用上门"以死相逼"的方式来阻挠二人结婚，一场闹剧由此拉开序幕。电视剧的故事情节充满了诙谐色彩，幽默又不失温度。然而，剧中有一情节，即苏大强之女苏明玉选择理性的解决路径，从夫妻共同财产的角度进行解释和分析，让苏大强明白再婚所带来的财产分配及由此引发财产纠纷问题的不可回避性。

假如，生活中并没有电视剧这般诸多骗局，老年人为"老有所伴"选择再婚，并通过遗嘱的方式将房屋产权留给其亲生子女，同时为再婚老伴设立房屋居住权，以保障老伴"有个家"。此时，针对遗嘱设立的居住权认定问题，再婚丧偶老年人是否可以基于《民法典》的规定获得居住权保障？

2023年10月23日，北京市第一中级人民法院在其官方微信公众号中登载一篇题为"再婚老人能否通过遗嘱获得房屋居住权？"的文章，文中如是阐述：

老刘与王老太是再婚夫妻，婚后无子女。小刘系老刘与前妻所生女儿。2018年，老刘订立遗嘱，写明：涉案房产产权归女儿小刘所有，但使用权可给其现任妻子王老太，供其永久居住。如遇以下情形（1. 出租；2. 再婚；3. 买卖等有违夫妻关系的情形），其居住权收回，小刘有处置权。老刘去世后，小刘起诉请求取得涉案房屋的所有权，王老太主张对房屋享有居住权。法院经审理认为，老刘在遗嘱中为再婚老伴设立居住权，即老刘的真实意思表示，亦符合法律规定，王老太可以取得房屋的完全居住权，小刘作为房屋继承人，有义务配合让渡居住权益。故法院判决小刘于房屋可办理不动产登记之日起 30 日内配合王老太办理居住权登记，以充分保障王老太的居住权利益。①

司法实践中，老年人通过遗嘱方式为再婚老伴设立居住权，只要符合以下要件，那么通常来讲，再婚丧偶老人可以基于遗嘱取得居住权，且不受房屋所有权人的非法剥夺、侵害：首先，遗嘱的内容符合遗嘱人的真实意思表示，遗嘱的形式及订立方式等符合法律的规定；其次，遗嘱中所设居住权利益符合《民法典》关于居住权的内涵、性质及功能等情况。

三、"以房养老"中的老年人保护

关于"以房养老"，有一个广为流传的故事。故事的主人公是一名法国老太太珍妮·卡尔曼，她是吉尼斯世界纪录认证"最长寿的女人"，享年 122 岁。在老太太过百年的漫漫人生路上演绎了与生命赛跑的人生奇迹，她的一生是悲伤的，也是幸运的。

悲伤的是经历了亲人的离去，在其 59 岁、67 岁时，她先后经历了丧女、丧夫之痛。而后，在其 88 岁高龄之时，她唯一的孙子也因车祸身亡，离她而去。自此，在这偌大的世界里，她成了孑然一身。作为一名独居老人，她没有收入，生活无以为继。

然而，幸运的是，她在 90 岁之际与一位 47 岁的律师签订了一份"反向贷款协议"，从此过上了"以房养老"的无忧生活。

根据该协议的约定，律师每月向老太太支付 2500 法郎的生活费直至她去世。针对此份协议的利弊分析，律师认为：老太太的房屋

---

① 北京市第一中级人民法院. 法眼关注 | 遗嘱设居住权，让再婚老伴有保障［EB/OL］. (2023 – 11 – 14）［2024 – 09 – 23］. https://mp. weixin. qq. com/s/yycpFdS7vIugIqzrulB2_g.

市值 30 万法郎，除非老太太活过 100 岁，否则这就是一笔"稳赚不赔"的交易。试问，这世界上又有多少人能活过百岁呢？律师认为这是一个概率性事件，愿意为之一赌。然而，生活跟这位律师开了个玩笑，珍妮老太太用她的实际行动向其证明何为开挂般的奇迹人生。

对于珍妮老太太而言，亲人的离去，让她顿悟：生命无常，活在当下。因此，在余下的人生岁月里，她拿着律师每月给付的 2500 法郎，开始享受无忧无虑的晚年生活，90 岁玩击剑、100 岁骑自行车遛弯、114 岁出演电影《文森特和我》……

时间飞逝，在与生命赛跑的轨道上，珍妮老太太跑赢了律师，律师在 77 岁之际因病逝世，而老太太依旧健在。基于契约坚守原则，律师在弥留之际嘱咐其妻子：要继续践行合同约定义务。原因很简单，善始善终也许才能兑现先前约定的"投资收益"，半途而废，只会让之前的投资"化为乌有"。就这样，律师的妻子接过其手中的接力棒，继续践行合同。直到律师去世两年后，珍妮老太太离开人世，律师的妻子才取得了房屋的所有权。

这则故事告诉我们，用生命长度作为赌注的"以房养老"协议，实则是一份以人之诚信为支撑的"对赌协议"，全靠一个"信"字践行到底。然而，生活中年过百岁是概率性事件，在意思自治的契约社会里，从一而终坚守协议、诚信履约，亦是非确定性事件。因此，此类"以房养老"模式充满着不确定因素，并非老年人晚年生活的最强保障。

生活中，选择何种"以房养老"模式和路径才是最优选择、最强保障？毫无疑问，选择具备法律强制约束力的模式和路径，也许才能真正过上"老有所居""以房养老"的晚年生活。只有这样，老年人才可以在发生纠纷或争议之时，寻求法律的救济，以最大限度维护其合法权益。

（一）"以房养老"的内涵界定

随着人口老龄化的加剧，如何养老已然成为突出的社会问题，尤其养老金不足是亟待解决的重要民生问题。中国历来有"养儿防老"的传统观念，然而仅仅依靠子女养老，显然无法满足老年人对高品质养老生活的需求。因此，"以房养老"作为一种新型的养老路径，既可以给老年人提供更多的养老选择，也可以弥补我国养老制度的不足。

针对"以房养老"这一新兴模式，我国从法律、政策等层面进行了积极探索，并给予了大力支持。国务院于 2013 年 9 月下发了《国务院关于加快发展养老服务业的若干意见》，明确提出鼓励探索开展老年人住房反向抵押养老保险试点。同年，原保监会于 2014 年发布了《关于开展老年人住房反向抵押养老保险试点的指导意见》，明确指出在北京、上海、广州和武汉四地率先开展老年人住房反向抵押养老保险试点，试点期为两年。自此，我国"以房养老"模式从民间探索正式上升到国家推动。中国银保监会于 2018 年发布了《关于扩大老年人住房反向抵押养老保险开展范围的通知》，明确指出将老年人住房反向抵押养老保险扩大到全国范围开展。最高人民法院于 2022 年发布了《最高人民法院关于为实施积极应对人口老龄化国家战略提供司法服务和保障的意见》，明确提出依法妥善审理涉养老纠纷案件，促进老有所养。贯彻落实《民法典》关于居住权的规定，依法审理涉老年人居住权益保护案件，满足老年人稳定的生活居住需要，为"以房养老"模式提供坚实的法律保障。

何为"以房养老"？"以房养老"并非一个法律概念，而是生活中约定俗成的一种称谓。"以房养老"是指拥有房产的老年人，将其房产通过"以房养老保险"、设立居住权、"售房养老"、"租房养老"等模式，提前变现房屋价值，从而获得现金，用于支付养老费用。①

（二）"以房养老"的类型模式

"以房养老"的制度价值在于补充养老财务保障机制，解决老年人"房产富有，现金贫乏"而出现的养老金短缺的现实困境。实践中，"以房养老"主要有以下模式和路径：

1. 住房反向抵押贷款模式

住房反向抵押贷款在美国、加拿大、新加坡、英国、法国和日本等国家都有运用，对于我们国家而言，其作为一种新兴的贷款模式，是我国从西方引进的"舶来品"。关于住房反向抵押贷款的法律定性，学界一直说法各异。有学者认为，住房反向抵押本质上是一种盘活不动产价值的权益转换制度，其"反向"表现为与正向住房抵押业务的现金流转换方向不一致，将房屋向货币转化，金融机构分期发放钱款，到期则一次性收回。② 也有学者认为，老年人与金融机构所签订的反向抵押合同是以房屋评估价格、老年人年龄等因素为基础的最高额抵押合同。③

住房反向抵押贷款模式，又称"住房反向抵押模式"、"以房养老保险模式"，是一种将住房抵押与终身年金保险相结合的创新型商业养老保险业务，是指达到一定年龄要求的老年人（借款人）将其个人合法所有的房屋抵押给金融机构（出借人），金融机构定期地、持续地向借款人发放贷款资金，且借款人可以长久居住于该房屋。④ 在借款人死亡以后，金融机构获得对该房屋的优先受偿权。通俗来

---

① 秦怡红. 论"以房养老"制度的完善 [J]. 长春理工大学学报（社会科学版），2014，27（12）：55-57，80.

② 张静. 住房反向抵押的保险模式选择及权利制度完善 [J]. 甘肃社会科学，2023（5）：177-186.

③ 徐海勇. "反向抵押"辨 [J]. 西南政法大学学报，2022，24（6）：94-111.

④ 张仕廉，刘亚丽. 我国试行住房反向抵押贷款的障碍与对策 [J]. 经济纵横，2007（3）：41-42.

讲就是，老年人将其房屋抵押给保险公司，约定在老年人有生之年，可以继续拥有该房屋的占有、使用、收益和经抵押权人同意的处分权。老年人按照约定领取养老金至身故。待其身故后，保险公司获得房屋处分权，并可从处分所得中获得所支付养老金的优先受偿权。①

相较于"以房换养""委托租赁"等传统模式，住房反向抵押贷款模式在实践中更符合老年人以房养老的价值追求，主要体现在两个方面：第一，住房反向抵押以不转移房屋之占有为核心特征，较好地满足了老年人对居住稳定性的需求。第二，住房反向抵押以持续的现金流入提供了相对充分的财务保障，以限定性的债务偿还内容提升了财务预期的安全性，切实满足了老年人对收入稳定性的需求。②

从投资角度看，收益与风险是并存的，对于老年人而言，住房反向抵押贷款模式具有一定的法律风险，例如，住房反向抵押保险作为一款金融产品，由金融机构开发、设计，老年人基于法律知识、保险知识等方面的信息匮乏，容易诱发欺诈风险。

中国裁判文书网有这样一则由上海市浦东新区人民法院审理的住房反向抵押养老保险纠纷案。案情如下：

> 李某与沈某系再婚夫妻，李某与前妻育有一女（小李），沈某与前夫育有一女（小沈）。李某与沈某名下共有房屋一套，二人于 2016 年 9 月与幸福人寿保险股份有限公司签订了《保险合同》《房屋抵押合同》（被担保债权金额为 355 万元，办理了抵押登记手续），投保了"幸福房来宝

① 华龙网. 以房养老试点期间市场遇冷　亟需配套政策落地［EB/OL］.（2018－09－01）［2024－01－03］. http：//house. cqnews. net/html/2018－09/01/content_50035874. html.

② 程威. 住房反向抵押的制度反思与规范构建［J］. 法学研究，2023，45（1）：55－73.

老年人住房反向抵押养老保险（A 款）方案一"，并将其共有房产抵押给幸福人寿保险股份有限公司，作为向抵押权人偿还《保险合同》项下养老保险相关费用的担保。合同约定指定保险收益人为原告小李，且指定继承人小李作为主险合同项下的抵押房屋的唯一遗嘱继承人。李某与沈某生前均作出遗嘱并公证：其死后，遗产由小李继承。沈某、李某分别于 2017 年 5 月、2018 年 3 月过世。针对二老留下的遗产，小李要求根据遗嘱继承遗产，小沈则认为其履行了主要赡养义务，照顾二老"有功"，应当分得房屋的一半产权。二人就遗产继承问题引发纠纷，小李遂诉至法院，提出两项诉讼请求：一是判令由小李向第三人幸福人寿保险股份有限公司支付养老保险相关费用及赔偿金，第三人涤除涉案房屋上的抵押权；二是判令涉案房屋由小李继承，该房屋所有权归其所有。①

上述案例的争议焦点在于老人过世后，其生前所订立的"住房反向抵押"可否进行抵押涤除？保险公司有无义务协助继承人进行抵押涤除？

针对抵押房屋的产权继承问题，该如何处理？所谓涤除权，是指抵押物的受让人代替抵押人清偿债务进而消灭抵押权的行为。涤除权是一种权利，而非义务或责任。② 对于涤除权，《物权法》（已废止）第 191 条第 2 款对其进行了明确规定，但从《民法典》第 406 的规定来看，该权利未被吸收入《民法典》中，似乎涤除权丧失了直接的法律基础。实则不然，学界普遍认为，《民法典》第 524 条的第三人代为

---

① 上海市浦东新区人民法院（2019）沪 0115 民初 68327 号民事判决书。
② 翟云岭，刘耀东. 论抵押涤除权制度：以《物权法》第 191 条第 2 款的解释为中心 [J]. 法治研究，2014（9）：33 - 41.

履行制度为涤除权提供了新的法律基础，即受让人可以基于此行使涤除权。因此，上述案例中，只要幸福人寿保险股份有限公司尚未处分该抵押房屋，小李作为继承人愿意承担二老的养老保险相关费用及赔偿金，且幸福人寿保险股份有限公司也愿意协助其进行清偿的，则可以实现抵押权涤除。

根据《民法典》的规定，依法成立的合同，对当事人具有法律约束力。当事人应当严格按照合同约定履行义务，不得擅自变更或解除合同。该案中，李某、沈某与保险公司签订的《保险合同》《幸福房来宝老年人住房反向抵押养老保险（A款）合同》均系各方当事人真实意思表示且不违反法律规定，是一份真实有效的合同，故各方当事人均受合同内容的约束。此外，李某与沈某所订立的遗嘱已经过公证，并不存在遗嘱无效情形。因此，小李系保险的唯一受益人，亦是房屋产权剩余价值的唯一继承人。

2. 居住权养老模式

居住权养老模式，是指根据法律对居住权的相关规定，将居住权与传统的"以房养老"结合起来，即老年人与买方签订买卖合同，在确保老年人有生之年享有居住权的前提下，买方通过买卖合同且办理产权登记转移手续而取得房屋所有权。换言之，居住权养老模式是以房屋使用权与所有权分离为效能的一种"以房养老"模式，主要在于帮助"有房产、无现金"的老年人在有生之年提前兑现房产价值，通过获得房屋转让款增加可支配的现金收入。

2022年3月22日，中共大同市委政法委员会在其直接管理运营的大同政法新媒体官方平台发布了一篇题为"房屋出售后还能永久居住？——居住权"文章，其中讲到一则案例：

> 李爷爷和段奶奶两人是夫妻，他们有一个孙子小冰。李爷爷和段奶奶在县城有一套房屋。小冰想要购买该房屋，于

是与李爷爷和段奶奶签订《房地产买卖合同》。在签订《房地产买卖合同》前，小冰另书写一张证明，表示其同意李爷爷和段奶奶对该房屋享有永久居住权。该居住权办理登记后，双方办理房屋所有权变更登记，小冰为房屋的所有权人。之后，李爷爷和段奶奶一直居住在该房屋的主卧。过了数年，李爷爷和段奶奶因为房屋居住问题与小冰以及小冰的妈妈发生矛盾，于是李爷爷和段奶奶起诉至法院，要求确认对该房屋享有居住权。法院经过审理，依据《民法典》的规定支持了李爷爷和段奶奶的诉求。①

根据《民法典》第 366 条的规定，居住权人有权按照合同约定，对他人的住宅享有占有、使用的用益物权，以满足生活居住的需要。居住权的规定可以保障居者稳定有其屋，即便住宅的所有权发生变动或者被设置权利负担，其他权利人如买房人、继承人等后权利人也必须尊重在先居住权的现实，无权要求居住权人搬离。

上述案例中，小冰与李爷爷、段奶奶达成关于设立居住权的书面协议并办理登记手续，完全符合居住权设立的形式要求和公示的程序要求。因此，即便小冰是该房屋的所有权人，其仍应履行约定的义务，将房屋提供给李爷爷和段奶奶居住。

综上，居住权是一项用益物权，具有对世、排他效力，因此，对于老年人而言，居住权养老模式相对而言更为安全，可以为其提供更为充分的法律保障机制。

3. 售房养老模式

售房养老模式，是指老年人将其房屋出售提前变现，并通过"以大

---

① 大同政法．［"学法懂法守法用法"每日一典］房屋出售后还能永久居住？——居住权［EB/OL］．（2022－03－22）［2023－11－29］．https：//mp. weixin. qq. com/s/j_oOXOB-yAUZTs3_3e43XTg.

换小""售后返租"或"入住养老院"等方式实现养老目的的养老模式。① 售房返租模式，能确保老年人在不改变原有居住环境的情况下快速变现房产，解决现金短缺问题。但由于该模式在合约之初就变更了房屋产权，严重背离了我国的传统观念，因此被大多数老年人所摒弃。②

实践中，在售后返租的情况下，老人对房屋享有的只是一种债权，债权与物权相比稳定性较弱，即法律效力层面讲"物权优先于债权"。因此，相对于居住权养老模式而言，老年人面临的风险也就越大，这种模式无法保障老年人长期、稳定的住房利益，老年人内心所存在的不安定感会更强。

2006 年，上海市公积金管理中心通过"以房自住养老"项目启动了"以房养老"试点工作，此为售房养老模式的最初雏形。该项目主要针对 65 岁以上的老年人开展，其操作规则为：老年人将房屋产权卖给上海市公积金管理中心，并领取一次性资金。反过来，上海市公积金管理中心再将房屋租给老人，双方约定好租金，直到老人去世，房子由上海市公积金管理中心收回。③

4. 以租换养模式

以租换养模式，是指老年人在保留房屋产权的情况下，将其大房子对外出租，获取租金，入住养老院或另外租住小房子，以"租金差价"作为收入补充的一种养老模式。通俗地讲，以租换养模式就是"出租大房，租入小房"或者"出租房屋，住入养老院"。该种模式主要适用于具有一定经济收入，但不富裕的老年人。该种模式的优点在于保留了房屋产权和全部的房产价值，打消了老人卖房的

---

① 张园. 梳理"以房养老"四种模式 [N]. 中国劳动保障报，2017 – 08 – 04（A3）.

② 周延，沈飞. 基于效用视角下的以房养老模式最优选择 [J]. 企业经济，2019（3）：112 – 122.

③ 昱言养老."以房养老"的四种模式 [EB/OL].（2017 – 10 – 20）[2023 – 12 – 12]. https：//www. sohu. com/a/199059891_825955.

种种顾虑。①

北京市于 2007 年对"以租换养"进行先试先行，由北京市养老服务机构、中共石景山区委、区民政局三方联合承办了首家"养老房屋银行"——北京寿山福海国际养老服务中心。具体做法是：老人在保留产权的条件下，出租其房屋，自己住在养老院，享受五星级养老服务，出租房屋所获得的租金归养老院所有。老年人委托中介机构出租住房，可选择按月、季、年出租。②

（三）"以房养老"的法律风险

实践中，因"以房养老"诱发法律纠纷的情况十分常见，且类型多样，通常来讲，主要的纠纷类型包括：借款合同纠纷、抵押合同纠纷、房屋买卖合同纠纷、继承纠纷等。此外，名为"以房养老"，实为"套路贷"的欺诈行为亦十分常见。关于"以房养老"的法律风险，笔者从"以房养老"法律风险现状、投资理财项目的潜在法律风险以及协议认定的法律风险三个方面来展开分析。

首先，关于"以房养老"法律风险现状，笔者在中国裁判文书网输入"以房养老""刑事案由"两组关键词，检索结果为：自 2017 年至 2022 年共 21 个案件；输入"以房养老""民事案由"两组关键词，检索结果为：2012 年至 2023 年共 1072 件。由此可见，"以房养老"以民事案由为主，主要涉及合同、继承、纠纷、赡养、民间借贷、不动产、房屋买卖等方面。其中，2019 年和 2020 年纠纷案件数达到最高，主要原因在于，此阶段"以房养老"概念深入人心，成为社会话题，许多诈骗分子利用此契机大肆宣传各类"以房养老"产品，并实施民事欺诈行为，骗取老年人财产，具体数据如图 3－2 所示。

---

① 周延，沈飞. 基于效用视角下的以房养老模式最优选择 [J]. 企业经济，2019（3）：112－122.

② 吉林省养老产业联合会. 模式/梳理"以房养老"四种模式 [EB/OL].（2017－08－18）[2023－11－29]. https：//mp. weixin. qq. com/s/yQqHCMaj04DUCRbOS－RkgQ.

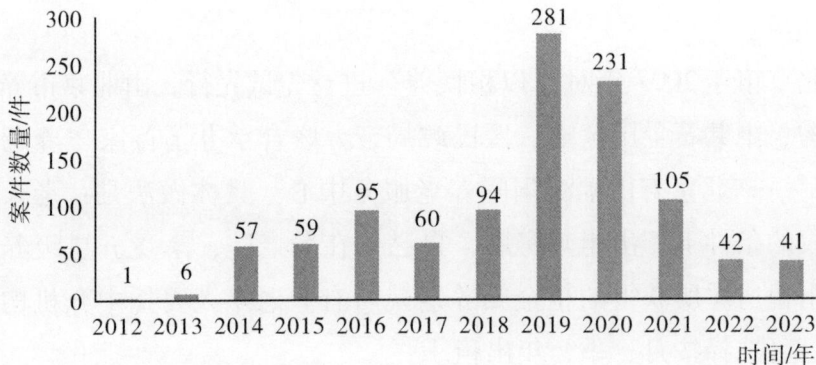

图 3-2　2012—2023 年中国裁判文书网关于"以房养老"民事纠纷案件汇总图

结合实践，"以房养老"法律风险主要包括以下几个方面：

一是合同风险，主要是指老年人向金融机构购买涉及"以房养老"的金融产品，在签订相关服务协议或合同时，可能由于信息的不对称、法律意识薄弱等原因，在合同条款的商定或拟定上可能存在不公平、不合理的情况，大大损害老年人的合法权益。

二是法律适用风险，"以房养老"在生活中存在多种模式，往往涉及多个法律领域，如涉及物权、合同、担保、继承等领域，在遭遇诈骗时，甚至涉及刑法。因此，可能存在法律适用上的风险。

其次，关于"以房养老"投资理财项目的潜在法律风险，笔者通过"以案释法"进行阐述。中国裁判文书网有这样一则由北京市高级人民法院审理的涉及老年人签订养老服务合同引发法律纠纷的案例：

> 王某经中安民生养老服务公司介绍，以其自有房屋为抵押，向夏某借款 200 万元，约定借款期限为 1 个月，月利息为 2%。王某将所借款项用于投资中安民生养老服务公司的以房养老项目，双方约定所获取的理财收益，由中安民生养老服务公司向夏某支付利息。后来，中安民生养老服务公司因涉嫌非法吸收公众存款被公安机关立案侦查。因借款期限

截至，王某未向夏某支付借款本息，夏某遂向法院提起诉讼，请求判令王某偿还借款本金及利息。该案经历了一审、二审、再审，受案法院分别作出"驳回起诉""驳回上诉，维持原判""驳回再审申请"的裁定。①

该案的争议焦点在于，王某与夏某的民间借贷纠纷到底是经济纠纷案件还是涉刑事案件？法院能否将其作为民事纠纷进行审理？

根据《最高人民法院关于在审理经济纠纷案件中涉及经济犯罪嫌疑若干问题的规定》第 11 条的规定，人民法院作为经济纠纷受理的案件，经审理认为不属经济纠纷案件而有经济犯罪嫌疑的，应当裁定驳回起诉，将有关材料移送公安机关或检察机关。

在上述案例中，中安民生养老服务公司已因涉嫌非法集资而被公安机关立案侦查，而夏某主张的与王某之间的借款事实是公安机关立案侦查涉嫌犯罪事实的组成部分。鉴于刑事案件尚在侦查阶段，该案基本案件事实必须以刑事案件的审查认定为依据，因此，目前无法作为民事纠纷受理，受案法院所作裁定并无不妥。

上述案例充分体现"以房养老"投资理财项目的潜在风险，"以房养老"并非仅仅会产生民事纠纷，更有可能存在刑事风险。因此，老年人在购买或投资"以房养老"项目时，要持谨慎态度，三思而后行。

老年人该如何防范"以房养老"骗局带来的法律风险？日常生活中，针对老年人实施的诈骗手段五花八门，例如"以房养老"骗局、"消费返利"骗局、"养老服务"骗局、"养老产品"骗局等，老年人稍有不慎，极其容易陷入骗局，从而遭受财产损失。其中，"以房养老"骗局由于涉案金额往往较高，给老年人带来的财产损失最大。"以房养老"骗局一般如何渗入老年人生活？下面是一则案例：

① 北京市高级人民法院（2021）京民申 2499 号民事裁定书。

　　刘奶奶是幸福小区的独居老人，名下拥有一套两居室。一次偶然机会，在楼下遛弯时，她遇到邻居小赵，小赵告诉刘奶奶有一个好的投资理财项目，投资回报率高达20%，并鼓说凭借这笔收益绝对可以安享晚年。在小赵的介绍和解说之下，刘奶奶出于"熟人介绍"的信任，抵押了房产，并在该投资金融公司进行了大量投资。数月后，刘奶奶由于并未收到投资回报款，于是去找小赵，才发现小赵早已搬走，"人去楼空"。生活中，不法分子往往打着"高回报率"的旗号诱导老年人购买"理财产品"，以骗取老年人的现金。最后，老年人不仅无法收回本金、获得收益，还将面临房产被拍卖的风险。①

　　老年人该如何更好地规避"以房养老"所带来的法律风险，最大限度地保护其合法权益呢？建议老年人在选择"以房养老"模式时，要咨询专业人士，了解相关法律法规及政策，持谨慎态度，理性选择。尤其在签订各类合同时，要重点关注合同细节，例如产品属性、借款金额、借款期限、违约责任、争议解决方式等合同条款，以确保合同内容符合自己的实际需求，并妥善保留证据，及时维权。

　　最后，关于"以房养老"协议认定的法律风险，笔者以2022年9月15日上海市高级人民法院在其官方微信公众号发布的一起涉及老年人签订的"名为买卖实为赠与"的"以房养老协议"效力认定的纠纷案为切入点展开分析。

---

　　①　该案例为自编案例。

2004年，周某与黎某签订《上海市房地产买卖合同》，将周某房屋一半产权转与黎某。2007年，周某记述：1993年起得到黎某诸多照顾，2004年将房屋一半产权过户给黎某。后周某与黎某全家共同生活，受到悉心照养。而周某女儿何某自2000年后与周某形同陌路。作为报答，周某将房屋全部产权交与黎某。2013年，周某与黎某签订《上海市房地产买卖合同》，将房屋全部产权转与黎某。2015年，周某与黎某签订《以房养老有偿服务合同》：周某自愿于2004年将房屋一半产权无偿赠与过户，经过十余年来的共同生活，黎某仍一如既往、无微不至地照顾与关怀，故将房屋余下产权通过以房养老形式给予黎某。百年后，周某骨灰交黎某选址安排。黎某承诺赡养周某衣食住行到终老，周某对赠与房屋有终身居住权、以家庭形式居家养老。2017年，周某因病去世，享年87岁。黎某将周某骨灰安葬于周某原籍。2018年，何某至法院提出诉讼请求：1. 判决确认周某与黎某签订的两份《上海市房地产买卖合同》无效；2. 判令黎某将房屋所有权变更登记到何某名下。上海市静安区法院经审理，判决两份《上海市房地产买卖合同》无效，对何某其余诉讼请求不予支持。何某不服，提起上诉。上海市第二中级人民法院作出驳回上诉，维持原判的终审判决。①

上述案例的争议焦点在于"名为买卖实为赠与"的"以房养老"协议该如何定性？"以房养老协议"兼具人身与财产内容，在法律上尚属空白，该协议的财产内容认定为附义务的赠与行为，契合《民法

---

① 钟献明. 新型"以房养老"协议的司法定性/案件参考册［EB/OL］.（2022 - 09 - 15）［2023 - 11 - 29］. https：//mp. weixin. qq. com/s/yxYXYWPToHDx1TqU_zBbww.

典》第 464 条的规定，即身份关系协议在没有规定时，可以根据其性质参照适用合同编。这样的处理既维护了财产处分权利与真实意思自治，亦摒弃了拒绝尊老孝亲的行为。

买卖合同和赠与合同是两个不同的法律关系，即买卖合同是典型的"一手交钱，一手交货"的对价交换关系，由出卖人转移标的物所有权于买受人，买受人支付相应价款于出卖人而建立的合同。而赠与合同则是赠与人将其个人持有的财产无偿给予受赠人，受赠人表示接受赠与的合同关系。那么，这两份合同的效力该如何认定呢？

根据《民法典》第 146 条的规定，行为人与相对人以虚假的意思表示实施的民事法律行为无效。以虚假的意思表示隐藏的民事法律行为的效力，依照有关法律规定处理。因此，针对"名为买卖，实为赠与"的情形，该房屋买卖合同是虚假的意思表示，应认定合同无效。而赠与合同作为隐藏意思表示，在没有违反法律、行政法规的强制性规定，且没有违反公序良俗，也不存在欺诈、胁迫、乘人之危、显失公平等可撤销事由时，应认定合同有效。

第四章　老年人婚姻家庭的民法关怀

在中国传统礼制背景下，"法不入家门"思想对我国社会和家庭产生了深远的影响。家国，是汉语里的一个词语，家国是相辅相成的，是一种责任，也是一种文化认同，甚至是我国古代伦理道德的出发点。家是治国的最小单位，家族是最初级的司法机构，家族内的纠纷及冲突应先由族长仲裁，不能调解处理时，才交由国家司法机构处理。①我国老龄化程度急剧加深，现代社会生活日益复杂的同时，其相关婚姻家庭问题也日益复杂。老年人婚姻和赡养的合法权益遭到侵犯，老年人的婚姻自由受到干涉、赡养义务人拒绝承担赡养责任的社会事件时有发生。我国传统家庭治理方式已无法应对我国日趋严重的老龄化问题，"法律在其内容方面乃是由最具体、最坚实的社会关系构成的现实"。②《民法典》在法律层面健全了婚姻家庭权益保障体系，细化补强了老年人的合法权益，以法治保障了老年人权益的落地。

一、老年人的家庭保护

情与理、情与法的冲突，历来是法治社会发展中难以纾解的难题。但是作出法不容情的理性选择，也是现代法治社会和社会正义的基本

①　瞿同祖. 中国法律与中国社会 [M]. 北京：商务印书馆，2010：8.
②　张盾. 马克思唯物史观视域中的法治问题 [J]. 中国社会科学，2021（2）：183 - 203，208.

价值取向。当家庭成员之间发生纠纷时，特别是涉及老年人群体时，法律如何介入家庭，化解情、理、法的冲突和解决家庭纠纷，维护公序良俗，营造良好的法治环境，寻找适当的界限尤其重要。

（一）敬老与养老的优良家风

《民法典》婚姻家庭编是规范夫妻关系和家庭关系的基本准则，旗帜鲜明地对调整家庭关系作出了原则性的规定，《民法典》第 1043 条规定："家庭应当树立优良家风，弘扬家庭美德，重视家庭文明建设。夫妻应当互相忠实，互相尊重，互相关爱；家庭成员应当敬老爱幼，互相帮助，维护平等、和睦、文明的婚姻家庭关系。"这一条款明确了婚姻家庭关系中敬老爱幼、互相帮助、平等、和睦、文明的具体规范要求，凸显了维护平等、和睦、文明的婚姻家庭关系的价值目标，将原本的道德要求上升到法律层面。对于这一"树立优良家风"条款，有学者认为这是一条倡导性规定，对案件的裁判没有实质影响。截至 2023 年 10 月，笔者通过中国裁判文书网公开数据，搜索关键字"优良家风"，共检索出 710 份法律文书，其中涉及婚姻、赡养、夫妻共同财产、继承、抚养、赠与等多种类型纠纷。那么"优良家风"条款是如何融入《民法典》体系，以及在司法实践中是如何发挥法律效力的呢？

2023 年 2 月，北京市第三中级人民法院审理的一起赠与合同纠纷的案件，其中就适用了"优良家风"条款：

> 贾某是一位 96 岁高龄的老年人，育有一子冯某。冯某与王某系夫妻关系，二人育有一女冯某花。冯某名下有一套房屋，系冯某与王某的夫妻共同财产。在 2016 年，冯某、王某两夫妻与女儿冯某花签订《房屋赠与合同》，约定将房屋无偿赠与女儿冯某花。因冯某花家庭名下房产已超过两套，受

限购政策限制，暂不具备房屋过户条件，因此该房屋一直未办理过户手续。2018 年，冯某死于车祸。之后冯某花将冯某之母贾某诉至法院要求其配合继续履行《房屋赠与合同》，而贾某表示其是冯某法定继承人，要求撤销冯某对涉案房屋的赠与。

一、二审法院均判决驳回冯某花诉请。法院认为，冯某去世后，《房产赠与合同》中赠与人冯某的权利义务都应由继承人王某、冯某花、贾某继承，由于赠与人的任意撤销权并无法律规定系专属于人身的权利，因此也应由继承人王某、冯某花、贾某继承，贾某有权要求撤销赠与，故对冯某花要求王某、贾某继续履行赠与合同并协助办理房屋不动产权变更登记手续的诉讼请求，法院不予支持。[①]

上述案件是一起被继承人之间分割遗产及共有财产的案件，属于家庭成员之间的纠纷，看似与"树立优良家风"关联性不够紧密，但在北京市高级人民法院的再审民事判决书中，法官对"树立优良家风"如何融入判决进行了深刻的阐述：继承和发扬中华优秀传统文化和传统美德，将社会主义核心价值观融入日常生活和行为之中，讲道德、尊道德、守道德，追求高尚的道德理想，不仅是新时代公民道德本身的要求，还是相关法律规范的应有之义，成为人民法院在处理相关民事案件时必须充分考虑的重要因素之一。《礼记·曲礼》有云："百年曰期，颐。"意思是说，人至百岁，饮食、居住等各个方面都需要子孙晚辈照养，故"百岁"又有"期颐"之称。本案中，贾某已 96 岁高龄，再过几年就是百岁老人了，能有如此高寿，原本是一件幸福的事情。但是，这位寡居三十年的耄耋老人，不仅遭受晚来丧子之痛，

---

① 北京市第三中级人民法院（2022）京民再 94 号民事判决书。

还要与儿媳、孙女为财产归属而反复对簿于公堂之上，人生至此，晚景何凄！冯某若知老母因其一纸未曾实际履行的声明而至此境地，能不心痛也乎？本案之原告冯某花，作为冯某之女、贾某之孙女，即使不能代父尽孝，但又何忍为一房产与其祖母缠讼至今？冯某花确实持有《房产赠与合同》且已为法院判决确认有效，若依赠与合同履行，则其不必按照一审民事判决就涉案房屋向其祖母支付折价款，但在法律对赠与人的继承人是否享有任意撤销权的规定并不明确，而一、二审法院已就本案作出一致裁判，且相关继承纠纷案件也已得到审理、涉案房屋最终也将过户到其名下的情况下，冯某花仍坚持诉讼，其虽是依法行使法律赋予的诉讼权利，但又置亲情于何处？置孝道于何处？置中华传统道德于何处？《管子·戒》曰："道德当身，故不以物惑。"本案各方当事人生活条件并不窘迫，如果各方均能念及故去亲人，怀旧情而弃前嫌，顾大义而舍小利，则桑榆非晚、颐养有期。

情、理、法的冲突和取舍，在这份德法兼顾的判决书中得到淋漓尽致的表达，《民法典》"树立优良家风"条款不仅仅是冰冷而严肃的法条，而是饱含了对老年人权益保障的温情与敬意，也为家庭建设树立了无形却无处不在的价值准则。依据《民法典》第658条规定，赠与人在赠与财产的权利转移之前可以撤销赠与，即赠与人享有任意撤销权。在房产办理变更登记之前，赠与人可以撤销该赠与。现在赠与人去世了，其继承人可以继承该项权利吗？赠与合同的任意撤销权主体仅为赠与人本人吗？本案中，"树立优良家风"条款解决了法律、司法解释中关于赠与人的继承人是否享有任意撤销权并不明确的问题，认定继承实际是权利义务一并继承，在没有明确规定赠与撤销权专属人身的情况下，撤销权应当一并由继承人继承。同时，搜索中国裁判文书网，在有关离婚纠纷的诉讼中，法院也从"树立优良家风"此条款驳回离婚诉请；在赡养纠纷的案件中，法院也引用该条款判决子女履行赡养义务。从法院判决亦可以看出，"优良家风"条款并不只是空洞的倡导性规定，而是可以作为具体案件判决的依据。

家是最小国，国是千万家，家庭作为社会组成的细胞，家风是家庭的精神内核，也是社会价值观的缩影。家风正，则民风淳；家风正，则政风清。家风家训文化在我国源远流长，以家教立范、"整齐门内，提撕子孙"为宗旨的家训，在经历岁月的内化和沉淀后，诸多家训沿袭转换为中华传统文化的重要组成部分，如《颜氏家训》《朱子家训》《钱氏家训》等家族文化的代表家训，三国时诸葛亮的《诫子书》《诫外甥书》等儒家文化的经典家训，还有我们耳熟能详的《曾国藩家书》等近代名人的新风家训。自我国改革开放以来，国民经济迅猛发展，国力日渐强盛，家庭和公民物质生活水平快速提高，但与此同时人们过度追求个体独立人格的"小我"，导致道德和诚信标准降低。对于家庭而言，离婚率居高不下；歧老、仇老、虐老、害老的事件不时发生，老年人的精神和生活陪伴上缺位；子女抚养教育问题重重；校园伤害、未成年人被欺凌违法犯罪事件频出。

家庭和睦则社会安定，家庭幸福则社会祥和，家庭文明则社会文明。《民法典》"树立优良家风"条款不仅是家庭生活的准则，指导司法实践，更是国家稳定发展的基础。最高人民法院在《关于深入推进社会主义核心价值观融入裁判文书释法说理的指导意见》（2021 年 1 月）中明确指出，"将社会主义核心价值观作为裁判文书释法说理的重要依据"。习近平总书记也指出，"把实践中广泛认同、较为成熟、操作性强的道德要求及时上升为法律规范，引导全社会崇德向善"。而"树立优良家风"原则是社会主义核心价值观上升为法律规范的具体体现，将"平等、和谐、文明、友善"的社会主义核心价值观映射到"优良家风"条款中，明确了家庭成员之间权利和义务划分的规范指向，不仅能够提醒广大群众增强家庭和谐的法律意识，还能有效降低关于家庭纠纷的发生率，实现了《民法典》法律内涵与道德体系的融贯，使《民法典》呈现出的权利体系更具完备性，法律规范和社会主义核心价值观之间的黏合力得以延展和拓展。

(二) 老年人的精神赡养权益

中华民族崇尚孝文化,最早可追溯至炎帝时代,孝文化既包含尊祖敬宗、崇敬先人,也蕴含着赡养老人、尊老敬老的传统伦理道德。① 我们汉字的"孝",上半部分代表长发老人手拄拐棍,拐棍的位置是一个"孩子"的"子",说明子女是老人晚年生活的依靠。孝道是中华民族的传统美德,也是社会生活重视和践行的道德准则,我国长久以来都十分重视老年人的精神赡养。子曰:"今之孝者,是谓能养,至于犬马,皆能有养,不敬,何以别乎?"此句意思是:当人们谈到孝,就是能够赡养老人。但是如果仅仅是赡养,狗马等家畜都能做到,不能做到礼敬,那与禽兽又有什么区别呢? 孝和单纯的陪伴不同,孝指不仅赡养老人,还要礼敬他。我国古代也推崇"色养父母"的养老思想,"色养"有两个方面含义,一是指子女在奉养父母时态度要和善,要和颜悦色地对待父母;二是指子女要懂得承顺父母的脸色和心意,要让父母开心。孝道既是中华民族的传统美德,又是我国传统律法的重要组成部分。在我国古代,以孝为本的法律层出不穷。例如,《北齐律》明确将"不孝"纳入"重罪十条",进一步推动了道德与传统律法的融合。隋代《开皇律》沿袭了"重罪十条"的做法,也将"不孝"作为"十恶"重罪之一,后世的《永徽律》《宋刑统》《大明律》《大清律》等律法都遵循了《开皇律》的规定直至清朝末年。在传统社会,孝文化是维护社会秩序和封建统治的工具,同时也被法律赋予了强制力与约束力。② 各种立法规定使孝文化成为深入人心的法律意

---

① 张佳惠. 中华优秀传统孝文化视域下老年人精神赡养权益的司法保障研究:以 105 份精神赡养纠纷判决书为分析样本 [C].《上海法学研究》集刊 2023 年第 10 卷:中华优秀传统法律文化文集,2023:9.

② 王玉姝. 中华传统孝文化的历史演进及当代价值 [J]. 天中学刊,2022,37 (3):137 – 142.

识，也将儒学仁政治国与"孝治"作为参照蓝本被确立下来，对后来中国近两千年的封建社会产生了深远影响。① 虽然孝道并没有明文出现在我国的现代法律体系当中，但其依然通过各种途径对当代中国的法律实践产生实质性的影响。

党的二十大报告指出要"弘扬社会主义法治精神，传承中华优秀传统法律文化"。充分且全面保障老年人的精神赡养权益，是当前我国积极应对人口老龄化战略的重要举措，是家庭和谐和社会稳定的影响因素，也是传承与弘扬中华优秀传统文化的应有之义。② 2013 年 7 月 1日，"常回家看看"作为条款首次写入法律，《老年人权益保障法》第14 条规定，赡养人应当履行对老年人经济上供养、生活上照料和精神上慰藉的义务，照顾老年人的特殊需要；第 18 条规定，家庭成员应当关心老年人的精神需求，不得忽视、冷落老年人。与老年人分开居住的家庭成员，应当经常看望或者问候老年人。《民法典》第 26 条规定，成年子女对父母负有赡养、扶助和保护的义务。同时，《民法典》第1067 条规定，成年子女不履行赡养义务的，缺乏劳动能力或者生活困难的父母，有要求成年子女给付赡养费的权利。《民法典》在《老年人权益保障法》的基础上强化了成年子女的赡养义务，为要求子女履行赡养义务又增添了法律保障。从上述法律条文可以看出，我国法律规定赡养的法定义务不仅指的是经济供养、生活照料，还包括精神上的慰藉，精神赡养不仅是道德义务，更是法律义务。③ 将子女的赡养义务上升到法律层面，与我国孝老爱亲的孝道价值观和法文化一脉相承。

---

① 何勤华，王静. 中国古代孝文化的法律支撑及当代传承［J］. 华东政法大学学报，2018，21（6）：83－98.

② 王雅倩. 人口老龄化背景下老年人赡养权益保障研究：以 500 份赡养纠纷判决书为分析样本［J］. 黑龙江生态工程职业学院学报，2021，34（2）：78－82.

③ 陈甦，谢鸿飞. 民法典评注：继承编［M］. 北京：中国法制出版社，2020：75－76.

哪些情况下赡养人必须承担赡养义务呢？《民法典》第 1067 条第 2 款规定："成年子女不履行赡养义务的，缺乏劳动能力或者生活困难的父母，有要求成年子女给付赡养费的权利。"由此规定可以看出，如父母出现"缺乏劳动能力"或"生活困难"的任一情形，可以按照法律规定要求成年子女给付一定的赡养费。缺乏劳动能力是指父母因年老、疾病等原因不能以工作维持生计，或者虽可工作但不足以维持生计。生活困难是指父母以其现有财产不足以维持生活所需。根据民政部制定的《特困人员认定办法》，60 周岁以上的老年人应当认定为无劳动能力人。因此，只要父母年满 60 周岁，即可要求其成年子女给付赡养费。这有利于更好地落实成年子女的赡养义务，保护老年人的合法权益，弘扬中华民族敬老、养老、助老的传统美德，促进优良家风与和谐社会建设。另外，老年人的经济收入可以维持其基本的生活需要，但面对突发的事件，例如老年人因病需要支出大额医疗费、护理等费用不能报销时，成年子女也需承担赡养义务。

现阶段，我国人口老龄化趋势日益明显，随着物质生活水平的不断提高，老年人的赡养义务内容也在不断发生变化，老年人在追求物质生活需要的同时，也注重追求精神生活需要。作为子女，在精神上关爱父母是义不容辞的责任和义务，而回家看望就是对父母精神赡养的一种重要方式。老年人要求子女精神赡养的案件也时有发生，要求子女回家探望和照料，也成为老年人精神层面的诉求。近年来，涉及"精神赡养"的案件数量也有所上升，如果子女不"经常"回家看望老年人，老年人可以通过法律途径来保护自己的合法权益。截至 2023 年 11 月 30 日，在中国裁判文书网检索关键词"精神赡养"，共检索到 398 份裁判文书，虽然整体数量不多，但对比分析案件的判决时间，精神赡养的相关诉讼案件呈逐年上升趋势，从侧面也反映出老年人越来越重视自己的情感需求。在老年人精神赡养权益保障方面，《民法典》等相关法律发挥了至关重要的作用，并在立法层面积极回应了老年人的精神赡养需求。

2018 年，广州市中级人民法院审理了一宗赡养纠纷案件：

> 81 岁的梁大爷育有五女一子，其中大女儿为肢体残疾，老人的另外两子女和妻子毛某均已去世。近年来，老人年事已高、体弱多病，经广州市城镇居民医疗保险指定为慢性疾病患者，后因中风住院治疗。梁大爷称每月所领取的养老保险金未能满足其基本生活和医疗的需要，希望女儿们常回家探望并照顾自己，因女儿们不同意负担梁大爷的医药费和赡养费，打电话后也不予探望，故诉请判令女儿们支付赡养费并每月探望两次。梁大爷考虑到大女儿的身体残疾情况，主动放弃要求其承担赡养义务。法院经审理认为，子女对父母有赡养扶助的义务，子女不履行赡养义务时，无劳动能力的或生活困难的父母，有要求子女支付赡养费的权利。梁大爷虽有养老保险金，但目前梁大爷确需专人照顾，其每月所领取的养老保险金未能满足其基本生活和医疗的需要，尚需要子女赡养，且三个女儿与梁大爷分开居住，应当经常探视梁大爷，履行精神慰藉的义务。三个女儿作为赡养人，应当履行对其经济上供养、生活上照料和精神上慰藉的义务，考虑到居住和工作情况，故判令酌定三个女儿每月探视梁大爷两次和给付梁大爷赡养费。[①]

从法院大部分判决结果看，对于老年人提出的精神赡养诉请，基本得到了法院的支持。在一些裁判案例中，法院还对精神赡养的履行方式进一步细化，如江苏省泰兴市人民法院审理的一起赡养纠纷案件

---

① 广州市中级人民法院（2018）粤 01 民终 18480 号民事判决书。

中，法院判决子女除在老人生病期间必须陪护和照料外，子女应每个月至少看望老人一次，法定节假日应当安排至少两个节日予以看望，春节期间应当至少看望一次。①

"常回家看看"入法，这是对老年人的合理精神赡养诉求予以了法律保障。这既有利于老年人维护自身的合法权益，也能唤起儿女的孝心回归。但是，精神赡养老年人必须依赖赡养义务人的意愿和良知，子女是否履行赡养义务以及履行的程度，法律直接调整的效果会略显生硬。法院的判决只能划定赡养的最低标准，却无法约束赡养道德层面的难题。② 对于子女不履行探望义务的行为，子女和父母对簿公堂，依据法定的强制执行程序来"迫使"子女孝心回归，是无法真正让孤独的老年人得到慰藉的，且精神赡养类案件执行难度远超于要求支付赡养费的案件。因此，我国司法机关对于赡养纠纷案件，一直主导加强调解力度，保障老年人基本物质生活需要和精神赡养需求，让履行"常回家看看"的法定义务成为子女的自觉行为。当然，精神赡养案件不同于一般的诉讼，大多还会涉及老年人的其他家庭矛盾和纠纷，因此，解决精神赡养问题需要家庭、社会和政府多种力量群策群力，共同努力、合力解决，既要有司法的强制性予以保障，也需要有行政监管部门的督促执行。同时，人民调解组织和基层组织如社区、居委会、村委会也需要积极参与到保障老年人精神赡养权益方面，对赡养义务人不履行赡养义务的，需督促其履行法定义务，在特殊情况下，提供经济和精神上的援助。此外，如成年子女并非不愿意履行精神赡养义务，而是由于工作生活等客观原因不具备履行条件，那么国家应通过立法形式激励和支持子女回家探望和照料父母。截至 2020 年 12 月，全国已有河北、河南、山西等 20 多个地区出台了子女护理假制

---

① 江苏省泰兴市人民法院（2021）苏 1283 民初 1003 号民事判决书。

② 郝佳. 权利视角下精神赡养规范司法困境的解读 [J]. 兰州学刊，2015（4）：121 - 125.

度，有些地区的护理假达 20 天。①

为了保护老年人的合法权益，法律明确规定，请求支付赡养费的请求权，不适用诉讼时效的规定。对于不履行赡养义务情节严重的行为，我国《刑法》第 261 条规定了遗弃罪："对于年老、年幼、患病或者其他没有独立生活能力的人，负有扶养义务而拒绝扶养，情节恶劣的，处五年以下有期徒刑、拘役或者管制。"

现阶段，我国的精神赡养义务在立法、司法和执法层面以概括性规定为主，因此对于精神赡养的案件，存在着同案不同判的情形，因此，应从法律规范层面为精神赡养的履行次数与履行程度制定合理的界限。对于《老年人权益保障法》第 18 条中"忽视""冷落""经常"的具体含义通过司法解释予以明确界定，也有利于解决老年人精神赡养案件中举证难的困境。以中华民族传统孝文化为道德支撑，以多层级的法律法规为制度保障，以情法相融的司法执行为贯彻履行，全方位多层次地保障老年人的精神赡养权益，真正实现崇法尚德，让"法安天下、德润人心"，引领尊老、敬老、爱老、助老的社会风尚。

（三）老年人隔代探望权的保障

隔代探望是家庭纠纷中颇多争议的问题。特别随着我国人口结构的变化和大规模人口迁徙，隔代抚养的现象愈发普遍，许多家庭未成年人的成长，都离不开祖辈的陪伴和照顾。当夫妻离婚，亲权关系解除，祖孙之间的权利义务如何认定？感情何去何从？一直是在法律和道德层面不断被探讨的问题。

《民法典》未规定"隔代探望权"，亦未禁止当事人对隔代探望事宜进行约定。根据《民法典》规定，"离婚后，不直接抚养子女的父或者母"是法定探视权主体，另一方有协助探望的义务，探望的对象

---

① 何平，冯强. 我国子女护理假制度完善路径探析［J］. 人口与社会，2021，37（3）：22－34.

是双方的子女。（外）祖父母并不在明确的法定探望权主体之列。2016 年，在最高人民法院发布的《第八次全国法院民事商事审判工作会议（民事部分）纪要》中规定，（外）祖父母对父母已经死亡或者父母无力抚养的未成年孙子女、外孙子女尽了抚养义务，其定期探望孙子女、外孙子女的权利应当得到尊重并获得司法保护。

未成年人父母的探望权是亲权的一项内容，衍生于父母和子女之间的身份和血缘关系，不因夫妻双方婚姻关系的解除而消灭，属于一种精神利益。父母离婚后，亲权被一分为二，与子女共同居住生活并直接抚养的一方享有直接的抚养权和监护权，不与子女共同生活的一方享有探望权。隔代探望权属于亲属权范畴，其派生于、依托于亲权，是亲权的一种延伸和补充，因此，在一定情况下，应得到法律的保护。

1. 私法自治——认定隔代探望权的法理基础

"法无禁止即可为"是民法的基本原则之一，也是意思自治原则的基本价值体现。在司法领域，民事主体只要不违背强制性的法律法规，可自行选择或做出有利于自身利益的行为。隔代探望权属于平等主体之间的关系，应由私法予以调整。虽然《民法典》中仅对父母离婚后未直接抚养子女的父或母的探望权有所规定，但并未禁止祖辈进行探望，故对隔代探望权的认定及保护仍有自由裁量的空间。另外，保护未成年子女的身心健康，保障未成年人利益最大化，是《民法典》设立探望权的目的，而祖辈探望孙子女，能赋予未成年人更多的关爱，让孙子女感受到亲情的温暖，因此允许（外）祖父母对孙子女的探望，符合《民法典》关于探望权的立法目的。

2. 公序良俗——认定隔代探望权的依据

笔者通过查询中国裁判文书网发现，法院判例中支持（外）祖父母的探望权的案例占比较多。对该类判决进行统计分析，法院多是从公序良俗角度切入，认为（外）祖父母行使隔代探望权是父母亲权的自然延伸，是父母一方探望权的替代形式，对隔代探望权作出支持的判决。

在北京市朝阳区人民法院审理的一起探望权纠纷案件中：

> 法院认为：张某、梁某具有经常照料、养育外孙女吕乙的事实。祖辈与孙辈在长期的共同生活中，形成了生活上和感情上的相互依赖。尤其是张某、梁某之独女张甲的早逝，更使吕乙成为张某、梁某重要的精神寄托和牵挂。吕乙在失去母亲后若仍能得到外祖父母的关爱，也有利于其健康成长。故张某、梁某提出的隔代探望诉求，不违反法律规定，符合我国尊老爱幼的家庭伦理道德，有利于未成年人的身心健康，应当予以支持。[①]

同时，在大多数支持隔代探望权的案例中，都有"丧子或丧女"这一事实要素，说明法院在处理具体案件时，会充分考虑到老年人将对已逝子女的情感寄托到（外）孙子女身上的情理所在，若不允许祖辈探望孙辈，无疑会对老年人造成较大的心理伤害，同时也有悖于中华民族的传统美德和公序良俗。

法院支持隔代探望权主要考虑家庭伦理，特别是祖孙之间的情感需求。也正因如此，法院一般作出不支持隔代探望权也是由于家庭矛盾激烈，实际履行隔代探望有非常大的现实困难。

2020 年，四川省巴中市中级人民法院审理一起探望权纠纷案件：

> 王虎系王某、李某之子。王虎与魏某结婚后生育一女兰兰，后因夫妻感情不和离婚，婚生女兰兰由魏某抚养，王虎对兰兰有探望的权利。2018 年王虎留下生前遗愿："如我去

[①]　北京市朝阳区人民法院（2020）京 0105 民初 11661 号民事判决书。

世后，就由我的父母及妹妹替我探视兰兰。"王虎去世后，王某和李某多次要求探望孙女兰兰，魏某以各种理由拒绝，故王某和李某将魏某诉至法院诉请魏某协助其行使对孙女兰兰探望权并明确探望时间、地点、方式。一审法院对王某和李某探望孙女的诉讼请求，予以支持。而二审法院进行改判，不支持王某和李某对孙女兰兰进行探望。① 二审法院不支持祖父母的隔代探望权的主要原因是考虑到兰兰心智和人格尚未成熟，若允许祖父母对兰兰进行探望，兰兰知道亲生父母离婚以及父亲不幸去世的事实，可能会受到打击，使其身心健康受到损害，因此祖父母对兰兰的探望显然不能达到预期效果。关爱的方式多种多样，祖父母暂时不探望孙女亦是对其关心关爱的一种方式，最终驳回了祖父母的诉讼请求。

因此，如果祖孙之间已经形成了长期共同生活、互相依赖的紧密关系，则隔代探望权更应得到保护。反之，如果祖孙之间本来并无密切的生活交集和情感关联，（外）祖父母基于与直接抚养人有矛盾等原因径行主张探望，法院一般不予以支持。

从上述两个案例可见，关于隔代探望权问题，无论是立法者还是司法实践中基本持肯定态度，只是在具体案件审理过程中，法院如发现允许隔代探望可能会给未成年人的成长带来不利影响，也会作出驳回的判决，以此来保护未成年人的健康成长。因此隔代探望权的实现，也应最大限度体现"未成年人利益最大化"原则，要结合未成年人的生活环境及所处的年龄阶段去综合考量。在隔代探望的时间和方式上，除了要考虑与未成年子女生活的父母一方的便利，还应当考虑未成年子女本人的意愿。探望权纠纷本身充满了诸多情感冲突，因此隔代探

---

① 四川省巴中市中级人民法院（2021）川 19 民终 681 号民事判决书。

望权的非法定性可以赋予法官更多的自由裁量权，从而在具体个案中平衡各方当事人的利益，实现真正的公平正义。

隔代探望权的确定对于现阶段的中国社会有着重大的社会意义，虽然是否要将隔代探望权写入《民法典》以及如何入法，立法层面尚未达成一致的意见，但目前司法机关在处理具体案件时，会立足于情感、道德、善良风俗等伦理因素，维护和保障祖父母和孙子女之间亲权的实现和情感的交流，有条件地、限制性地承认隔代探望权。在隔代探望问题的背后，一个更深层次的主题是婚姻家庭法向民法的回归方式。家庭关系的特殊性决定了这种回归并非简单地对民事规范的套用，如何在婚姻家庭法的特殊性与民法体系的自洽性之间找到平衡，是不可回避的理论难题。① 立法是一个非常曲折和复杂的过程，遵循立法意图和价值导向，立法与司法之间相互补充、完善，尽可能在每个个案中都能做到以人为本，兼顾法理和情理，实现公平正义。

二、老年人的婚姻自由

作为寄放情感的港湾和生育传承的核心方式，婚姻不是短暂的情感集散地，而是一个稳固的、有伦理加持的结合体。② 在老龄社会人口结构发生重大改变的情形下，婚姻法律制度亦应随之发生适应性改变。婚姻制度不仅是生命伦理、人口政策等多因素权衡的结果，还是一国人口结构的规范表达。③ 人口老龄化是我国未来相当长一个时期的基本国情，因此需要根据社会的实际情况和需求，对老年人的婚姻关系进行重新梳理和审视。

---

① 李贝.《民法典》时代隔代探望纠纷的裁判思路：从权利进路向义务进路的转向[J].法商研究，2022，39（4）：131－145.

② 吴玉军. 责任感与忠诚感的回归：社群主义视野中的婚姻家庭问题 [J]. 天津社会科学，2012（3）：35－39.

③ 鲁晓明. 老龄社会婚姻规则多元论 [J]. 法学研究，2023，45（2）：67－82.

（一）老年人的再婚自由

婚姻自由是民法的意思自治原则在婚姻法律规范中的典型表现。从世界范围来看，自文艺复兴以来，作为封建专制的代表，不尊重当事人意愿的包办婚姻受到强烈批判，男女平等和婚姻自由成为婚姻制度改革的基本方向。① 在我国，1929 年，《中华民国民法》确立婚姻自主制度，打破礼制、法制、宗规和习惯，婚姻自由便成为婚姻法律规范中不可动摇的基本原则，1950 年，《中华人民共和国婚姻法》（以下简称《婚姻法》）首次赋予公民婚姻完全的自主权。② 我国老龄化程度的加深，不断攀升的老年人婚姻数据，从形式到内涵都对传统婚姻法律规范形成了挑战。

在"首都律师以案释法讲堂"微信公众号登载了一则案例：

> 焦某年迈丧妻，于 2021 年与单身老人田某相识，不久后确定了恋爱关系，并希望能够互相扶持共度晚年。2022 年 3 月，焦某将自己准备与田某结婚的事情告诉儿子焦小某和女儿焦某某。不料这两个孩子都反对父亲再婚，认为田某是奔着父亲的财产来的，和父亲并无感情可言。焦某对此非常伤心，认为儿女不理解自己的感情。2022 年 10 月，焦某与田某不顾焦小某和焦某某的反对，在当地婚姻登记机关登记结婚，并在当地酒店邀请亲朋好友一起见证了婚礼。谁知，焦小某和焦某某跑来大闹婚礼现场，强行破坏婚礼，认为父亲私自结婚的行为是对亲生母亲的不尊重，侵犯了自己的知情权，致使婚礼无法完成。

---

① 周祖成，池通.1927—1945：革命根据地婚姻自由的法律表达［J］.现代法学，2011，33（4）：16–25.

② 王跃生.从尊长主婚到婚姻自主：基于中国礼、法和惯习的考察［J］.江淮论坛，2015（2）：109–116.

子女是否有权干涉父母的婚姻？父母再婚是否要征得子女同意呢？《民法典》第 1069 条规定：子女应当尊重父母的婚姻权利，不得干涉父母离婚、再婚以及婚后的生活。子女对父母的赡养义务，不因父母的婚姻关系变化而终止。本条是关于子女应当尊重父母婚姻自由权利的规定，在原《婚姻法》第 30 条的基础上修改而成，该条规定为："子女应当尊重父母的婚姻权利，不得干涉父母再婚以及婚后的生活。子女对父母的赡养义务，不因父母的婚姻关系变化而终止。"本条的修改在于，在"不得干涉父母再婚以及婚后的生活"的基础上增加不得干涉父母离婚的内容，即"不得干涉父母离婚、再婚以及婚后的生活"。《民法典》中贯穿的人权平等、人身自由、人性友善等核心思想在本条中予以充分体现。

随着我国公民平均寿命的延长、物质和文化生活水平的提高，以及对待婚姻观念的转变，老年人在丧偶或离婚后再婚的现象越来越多。我国家庭普遍是"去个人化的"，老年人的财产被认为属于整个家庭，老年人再婚的意愿会受到子女的影响和干涉，而老年人在面对子女干涉婚姻的时候，最终大多会选择妥协。① 有些老年人面对离婚、再婚问题时犹豫不决，除了出于对保持家庭完整性的考虑，还不乏畏惧人言的心理，其中较大的阻力来自子女的干涉，子女担心自己父母因为新的婚姻关系而影响自身财产份额，以及情感上难以接受父母再婚。

老年人的婚姻自由受法律保护，尊重老年人的婚姻自由是《民法典》及《老年人权益保障法》规定的子女必须履行的法定义务，也是社会伦理道德准则。老年人有权依照法律规定按照自己的意愿决定自己的婚姻问题，不受任何人的限制和干涉，子女更不应当例外：

第一，子女不得干涉父母离婚。老年人也拥有婚姻自由，不仅包

---

① 张红霞. 社会性别视角下农村老年人再婚的性别差异分析：基于河北省农村地区的调查［J］. 社会福利（理论版），2014（4）：49－52.

括结婚的自由，还包括离婚的自由。婚姻是否合适、双方感情是否破裂，只有婚姻关系当事人知道，若父母双方或者一方决定离婚的，子女可以劝和，但不得以不履行赡养义务为由或者使用其他手段进行阻挠。老年人也可通过合法途径，摆脱一段已经不适合再存续婚姻的桎梏。

第二，子女不得干涉父母再婚及婚后生活。子女不得因一己私利、个人观点和社会偏见阻挠、干涉父母再婚，父母是否再婚，与谁结婚应由其自己决定。父母再婚后，子女也不得干涉父母婚后的生活。采取暴力、威胁或者其他方法干涉父母再婚及婚后生活，是漠视父母婚姻权利的普遍形式，比如子女干扰父母处分自己的个人财产，威胁父母再婚时不得依法继承前夫（妻）的遗产，阻挠再婚老年人见面等，这些都属违法行为。作为子女，要考虑父母对家庭的操劳与付出、对子女的抚养与教育，尊重老年人的婚姻自主权，使他们的合法而美好的愿望得以实现，不应加以阻拦和干涉。

子女干涉父母婚姻，侵犯的是父母的婚姻自主权，应承担相应的侵权责任。子女以拒绝赡养老年人、虐待老年人或对老年人实施家庭暴力等方式干涉老年人婚姻自由的，依据《老年人权益保障法》第76条，由有关单位（老龄委或居委会）给予批评教育；构成违反治安管理行为的，公安机关依法给予治安管理处罚。采取暴力、拘禁、伤害、虐待、遗弃等手段干涉父母的再婚或离婚，情节严重或恶劣构成犯罪的，公安机关应当以"暴力干涉婚姻自由罪"追究其刑事责任。

由此可见，老年人再婚是受《民法典》保护的，在不违反法律规定、不违背公序良俗的前提下，婚姻自由不应受干预，老年人再婚也无须征得子女的同意。对于老年人，老有所养只是基础，子女还应注重对老年人的精神慰藉，关注老有所伴、老有所慰。黄昏恋难过儿女关，子女应摒弃传统观念，把爱与被爱的自由和权利还给老年人，尊重父母、理解父母。在一定程度上，老年人再婚可以消除独居老年人的孤独感、增强老年人的自信，也可以让老年人相依相伴，在经济上互相扶持，在生活上互相照顾，让老年人安度晚年，有利于老年人的身心健康。

无论是老年人还是子女均应理性、客观对待再婚。结婚不容易，再婚更不容易。与此同时，老年人选择再婚时，也应加强对另一半的深入了解，避免因再婚不圆满给其造成心理伤害。不可否认，老年人再婚往往涉及财产分配、养老责任等问题，可通过签订再婚协议、订立遗嘱等方式，提前规避和化解问题和风险，为再婚减少阻碍，为亲属和谐相处创造平和氛围。考虑到老年人的婚姻情感与年轻群体显著不同，于《民法典》婚姻家庭编之外，补充构建"见证互惠"和"注册伴侣"制度①，在老年人群体有条件的事实婚姻，构建形式婚姻和实质婚姻有机结合的认定方式，来适应社会老龄化的趋势，也有一定的合理之处。

（二）再婚老年人的受赡养权

百善孝为先，尊重和赡养父母是中华民族的传统美德，成年子女对父母负有赡养、扶助和保护的法定义务。《民法典》第 1069 条规定："子女应当尊重父母的婚姻权利，不得干涉父母离婚、再婚以及婚后的生活。子女对父母的赡养义务，不因父母的婚姻关系变化而终止。"近年来，再婚老人的赡养问题引起社会广泛关注。当前，子女干涉父母婚姻的现象屡见不鲜，有的子女以父母再婚为由，拒绝履行赡养义务。但是，父母的婚姻关系变化，并不会减轻或消除赡养义务人的赡养义务。在亲属关系领域，不存在权利义务对等的问题，成年子女对父母的赡养是法定的义务，不得附加任何条件。无论父母是否离婚或者再婚，只要父母在世，缺乏劳动能力或者生活困难，成年子女都应当履行赡养义务，这种义务是无期限的和无条件的。比如，有的子女因为

---

① 鲁晓明. 老龄社会婚姻规则多元论 [J]. 法学研究，2023，45（2）：67-82.

母亲改嫁就不再赡养母亲；有的子女以父亲另娶为由不赡养父亲等，这些都属于违法行为。正如父母的婚姻关系状态不影响其履行未成年子女的抚养义务一样，父母的婚姻关系状态也不影响成年子女对缺乏劳动能力或者生活困难父母的赡养义务。

不管亲生父母再婚与否，子女都必须依法履行赡养义务，而对于继子女是否对继父母履行赡养义务，《民法典》第1072条亦有规定："继父或者继母和受其抚养教育的继子女间的权利义务关系，适用本法关于父母子女关系的规定。"判断继子女对继父母是否负有赡养义务，主要以双方是否形成抚养关系为标准。继父母子女关系虽然以生父母与继父母的婚姻关系为前提，但抚养关系产生于继父母子女的共同生活时间、继父母实际承担的抚养义务和教育责任等，并不当然依附于生父母与继父母的婚姻关系，有扶养关系的继父母子女关系，是一种独立的民事法律关系。因此，不能认为生父母与继父母离婚，继父母子女关系自然终止。通常情况下，受继父母抚育成人并独立生活的子女，即使生父母与继父母离婚，也应承担赡养继父母的义务。

在山东高级人民法院发布的鲁法案例（2023）035号案件中：

> 小允、小兆、小充三姐妹幼年丧父，小允18岁时，母亲带着姐妹三人改嫁，与顾某结婚组成家庭。很快小允经人介绍离家打工了，而妹妹小兆、小充分别在读初中和小学，与母亲、继父顾某四人生活在一起。顾某和母亲吃苦耐劳，一家人的生活日渐有了起色。但再婚家庭矛盾冲突不断，在三姐妹成年分别建立了自己的家庭后，母亲和继父的矛盾也越来越难以调和，最终离婚，两家人不再来往。

2022年10月，三姐妹突然收到法院传票，继父顾某到济南市某区人民法院提起诉讼，称自己把姐妹三人抚养长大，形成了抚养关系，现在年老无劳动能力和收入，且身患疾病，要求三人每人每月支付赡养费 1000 元，今后的医疗费用每人各承担三分之一。

大姐小允辩称，其在母亲再婚两个月后就外出打工赚钱养活自己，未与继父形成抚养关系，不同意赡养；小兆、小充辩称，二人是靠母亲辛苦赚钱及亲朋接济长大，与继父未形成抚养关系，且母亲已与继父离婚，继父无权要求其赡养。

法院经审理认为：小允在重组家庭中与顾某共同生活的时间很短，后离家打工养活自己，不足以认定双方形成了抚养关系，其对顾某没有法定赡养义务。母亲与顾某再婚时，小兆、小充还在上学，均系未成年，随母亲与顾某共同生活直至成家。根据顾某提供的证人证言等证据，可以认定顾某曾给予二姐妹生活、教育上的照料，双方之间形成了抚养关系，权利义务与生父母相同，即使生母与继父解除了婚姻关系，继父与继子女间已经形成的抚养关系也不能自然解除。如果双方关系恶化，经当事人请求，法院可以解除双方之间的权利义务关系，但是有负担能力的成年继子女应当支付缺乏劳动能力或者生活困难的继父母必要的赡养费用。综合考虑双方的实际情况，法院认为小兆和小充应当履行必要的赡养义务。

因此，总体而言，若是亲生父母在迈入老年后再婚，因继父母无抚养继子女和与继子女共同生活的事实，继子女无须承担赡养义务，但是如已形成抚养关系，则继子女与亲生子女具有同等的法律地位，应承担法定的赡养义务。

天津市高级人民法院发布的指导案例也清晰指出了该类纠纷解决的路径：

刘某（女）与张某的父亲于1990年再婚，张某时年6岁。婚后刘某将张某抚养成人，双方之间形成继母子关系。后因与张某的父亲发生矛盾，刘某于2007年起离家独自在外租房居住。刘某身患系统性红斑狼疮、股骨头坏死等多种疾病，且系肢体二级残疾，已丧失劳动能力，无力负担医疗及生活费用，遂于2008年向继子张某提起赡养纠纷诉讼。法院经依法审理，判决张某每月给付刘某赡养费500元、承担刘某医疗费的50%。判决生效后，张某没有及时履行义务，刘某遂向人民法院申请强制执行张某应给付的赡养费、医疗费19000元。法院受案后，执行法官立即开展行动，经初步了解，由于双方积怨较深，张某拒不配合执行，经多方查找，无法与之取得联系，遂先对张某采取冻结银行账户、限制高消费等一系列强制执行措施，并扣划其部分银行存款。考虑刘某身患重病行动不便的情况，执行法官专程上门将扣划到的执行款发还至刘某手中。同时为彻底化解双方矛盾，充分保障刘某今后生活，执行法官还积极开展调查走访，并寻找到一位双方共同信任的亲属，通过其与张某取得联系。① 本案中，刘某自张某6岁时便与其共同生活并将其抚养长大，双方形成继母子关系，而刘某年老后身患重病且生活困难，张某作为继子理应对其履行赡养义务，承担给付赡养费和医疗费的责任。经过耐心地释法析理、动员劝说和调解协商，促成双方和解，刘某自愿撤回了对张某的强制执行申请，最终实现案结事了。执行法官经过释法析理和调解劝说，最终促成刘某与张某

① 天津法院网. 天津高院发布保护妇女合法权益典型案例［EB/OL］.（2022－03－08）［2024－01－03］. https://tjfy.tjcourt.gov.cn/article/detail/2022/03/id/6563114.shtml.

和解，化解了双方的矛盾纠纷，有力保护了老年人的合法权益，取得了良好的法律效果和社会效果。

"老吾老以及人之老"，孝亲敬老是中华民族的传统美德。2022 年4 月，最高人民法院发布《最高人民法院关于为实施积极应对人口老龄化国家战略提供司法服务和保障的意见》，要求法院依法妥善审理与老年人生活密切相关的婚姻家庭、赡养纠纷、劳动争议等案件。注重法院的职权调查，强化依法裁量，依法保护老年人的婚姻自由。实施积极应对人口老龄化国家战略，《民法典》为保护老年人权益保驾护航，可以全方位提升广大老年人的获得感、幸福感、安全感。

（三）再婚老年人的财产规划

近年来，随着社会认同度的提高，越来越多离异或丧偶的老年人选择通过再婚重新组建家庭，与此同时，老年人再婚后的财产纠纷也居高不下。

2016 年，在北京市高级人民法院审理的一起案件中：

杨某与夏某经单位同事介绍相识，并于1998 年 4 月登记结婚，双方均系再婚老人，杨某与前妻育有二子，夏某与前夫育有一子。2011 年 10 月 22 日双方签订了《关于房屋所有权和使用权的协议》，内容为："1999 年秋，杨某和夏某共同出资 2.5 万元，用于购买杨某的原承租房。约2000 年，杨某和夏某共同将此房屋过户给杨某的大儿子杨军和二儿子杨帆。2000 年在单位分房时，夏某上交婚前财产，杨某和夏某共同购买了位于北京市朝阳区大屯路风林绿洲经济适用房。鉴于杨某的原住房和住房面积差额补贴已经全部给予两个儿子，杨某自愿放弃属于本人的部分房屋所有权，并自愿主动将房屋的所有权全部赠予夏某。"
2012年夏某向杨某提出离婚，因杨某不同意离婚，一审法
院判决驳回夏某诉求，后杨某上诉，二审法院判决双方离
婚，二审判决生效后，杨某提起再审，要求确认风林绿洲
的经适房为双方夫妻共同财产，并表示协议是其先签字夏
某一个多月后才签字的，该协议只是自己的一个意向书，
不是明确的意思表示，没有生效，且其只有这一处住房，
不可能将房屋赠与夏某。在再审中，杨某认为，关于房产
的赠与问题，其始终坚持该房产赠与没有经过公证，没有
到房产管理部门办理任何相关手续，该财产的权利没有实
际转移，赠与人是可以撤销该财产的赠与的。法院经审理
认为经适房确系双方夫妻共同财产，但杨某所签协议系其
真实意思表示，其已将其所有的经适房份额赠与夏某，故
该房屋属于夏某个人财产。①

老年人再婚，往往比年轻人结婚面临的问题更为复杂，其中面
临最大的顾虑就是财产分割及继承权的问题。老年人再婚时通常积
累了一定数量的财产，从形式上看，包含房屋、车辆、存款、股权
等各种类型财产；从性质上看，包含个人财产、与前配偶的夫妻共
同财产，有的还包括家庭成员之间共同共有的财产。老年人再婚时
一般都与前配偶育有子女，且多已成年，再婚后新组建的家庭成员
较多、关系复杂、利益交错。作为子女，最顾虑的是父亲或者母亲
再婚后，自己是否还能继承全部财产。在家庭成员之间追求自身利
益最大化的过程中，再婚老年人的财产权益可能受到侵害，如隐匿
夫妻共同财产等行为。因此老年人再婚，有必要对财产作出规划和

---

① 北京市高级人民法院（2016）京民申3408号民事裁定书。

约定，解决好财产问题，也就解决了再婚关系中纷繁复杂的家庭成员利益关系，再婚才能获得家庭成员的理解，维系良好的婚姻关系和家庭关系。再婚老年人如何做好财产规划呢？可以从以下两方面来进行规划。

1. 婚前财产协议

拟定婚前财产协议，明确各自的财产归属和管理方式，双方约定一致，以保障双方的财产权益。根据《民法典》第1063条的规定，一方的婚前财产，为夫妻一方的财产。因此，在双方没有特别约定的情况下，老年人在婚前的财产性质不会因再婚而受到改变。同时，根据《民法典》第1065条规定："男女双方可以约定婚姻关系存续期间所得的财产以及婚前财产归各自所有、共同所有或者部分各自所有、部分共同所有。约定应当采用书面形式。"因此，再婚夫妻双方可通过订立书面协议的方式确定双方的财产归属。但囿于多数老年人的传统观念根深蒂固，认为谈钱伤感情，"签婚前协议"等于"没诚意"，不愿在再婚前对双方财产权属进行约定，更不会选择婚前财产公证。司法实践中，关于再婚老年人的离婚诉讼纠纷，争议焦点集中在对个人财产和夫妻共同财产的认定上，如一方对个人财产举证不能或不充分，那么可能从法律上就无法保障其合法的财产权益。因此老年人在再婚前签订婚前财产协议非常重要，婚前财产协议应采取书面形式，可约定以下内容：

第一，关于财产认定和归属问题。对于婚前财产可以明确归婚前一方所有，必要时可以做婚前财产公证；老年人也可以约定婚姻存续期间所得的财产以及婚前财产归各自所有或共同所有。

第二，关于财产管理。婚前财产应明确双方财产管理方式，比如对于共有财产如何管理、如何支出等；也可以对个人财产和婚后财产的管理方式进行约定。

第三，关于财产继承。在婚前财产协议中，最好明确财产继承的问题，如一方去世，其个人财产由子女或配偶继承，共有财产部分归属如何认定及分配的问题。

2. 订立遗嘱

老年人再婚，双方都可以通过订立遗嘱来明确个人财产的分配。根据《民法典》规定，夫妻互为对方的第一顺序法定继承人。再婚配偶与老年人的子女、父母平等地享有继承权。在不侵犯他人合法财产权益的情形下，老年人可依自己的意愿订立遗嘱，对自有财产进行分配，因为遗嘱继承优先于法定继承。遗嘱一般属于遗嘱人个人意志的表达，但是也应该注意订立遗嘱的法定形式和立遗嘱时主体行为能力要求，避免遗嘱被认定为无效。

综上，《民法典》尊重当事人的意思自治，充分允许并保护老年人在再婚前或再婚后通过书面协议、协商等方式合理处理个人及家庭财产问题。但老年人再婚后常常会基于维系夫妻关系、证明对配偶的感情等因素进行财产处分，如将房产过户至配偶名下，或在婚内财产进行约定的时候将夫妻共同财产确认为配偶一人所有。如在上述案件中，很多老年人在处分个人财产时缺乏谨慎的考虑和理性的判断，尤其在配偶以物质扶助为结婚动机的情况下，再婚老年人更容易做出轻率而冲动的财产处分行为。如其日后因双方感情破裂等原因欲追回相关财产，将会面临诸多的法律障碍。

三、老年人非婚同居的法律问题

我国老龄化程度逐渐加深，丧偶老人的群体日益庞大，许多老年人丧偶后都希望再找个老伴，陪自己走完余下的人生。由于多方面原因，老年人可能会为了避免子女不赞成以及婚姻关系等各种现实因素带来的各种障碍和麻烦，从而更愿意选择非婚同居，因此搭伴养老逐渐成为一种潮流。与一般的非婚同居相比，老年人非婚同居具有稳定性较差、没有生育要求以及年龄特殊等特殊性。另外，老年人非婚同居涉及的利益关系也更为复杂，不仅涉及个人的利益矛盾和纠纷，还会使两个家庭发生矛盾和冲突，因而有必要对老年人非婚同居现象进行深入研究。

（一）老年人非婚同居的法律风险

根据我国第七次人口普查数据，我国老龄人口超过 2.64 亿，丧偶老人将近 5000 万。其中，中国社科院的一项调查显示，80% 的丧偶老人有再婚意愿，但进行婚姻登记的老年人却不足一成。中国有句古话："千金难买老来伴。"现阶段，不少老年人为了精神上有寄托、生活上有照顾，会谈一场轰轰烈烈的黄昏恋，同时以期规避一些家庭和财产矛盾，减少法律纠纷，即未办理结婚登记就开始同居生活。然而，事实却并非如此，同居并不是完美的方案，非婚同居关系具有不稳定性和不确定性，非婚同居关系不受法律认可和保护，一旦两人"散伙"或一方先去世，更易产生法律纠纷。

河北省承德市中级人民法院审理了以下一起案件：

李某（1955 年 6 月 7 日生）与张某（1949 年 6 月 15 日生）经人介绍相识，签订《缔结婚姻关系协议书》后开始同居生活，协议内容约定："甲方张某，乙方李某，甲乙双方为缔结婚姻关系，就财产等相关问题达成协议：一、张某所住楼房是其子张强所有，双方缔结婚姻关系之后，由其子张强提供住处；二、甲方现有牛 7 头及承包土地，由甲方自己管理使用，其子女不得干涉；三、婚姻关系缔结后，双方共同创造财富，相互扶助，共同支配，双方子女不得干涉；……六、婚姻关系缔结前，双方自有财产归各自所有，没有取得对方同意，不得擅自处置。"此后双方一直未办理结婚登记，并于 2020 年 12 月解除同居关系，后李某向法院提起诉讼，请求法院依法判令张某给付同居生活期间共同劳动、生产、经营经济补偿款。法院经二审后作出生效判决，认为张某和李某未办理结婚登记，即以夫妻名义同居生活，系同居关系。截至李某与张某同居关系解除时，双方各自名下均有存款，双方虽陈述对方名下的存款系共同财产，但双方均未举证证明上述存款系双方同居生活期间共同所得的收入，双方之间亦无财产分割协议，故双方各自的存款不能按照共有财产进行分割。李某请求张某给付同居生活期间共同劳动、生产、经营经济补偿款的诉讼请求，证据不足，理由不充分，法院不予支持，但已查明的同居期间共同置买的宗申牌三轮摩托车一辆归张某所有，张某于本判决生效后三日内给付李某该项财产价值一半的经济补偿金500元。①

近年来，因老年人非婚同居引发的纠纷案件数量急剧增加，相应社会新闻也屡见不鲜，如"老人去世留下巨额遗产，同居老伴和女儿对簿公堂""六旬老人非婚同居15年说散就散？孰对孰错？"等报道不胜枚举，很多处于非婚同居关系之中的老年人合法权益不能得到有效保障。非婚同居其实存在诸多的法律风险：

1. 无法定身份关系

《民法典》婚姻家庭编并未明确规定同居制度。关于同居关系的处理仅见《最高人民法院关于适用〈中华人民共和国民法典〉婚姻家庭编的解释（一）》第3条规定："当事人提起诉讼仅请求解除同居关系的，人民法院不予受理；已经受理的，裁定驳回起诉。"以及《最高人民法院关于人民法院审理未办结婚登记而以夫妻名义同居生活案件的若干意见》第10条规定："解除非法同居关系时，同居生活期间

---

① 河北省承德市中级人民法院（2021）冀08民终2521号民事判决书。

双方共同所得的收入和购置的财产，按一般共有财产处理。"由此可见，同居伴侣之间无法确定身份关系。网络上流传一个段子："千万要对自己的妻子好，因为有一天，当你躺在病床上，决定你生死的不是你的医生，也不是你的朋友，只能是你的妻子，因为只有她有权签署是'继续抢救'还是'放弃治疗'。"虽然《民法典》新增的意定监护制度赋予了意定监护人一定的监护权利，但这段话依然从某个侧面说明了配偶身份的重要性。婚姻关系产生的两大至关重要的权利义务在同居关系中无法获得。

第一，相互扶养权。《民法典》第1059条规定：夫妻有相互扶养的义务。需要扶养的一方，在另一方不履行扶养义务时，有要求其给付扶养费的权利。已结婚的夫妻，即便感情不和、早已分居，但如一方突然遭遇不幸，比如重病或车祸等，另一方必须提供经济的支持和生活的照料。如另一方置之不理，需要"扶养"的一方就可以起诉对方不履行义务；若是情节严重，达到了刑法"遗弃罪"的定罪标准，可向法院提起刑事自诉，要求对方承担刑事责任。夫妻关系中重大和关乎生死的权利义务，在非婚同居伴侣之间并不存在。例如，媒体曾报道一则新闻，年近古稀的一对老年伴侣，已同居十年，后女方不幸发生车祸，男方得知女方可能瘫痪，在亲生子女的怂恿下，未说一声再见，也未交纳医药费就落荒而逃，把相濡以沫的伴侣留在医院。媒体报道后，民众都谴责丈夫无情无义，从道德层面，男方确实无情；但从法律层面，男方无须承担法律责任。

第二，法定继承权。婚姻关系中，无论配偶哪一方先去世，另一方都有权作为第一顺位继承人继承对方的遗产。但非婚同居的伴侣，即便生活的时间长久，甚至共同孕育子女，非婚同居伴侣互不在法定继承人的范围之内，不能享有法定继承权。只能根据《民法典》第1131条的规定："对继承人以外的依靠被继承人扶养的人，或者继承人以外的对被继承人扶养较多的人，可以分给适当的遗产。"以双方存在扶养关系为由提出酌分遗产请求权。

广州市天河区人民法院审理了以下一起案件：

> 20世纪90年代初，离婚后的白大爷由外省某市迁至广州，开设一家私人诊所，女儿阿英则一直跟随前妻在外省某市生活。后来，白大爷在广州认识了邵阿姨，二人交往后产生感情并同居生活，共同经营诊所，但一直未登记结婚，也未生育子女。2021年9月，白大爷病重，与邵阿姨签订《夫妻财产协议》，约定将广州市天河区某2间商铺、1个车库以及外省某市某处住宅登记为白大爷所有；广州市天河区某3间商铺和1处住宅登记为邵阿姨所有。2021年10月，白大爷因病去世。因白大爷生前未立遗嘱，邵阿姨与阿英就白大爷的遗产继承发生纠纷。邵阿姨认为其与白大爷之间构成事实婚姻，有权以配偶身份主张享有继承权，遂将阿英诉至法院，要求确认对白大爷的不动产财产及现金存款362万余元按法定继承处理，即先析出一半夫妻共同财产后再按照邵阿姨与阿英各50%的比例进行分配。广州市天河区人民法院经审理后判决：对白大爷名下的不动产，由邵阿姨分得30%的份额；现金资产，由邵阿姨分得25%的份额；其余均由白大爷女儿继承。①

因此，身份关系上法律认定缺失，是非婚同居的重大风险。司法实践中，法院一般会从扶养期间、扶养方式和扶养程度三个方面审查判断双方是否形成扶养关系。在酌分比例方面，法院一般考察酌分权

---

① 光明网. 老人去世留下巨额遗产，同居老伴和女儿对簿公堂……[EB/OL]. (2023－10－13)[2024－01－03]. https：//baijiahao. baidu. com/s? id = 1779596227165040862&wfr = spider&for = pc.

人对遗产取得的贡献度，按优先保护弱势一方的原则，根据其在被继承人家庭中的地位、作用确定，最高不超过假设酌分权人具有法定继承人地位时所分得的份额。

2. 财产分割复杂难定

有部分老年人认为同居因为缺少结婚证，一旦分手，就各自取走自己的财产，不会产生任何法律纠纷，无须对簿公堂。其实，同居财产中有两大难点，会使同居分手可能比离婚更困难、更复杂。

第一个难点：财产性质的认定难度大。比如，同样是生活在一起的一对老年人情侣，如果是领取结婚证的夫妻，婚内财产适用夫妻共同财产制度，除非夫妻双方特别约定或者属于法定个人的，这就如计算机程序中的"默认设置"一样，婚内不管哪一方的收入都推定为夫妻共同财产，适用于共同共有的分配原则；但如果未领证的老年人同居关系呢？如对同居期间的财产归属进行认定，需要证明同居期间对收入贡献的大小，同居购置房产等资产登记在谁的名下、有无具体出资，同居经营收入，等等，因此对证据责任的要求高很多。最高人民法院发布《最高人民法院关于为实施积极应对人口老龄化国家战略提供司法服务和保障的意见》中也指出：对于老年人同居析产纠纷，要综合考量共同生活时间、各自付出等因素，兼顾双方利益，实现公平公正。

第二个难点：如何证明是同居关系？只有证明了同居关系，同居期间的财产就可能判为共有。比如某法院曾审理一宗案件：一对情侣同居十年一起开店做生意。分手的时候，女方称双方是同居关系，所有的经营收入女方也有贡献，应算共同所得。但男方在法庭上陈述："对不起，我们只是普通朋友，并不是情侣！"如果是夫妻，无须证明夫妻关系，只需拿出结婚证即可，可法律并未规定"同居证"，那应如何证明同居关系呢？部分老年人有一定的法律意识，会签订《同居协议》，对同居前和同居后的个人财产、共同财产、债权债务、子女、继承等相关问题进行约定，但是大多数老年人并未签订协议，因此一旦发生纠纷，无法证明"同居关系"的事实，在此种情况下，同居期间的财产只能按个人财产处理。

我国同居现象如此普遍，为何不规定同居制度呢？这是否属于重大的立法漏洞？其实不然，如果把同居也纳入法律调整范围内，并且规定同居也适用婚姻制度的规定，那么婚姻制度就形同虚设。针对同居期间的财产如何公平处理的问题，我国在《民法典》物权编中新增了添附制度，其中的混合制度可以解决同居期间物的混合所造成的财产分割问题；《民法典》第1131条确定了酌情分得遗产权。所以从这个意义上来说，同居关系可以参照《民法典》的其他规定处理，因此无须再制定专门的条文来调整。

在司法实践中，对于"同居关系"中的财产关系，法院判决通常参照民法中的一般共同共有财产处理。如无特别约定，同居生活期间双方共同所得的收入和购置的财产按双方实际情况及出资比例予以分割。如开篇案例中，根据法院查明事实，张某和李某共同购买的共有财产仅一辆三轮摩托车，考虑财产的实际情况，因此判令该三轮摩托车归张某所有为宜，张某赔偿李某补偿金。

只有经过登记，双方才是合法的夫妻，夫妻间的权利义务才受法律的保护，老年人再婚也不例外。如未依法办理结婚登记，双方不产生夫妻间的权利义务，夫妻一方出现生病、发生意外或财产损失等情况，儿女都有可能将义务归因于另一方或其亲人，引起分歧和纠纷，造成亲属间的不和睦。此外，未经结婚登记便同居生活，可能会被别有用心者利用，受到财产和精神上的损失，因此依法办理结婚登记也是避免再婚老年人上当受骗的重要途径之一。

（二）老年人解除同居关系的财产处理

部分老年人选择非婚同居的目的之一在于保持财产独立，而在长期共同生活的情况下，彼此财产难免发生混淆。同居期间，一方经常会出于感谢照料、表达情感等方面的原因，赠与另一方一定的财产。在同居期间赠与的财产，应如何认定，这在司法实践中也一直存在争议。基于同居关系签订的合同，在同居关系解除后也须一并解除，非婚同居期间，当事人存在涉及财产、人身权利协议关系的，应当优先适用。一方赠与另一方的财物，在同居关系解除后能否要回，一般分为以下两种情形：第一种，无须返还。在双方同居期间，一方支付的食宿、旅游等消费性支出，以及双方为了增进感情、表达爱意，通过支付宝、微信等方式支付的红包、转账，例如520元、1314元等，应当认定为一般性的赠与，受赠一方无须返还。第二种，应当予以全部或部分返还。在同居期间，老年人一方为另一方支付的不属于日常生活消费的大额转账或赠与，如购车、购房、奢侈品等，能否要回，需要根据赠与财物的目的进行判断。如果赠与财物以缔结婚姻为目的，那么这种赠与以双方登记结婚为前提，属于附条件的赠与。在双方终止同居关系，结婚目的不能实现的情况下，接受财物的一方应当将受赠的财物予以返还。

山东省嘉祥县人民法院审理了以下一起案件：

张某（男）与王某（女）均系退休的单身老人，2020年经朋友介绍相识，后考虑年龄、家庭等情况，双方签订《结合协议》约定："自愿结合，共度余生，结合后，男女平等，互尊互爱。张某负责王某的吃、穿、住、看病等。各人的工资归各人。百年后，各人的婚前财产归各人，骨灰及抚恤金归各人的孩子安置。"另签订《协议》约定："双方结合后，张某每月给王某两千元，现王某有困难，张某愿赠付给王某40万元。王某用张某每月给付的两千元和孩子的房子租赁费作抵押，直至扣完40万元为止。"2020年3月23日，按照约定张某通过银行向王某转账 40 万元。2020 年 3 月 31 日，王某又以"为儿子垫付欠款"为由向张某借款 20 万元，张某通过银行向王某转账 20 万元。后张某多次向王某及其子李某催要未果，故起诉至法院要求解除《结合协议》及《协议》，并返还欠款。法院经审理判决为：张某和李某存在同居关系，在同居期间，双方自愿签订的财产给付协议，只要不违背法律的禁止性规定，不以人身权利和人身自由为给付条件，协议自然有效。因此，《结合协议》《协议》均属于有效合同。同居关系是《结合协议》和《协议》的效力基础，任何一方均有权解除。原告要求解除《结合协议》的主张，符合法律规定，应予以支持。张某依据《协议》向王某转账 40 万元，虽然《协议》中约定的是"赠付"，但从协议的具体内容看，要用张某给付王某的钱以及王某孩子的房屋租赁费抵扣，也就意味着王某需要偿还此笔款项，该《协议》实质上是附条件的给付合同，而非赠与合同。根据《中华人民共和国民法典》第 566 条规定，合同解除后，尚未履行的，终止履行；已经履行的，根据履行情况和合同性质，当事人可以请求恢复原状或者采取其他补救措施，并有权请求赔偿损失。本案中，双方同居 12 个半月，按照双方约定，可以折抵 2.5 万元，王某还应返还张某 37.5 万元。双方的第二次转账前后间隔一周，结合双方认识时间较短，且王某未提供有效证据证明此笔转账为赠与，应认定为借款，王某需偿还张某 20 万元。①

就本案而言，双方自愿签订的《协议》并不违背法律的禁止性规

---

① 山东省嘉祥县人民法院（2021）鲁 0829 民初 2163 号民事判决书。

定，也不以人身权利和人身自由为给付条件，协议自然有效。李某主张张某向其赠送财产，涉及赠送一方无偿让渡财产所有权，受赠方应当提供充分的证据以证明赠与事实，证明标准较为严格。法院通过具体的条款认定了该协议属于附条件的财产给付协议，基础条件是双方处于同居关系，必要条件是对方要用生活费、房屋租赁费进行抵扣。同居关系解除后，《协议》自然也可以解除，已经履行的部分，按照约定折抵；未履行的部分，李某应当返还。同居期间发生的财产赠与应当书面签订赠与协议，并及时完成赠与财产的交付或变更登记。

因此，老年人同居生活中应尽可能避免大额款物往来，必要时应通过合同的形式明确同居前各自的财产、同居期间购置的财产性质和归属等，以免产生经济纠纷。另外，很多失去配偶的老年人非常渴望得到关怀和陪伴，如今，很多老年人学会了使用智能手机。有的老年人感觉在网络遇到了知己，交友也可能升级为"黄昏恋"。"黄昏恋"骗局主要针对丧偶或单身老年人，以网络聊天的方式，对老年人嘘寒问暖，关怀备至，逐步与老年人发展成为网络恋人，后通过编造各种理由向老年人索要大量钱财，得逞后随即拉黑老年人，完成诈骗行为。因此，老年人需要提高警惕，以防遭遇骗局。

（三）老年人非婚同居的"家务劳动补偿"

随着老龄化社会的到来，部分老年人不再把再婚作为解决其晚年精神寄托的途径，而是将其作为一种新型的养老方式来对待。①《民法典》第1088条规定离婚经济补偿请求权："夫妻一方因抚育子女、照料老年人、协助另一方工作等负担较多义务的，离婚时有权向另一方请求补偿，另一方应当给予补偿。具体办法由双方协议；协议不成的，由人民法院判决。"这是我国立法首次承认家务劳动的价值，进一步体

---

① 吴国平. 老年人搭伴养老现象的法律规制研究［J］. 老龄科学研究，2018，6（6）：59－69.

现了社会对家务劳动价值的肯定和尊重。在《婚姻法》时代，只有在夫妻约定分别财产制的条件下，当事人在离婚时才能请求对方就自己对家庭的付出予以补偿。

2021 年，北京市房山区人民法院依据《民法典》第 1088 条的规定审结了我国的首例家务劳动经济补偿案件。在该离婚诉讼中，"全职太太"王某以承担婚姻存续期间大部分家务为由，诉请丈夫陈某赔偿其物质损失和精神损失共计 16 万元。法院在查明案件事实后认定因王某在抚育子女等方面负担了较多义务，适用《民法典》第 1088 条更有利于保护其合法权益，综合考虑双方结婚的时间、双方的生活情况等，最终判决丈夫陈某给付王某家务补偿款 5 万元。这是《民法典》自2021 年 1 月 1 日起施行以来审结的首例家务劳动补偿案件，具有标志性意义，它从法律上确定了家务劳动的经济价值，体现了法律对婚姻权益的保障越发人性化，充分表明我国在推进性别平等上尊重现实的社会家庭形态，同时也代表我国"沉睡"了 20 年的家务劳动补偿制度被"唤醒"，使得家务劳动补偿制度不再是"一纸空文"。同居关系与婚姻关系在某种程度上具有同质性，尤其是"搭伴养老"同居模式下，双方一起是"准家庭"模式。但老年人同居关系中家务补偿制度的缺失，导致同居关系负担家庭较多义务的一方请求补偿欠缺法律依据，对此方较不公平。

"法治延安"公众号登载了一则案例：

> 林某（女），退休干部，70 岁时丈夫去世。方某（男），退休干部，80 岁时妻子也去世。两人后经人介绍认识，为互相陪伴和照料，林某便搬入方某的住所。方某风趣幽默，但因年事已高，患有心脏病，腿脚不便，生活难以自理，而林某身体健康，手脚灵活。因此，方某日常起居出行等全由林某照料，两人同居期间的日常开销所用现金也多由林某代方

某从男方银行账户支取。两人经历风风雨雨，互相扶持，度过了十年，双方子女之间相处也十分和谐。然而世事难料，2020 年春节，林某外出看望亲戚，两周后回到家里，却发现门锁已换掉，敲门也没人回应，方某在屋里应声，但表示子女让两人分开，不让她进门了，女方无奈回到女儿家里。同年 9 月，81 岁的林某收到了 91 岁方某的一纸诉状，要求其归还同居期间代为支取的款项 70 多万元。开庭时，林某认为，与方某共同生活十年，相濡以沫，感情基础非常深厚，而方某已经 90 多岁，生活起居都由其照顾，因此方某应支付一定数额的家务补偿；男方当庭否认了赠与款项的事实，后双方在法庭的主持调解下，达成了调解协议，林某同意返还方某一小部分款项。①

上述案件中，方某虽然退休金较高但健康状况较差，女方退休金相对较低但身体健康，十年中承担了主要的家务劳动及照顾方某饮食起居的工作。法律作为利益平衡的重要保证，应该让付出较多义务的一方在解除同居关系时可以得到适当的经济补偿，切实保护弱势一方或者女方的合法权益，是符合现行婚姻法律的基本立法精神的。家务劳动补偿作为对家庭生活义务承担较多一方遗失利益的补偿，有必要延伸适用于非婚同居。至于家务劳动补偿的标准，《民法典》中规定"具体办法由双方协议；协议不成的，由人民法院判决"。因每个家庭情况不同，很难做到统一，可以综合考虑以下因素：一是双方婚后共同生活的时间；二是一方在家务劳动中具体付出的情况；三是另一方个人的经济收入；四是当地一般的生活水平。

---

① 法治延安公众号．浅析老年人同居的权益保护［EB/OL］．（2021 - 10 - 13）［2024 - 06 - 13］．https：//mp．weixin．qq．com/s/wz4cyXWSjtMMurpjwu3o6g．

在实践中，还有一些老年人会签订同居补偿协议，约定如双方同居关系解除之后，同居期间个人贡献的大小，或者因为受到精神伤害、身体伤害、财产损失而订立的以经济补偿为要件的协议。在司法实践中，法院对待同居补偿协议的态度也各不相同。

2021年山西省高级人民法院的某份民事裁定书如下：

> 法院审理后认为，兰某与温某于2018年2月14日达成协议，约定：双方相处四年，感情破裂，协商分手，兰某愿出10万元一次性补偿和温某相处四年的一切；分手后，双方互不相干，不再干扰对方。该协议由兰某、温某及见证人签字捺印。达成协议当天，兰某支付温某4万元，并向温某出具欠据一张，载明"今借到温某6万元整，此款于2018年8月30日还清"。由上可以看出，双方签订协议后，兰某即付给温某4万元并出具6万元欠条，这说明协议是双方为妥善解决同居期间的相关事宜而达成的合意，兰某亦未提供证据证明双方签订协议时有欺诈、胁迫的情形，因此，该协议属于双方当事人的真实意思表示，符合民事行为所应遵循的平等自愿原则，协议的约定应该属于有效合法的民事行为并受法律调整和保护，且有见证人在场并签字，为有效协议。依据协议和兰某给温某出具的欠条，二审法院最终判决兰某支付温某6万元。[①]

> 而在2015年上海市浦东新区人民法院的一份判决书中，法院认为，原、被告未经登记即同居生活，双方未依法建立夫妻关系，系同居关系。在同居期间，双方因故不和，导致无法继续共同生活而分居。双方同居时间较短，原告陈述其

[①] 山西省高级人民法院（2020）晋民申2313号民事裁定书。

主张的8万元中，一部分为补偿款，另有一部分为被告归还原告花去的日常开支，被告未认可原告陈述。由于此款为原、被告同居后分手时为情感纠葛转化产生的，有悖公序良俗，法院不予以保护，故依法驳回该诉讼请求。

因此，在司法实践中，关于同居补偿协议，结合上述案例的判决结果，法院对同居补偿协议的认定主要有三种情形：①尊重当事人的意思自治，作为完全行为能力人对自己做出的行为及其法律后果有一定的认知能力，签订补偿协议和支付补偿款都是双方的自愿行为，如未足额支付补偿款，另一方请求支付，法院予以支持。②双方未经办理婚姻登记手续而同居的行为，有悖公序良俗，因此对补偿款不予支持。同居补偿协议的效力至今未能达成一个广泛的一致，在实务中依然会考虑到双方在一起生活的时间，对补偿款的性质进行综合的判定。③如是婚外同居关系，补偿金债务的履行没有法律强制执行力，是否履行、履行的程度，全凭给付一方的意愿，法律不予干涉。一旦给付方主动履行了债务，也无权要求另一方返还。该债务应当属于不法原因之给付的自然债务，因给付方所支付的金额本是其与其配偶的夫妻共同财产，其无权擅自处置夫妻共同财产，否则将侵犯了其配偶的财产权益，因此对尚未支付部分不予支持。

作为社会热点与老年人缓和家庭冲突、追求幸福的重要方式，老年人非婚同居现象仍持续存在，在如今同居关系仍不为法律甚至民众所认可的背景下，要实现老年人在非婚同居中各项权益的保护，尤其对于梳理财产分配与继承等关系，仍需在立法、司法乃至社会价值观的培育等方面作出积极的回应。①

---

① 周利民，周旭.论老年人非婚同居财产问题的法律保障［J］.湖南警察学院学报，2019，31（6）：52-58.

第五章　老年人财产继承的民法关怀

继承是指自然人死亡后，按照法律规定或者遗嘱处理分配其所遗留的个人财产的制度。继承是一种源远流长的法律制度，自从财产私有制起，就涉及自然人死亡后其生前所积累财产的分割与处理问题。[①]我国传统继承观念讲究人格、祭祀、财产三位一体的承继，财产继承只是身份承继即宗祧继承的附庸。[②]《民法典》继承编系统集成了自中华人民共和国成立以来财产继承立法与司法实践的智慧与成果，是一部保护继承人合法权益，维护遗产债权人及其他利害关系人的合法权益，维护交易安全，发展和巩固社会主义市场经济制度，增进人民福祉的法律，可谓"法令既行，纪律自正，则无不治之国，无不化之民"。[③]

一、老年人财产的法定继承

法定继承，又称为"无遗嘱继承"，是指继承人范围、继承顺序、继承份额等均由法律直接规定的继承方式。法定继承与遗嘱继承是继承制度的两种继承方式，在没有遗嘱继承、遗赠扶养协议的情况下，

---

① 黄薇. 中华人民共和国民法典释义：下 [M]. 北京：法律出版社，2020：2132.
② 程维荣. 中国继承制度史 [M]. 上海：东方出版中心，2006：37.
③ 陈苇，贺海燕. 论民法典继承编的立法理念与制度新规 [J]. 河北法学，2020，38 (11)：32 - 48.

适用法定继承。法定继承制度最能体现一个国家的伦理亲缘观念。①

（一）老年人虚拟财产的继承

遗产和继承是紧密相连、不可分割的。遗产是继承法律关系的客体，也是继承权的标的，如公民没有遗产，就不存在继承法律关系。关于遗产的含义，《民法典》第1122条予以规定："遗产是自然人死亡时遗留的个人合法财产。"也就是说，必须是合法的财产才能纳入遗产范围；同时，遗产必须是被继承人死亡时遗留的个人财产，如果是他人所有的财产或者家庭共有的财产都不属于遗产范围。《民法典》对遗产范围采取了"正面概括加反面排除"的模式，正面规定什么是遗产，即"遗产是自然人死亡时遗留的个人合法财产"，还从反面对不得继承的遗产作出了规定。其实质就是在法无禁止即可为的情况下，以"合法财产"一言概之，扩大了遗产的范围，顺应了社会经济和科技的发展，更好地保护了人民群众的合法财产权益。要认定被继承人的财产是否属于遗产，应从以下五个方面来进行确认：一是只有自然人死亡时遗留下来的财产才是遗产，被继承人还未去世，财产就不属于遗产。二是遗产只能是自然人死亡时遗留的个人合法财产，不包括人身权利。三是只有在被继承人生前归其个人所有的财产，才是遗产。如果为他人保管的财产，该财产从性质上不属于被继承人，也不属于遗产。四是遗产只能是自然人的合法财产，如果是被继承人生前通过盗窃、抢劫、诈骗等不法手段取得的财产，那么上述财产不具备合法性，不得作为遗产。五是处理上的流转性。遗产最终要转由他人继承，必须具有流转性。比如农户享有的土地承包经营权，因为只能在村集体内部流转，原则上也不能成为遗产。如果符合上述五个方面的条件，被继承人遗留的财产才能认定为遗产，否则，不能纳入遗产的范畴。

---

① 最高人民法院民法典贯彻实施工作领导小组. 中华人民共和国民法典婚姻家庭编继承编理解与适用［M］. 北京：人民法院出版社，2020：526.

根据《民法典》第 1122 条第 2 款规定，依照法律规定或者根据其性质不得继承的遗产，不得继承。该款是从反面对遗产范围作出的排除性规定，哪些遗产不能继承呢？

首先是依照法律规定不能继承的遗产。对于国有资源，自然人可以依法取得和享有使用权，如采矿权、海域使用权等，但上述权利不能作为遗产被继承。被继承人死亡后，继承人如想要子承父业，只能重新向相关主管部门申请，由主管部门重新进行审核批准。因此，国有资源使用权不能继承。对于农村的宅基地使用权，法律也明确规定不能继承。人身性质的保险金也不得继承，例如在保险合同中指定受益人的保险金，如果被继承人生前作为被保险人购买的人寿保险指定了受益人，那么被继承人死亡后，保险金只能属于受益人，而不能作为被继承人的遗产来进行分配。

其次是具有人身属性的财产。抚恤金、补助金、救济金、最低生活保障金、残疾补助金等，专属于自然人本人，具有人身属性；著作权中的署名权属于人身性权利，如被继承人去世了，上述权利就灭失了，也不能作为遗产继承。①

但是回归到具体的司法实践，关于遗产性质的确定上经常会产生纠纷。因为在现实社会生活中，基于家庭生活需要或者其他经济目的，家庭的财产往往不是明确分割的，如债权债务关系、家庭成员或夫妻共同财产、企业入股等财产关系，错综复杂，一旦被继承人死亡，遗产就与他人的财产混在一起，难以厘清和分辨。就如常常和遗产混同的夫妻共有财产，夫妻共同生活一辈子，晚年丈夫去世了，留下的财产哪些属于妻子所有，哪些属于遗产呢？对此，《民法典》第 1153 条规定："夫妻共同所有的财产，除有约定的外，遗产分割时，应当先将共同所有的财产的一半分出为配偶所有，其余的为被继承人的遗产。"

---

① 马新彦. 遗产限定继承论［J］. 中国法学（文摘），2021（1）：85 – 104..

至于遗产与家庭财产等其他财产的区分，原则上一致，都应先把属于他人的财产从被继承人的财产中分割出来，余下的才能认定为遗产。

随着互联网技术的不断发展，网络和无线支付成为我们生活的一部分，中国互联网络信息中心（CNNIC）发布的第51次《中国互联网络发展状况统计报告》显示，截至2022年12月，我国互联网用户规模达10.67亿，互联网普及率达75.6%。同时，仅2022年，我国网络支付交易额达337.87万亿元。虚拟财产纳入法律保护非常必要，因此，我国《民法典》第127条也积极作出回应："法律对数据、网络虚拟财产的保护有规定的，依照其规定。"首次将网络虚拟财产纳入民事法律规范的调整范围。从世界范围看，我国是第一个将网络虚拟财产保护写入《民法典》的国家，这体现了我国《民法典》的前瞻性、人文精神以及经济要义。

那么如电话号码、比特币、游戏账号，还有网络店铺、微信账号之类的网络虚拟财产能否作为遗产被继承呢？对于这个问题，《民法典》并未予以明确规定。但是从遗产法律属性和网络虚拟财产的财产属性看，虚拟财产可以成为遗产，也可以被继承。

河南省信阳市平桥区人民法院审理了一起关于电话号码继承的案件：

　　朱某系原告朱小某的父亲，朱某于2021年1月27日去世，其生前使用中国移动手机号码，朱某去世后，原告朱小某向移动公司申请办理该手机号过户业务，因朱某生前未立遗嘱，也无法证明原告系唯一继承人，故移动公司未予以办理该项过户业务，朱小某向法院起诉，请求判决被告移动公司配合将其父亲生前使用手机号码过户至其名下。法院审理后认为：手机号码的所有权归属于国家，通信工具号码属于广义的虚拟财产，电话号码随着被继承人的使用逐渐具有特定的人身属性，产生一定的关联利益，可见，手机号码的使用权同样具有财产权益，其本质是一种用益物权。本案中，被继承人朱某配偶于 2015 年去世，双方育有两个子女，即原告朱小某与第三人朱妹，朱妹放弃对该手机号码使用权的继承，并同意由其姐姐朱小某予以继承，故该号码使用权可由朱小某继承。①

根据《电信网码号资源管理办法》规定，码号资源属于国家所有，国家对码号资源实行有偿使用制度；工业和信息化部负责全国码号资源的统一管理工作；国家对码号资源的使用实行审批制度；该管理办法关于可收回已分配手机码号资源的九大情形中并不包括机主死亡的情形。码号资源由通信公司向通信管理部门申请取得，手机号码使用者再与通信公司签订《入网服务协议》，即享有对手机号码的使用权，并依据《入网服务协议》享有通信公司提供的各种通信服务。因此，手机号码应当具有债权和物权的双重属性。从债权的角度上看，根据《民法典》第 557 条规定，合同的权利义务不随着债权人死亡而终止。也就是说，债权即手机号码使用者对《入网服务协议》享有的权益是可以继承的。

查看中国裁判文书网，大部分法院对将虚拟财产纳入遗产范畴并可以继承是认可的，但部分法院认为因虚拟财产的价值不易判断，在当事人均不申请价值评估，也未达成一致意见的情形下，对手机号码归属暂不予处理。② 但也有部分法院会作出不同认定：认为手机号码不是被继承人的合法财产，以不是遗产为由，不予处理。③

由于虚拟财产具有较强的隐私性，相比房产、车辆、存款这些传

---

① 河南省信阳市平桥区人民法院（2021）豫 1503 民初 7923 号民事判决书。
② 山东省新泰市人民法院（2022）鲁 0982 民初 321 号民事判决书。
③ 辽宁省大连市中级人民法院（2023）辽 02 民终 160 号民事判决书。

统类型的财产，更难确认和查找，导致民众在实际中难以继承。因此，被继承人可以通过订立遗嘱的方式对虚拟财产作出安排，避免在被继承人去世之后引起继承人之间不必要的纠纷，能够有效地让财产得以传承。

（二）老年人遗产的分配原则

敬老爱老是中华民族的传统美德，实现"老有所依、老有所养、老有所居"是文明和谐社会的应有之义。近年来，子女以"父亲再婚时其已成年，继母没有履行抚养和教育义务"为由主张继母少分、不分遗产的情况时有发生，势必对日常照料看护生病配偶、共同生活数十年的古稀老人造成经济上、精神上的严重打击。《民法典》第1130条第3款规定："对被继承人尽了主要扶养义务或者与被继承人共同生活的继承人，分配遗产时，可以多分。"这是鼓励型的不均等，对尽了主要扶养义务或者与被继承人共同生活的继承人给予鼓励，其主要目的是弘扬中华民族的优良传统，保护老年人的合法权益。

"淮阴法院"微信公众号登载了一则继承案件：

老人周某某前夫及韩某甲前妻去世后，周某某与韩某甲登记结婚，韩某甲与前妻共育有韩某乙等五个子女，二人有房改房屋、存款若干。自2000年起韩某甲因病经常住院治疗，直至2017年其因病情加重去世，这期间均由周某某负责日常照顾护理。韩某甲去世后，生前所在单位向韩某甲名下银行卡账户发放抚恤金、丧葬费和补发部分工资，该银行卡由韩某乙保管，韩某乙主要负责操办韩某甲的丧葬事宜。保管该银行卡期间，被告韩某乙从该账户中取出钱款给被告韩某丁保管。因周某某与韩某甲等人至今未能对遗产分割达成一致，周某某遂起诉要求分配遗产。法院经审理认为：《民法典》第 1156 条规定，遗产分割应当有利于生产和生活需要，不损害遗产的效用。不宜分割的遗产，可以采取折价、适当补偿或者共有等方法处理。《民法典》第 1130 条规定，同一顺序继承人继承遗产的份额，一般应当均等。对被继承人尽了主要扶养义务或者与被继承人共同生活的继承人，分配遗产时，可以多分。本案中，韩某甲未留遗嘱，应当按照法定继承顺序继承。韩某甲生前和原告周某某共同生活，且日常生活主要由原告周某某照料，在分配遗产时周某某可酌情多分。另周某某已在讼争房屋内生活三十余年，且仅有这一套住房可居住，对该套房屋有实际居住需求，而各子女均有住房居住，所以本院确认由周某某获得房屋所有权并对韩某乙等人进行折价补偿。法院判决韩某甲遗产中房改房屋归周某某所有，周某某给付韩某乙等人折价款，韩某甲遗产中银行存款、抚恤金、租金等由保管者各自向其他当事人给付相应补偿款。①

上述案例，涉及遗产的分配规则，一方面体现了平等保护继承权，另一方面体现了在特殊情况下对遗产份额分配时进行合理的倾斜。那么，遗产应如何进行分配呢？

1. 以均等为一般原则

《民法典》第 1130 条第 1 款规定："同一顺序继承人继承遗产的份额，一般应当均等。"根据此规定，在法定继承中，同一顺序继承人的继承份额应当均等。由于继承权主要是基于血缘关系而产生的，同一顺序的法定继承人法律地位是平等的，无论是自然血亲还是拟制血

---

① 谢静，李亮亮．［明法安淮·微案例］第 123 期 分配遗产时应依法保护被继承人老年配偶权益［EB/OL］．（2023－09－19）［2024－01－03］. https：//mp. weixin. qq. com/s？＿ biz＝MjM5NDgyNzQxOA＝＝&mid＝2649733900&idx＝1&sn＝b2ea591a0e9d132ebee24e8f392bcc3d.

亲，都平等地享有继承财产的权利，并均等地获得遗产。在法定继承中，同一顺序继承人的基础份额均等应当满足下列条件：一是各继承人均没有放弃或者丧失继承权；二是各继承人对被继承人均尽到了赡养义务和共同生活的情况大致相同；三是各继承人自身的经济和身体状况差别不大；四是各继承人之间没有达成一致协议，对遗产进行不均等的划分。

2. 照顾生活特殊困难和缺乏劳动能力的继承人

对于公平的理解，不仅体现为对相同情形相同对待，还体现为对不同情形不同对待。① 根据《民法典》第 1130 条第 2 款规定："对生活有特殊困难又缺乏劳动能力的继承人，分配遗产时，应当予以照顾。"当继承人在生活和经济上存在特殊困难时，即便其与其他继承人在法律上处于同一顺序，仍有必要在遗产分配时对其予以特殊照顾，使其生活获得必要的保障。应当予以照顾的继承人必须满足两个条件：一是生活有特殊困难，指继承人没有独立生活来源或其经济收入难以维持最起码的生活水平。二是缺乏劳动能力，指继承人因年迈、病残等原因，丧失或部分丧失劳动能力的情况。在实践中，继承人同时具备上述两个条件，则根据继承人生活困难和缺乏劳动能力的具体情形，确定遗产分配中对其予以照顾的合理限度。这充分体现了遗产在被继承人死亡后起到继续抚养继承人的功能，也体现了家庭成员之间团结互助的优良传统。另外，根据《民法典》第 1155 条规定了胎儿预留份额，遗产分割时，应当保留胎儿的继承份额。胎儿娩出时是死体的，保留的份额按照法定继承办理。

3. 酌情考虑继承人对被继承人的生前扶养情况

法律体系包含一些源于非法律领域的概括性、抽象性的日常概念，

---

① 陈光中.《刑事诉讼法》再修改的若干重要问题探讨 [J]. 政法论坛，2024，42（1）：35 – 44.

因此，法律概念体系会与关于世界的非法律理解耦合在一起。[①] 这决定了法律必然要维护现存的制度和道德、伦理价值观念，并且可以反映某一时期、某一社会的社会结构。[②] 为了弘扬尊老养老的社会风尚，激励继承人积极履行赡养义务，同时对有能力扶养而不履行扶养义务的行为给予必要制裁，《民法典》在遗产份额分配规则中融入了权利义务相一致的理念，将继承人的应继份额与其扶养义务履行情况相关联。对此，《民法典》第 1130 条第 3 款规定："对被继承人尽了主要扶养义务或者与被继承人共同生活的继承人，分配遗产时，可以多分。"第 4 款规定："有扶养能力和有扶养条件的继承人，不尽扶养义务的，分配遗产时，应当不分或者少分。"

在司法实践中，尽"主要扶养义务"，是指继承人承担了照顾被继承人生活起居的主要劳务，或支付被继承人的大部分生活费用。有的子女与老年人同住一个屋檐下，相互照料关怀，对老年人起到了精神慰藉的作用，也可以多分遗产。但是本款规定的分配原则不具有强制性，在分配遗产时可以多分，但不是应当多分。比如，在第一顺序的法定继承人中，不仅包括尽了主要扶养义务的继承人，还包括生活有特殊困难又缺乏劳动能力的继承人，后者属于法定照顾的类型，因而在分配遗产时，特别在遗产整体总量较少的情况下，则必须留较多份额给生活有特殊困难又缺乏劳动能力的继承人；对被继承人尽了主要扶养义务或者与被继承人共同生活的继承人，只能分得较少的遗产份额。有的继承人虽然尽了主要扶养义务，但其收入相较于其他继承人明显较高，在此情况下，不一定会多分遗产份额。当然，有扶养能力和有扶养条件而不尽扶养义务的继承人，应当不分或者少分遗产。[③] 如果被继承人生前需要继承人扶养，继承人有扶养能力和扶养条件却

① 舒国滢，王夏昊，雷磊. 法学方法论 [M]. 北京：中国政法大学出版社，2018：72.
② 瞿同祖. 中国法律与中国社会 [M]. 北京：中华书局，2003：1.
③ 何志. 民法典·继承判解研究与适用 [M]. 北京：中国法制出版社，2022.

不尽扶养义务，不仅违反公序良俗原则，而且违反法律规定，情节严重的甚至可能触犯遗弃罪和虐待罪，导致丧失继承权。

4. 继承人可经协商一致分配

《民法典》第 1130 条第 5 款规定："继承人协商同意的，也可以不均等。"同一顺序的继承人在不违背法律强制性规定和公序良俗的前提下，继承人之间应本着互谅互让、团结和睦的精神，自行协商确定各个继承人的遗产继承份额。需特别注意的是，协商的不均等分配遗产必须是全体继承人一致同意不均分，不应实行少数服从多数原则。

上述案例中，子女与配偶虽同为第一顺位法定继承人，但在依照法定继承分配遗产时，对被继承人尽了主要扶养义务或者与被继承人共同生活的继承人，可以多分；而对有扶养能力和扶养条件的继承人，不尽扶养义务的，应当不分或少分。充分考虑各继承人履行义务情况，特别注意保护被继承人老年配偶的合法权益，合理分配各继承人遗产份额，其中全面考虑讼争房屋来源和现实情况，充分尊重老年人对旧有居所的情感依托，充分考虑各继承人居住情况和现实需求，由老年配偶享有房屋所有权更能发挥房屋本身效用，充分保障老有所居，树立依法保护被继承人再婚老年配偶的合法权益的价值导向。

（三）老年人遗产继承中继承权的丧失

继承权兼具身份权和财产权的双重品格，侵害继承权行为因非继承人僭称继承人而发生。[①] 被继承人死亡后，继承人最终能否继承，是由继承人自己的意愿决定的，如果继承人接受，或者没有表态，法律认可其接受继承。只有继承人以书面形式明确放弃，法律才认为是放弃继承权。除了主动放弃，《民法典》还规定了丧失继承权，丧失继承权不再考虑继承人的自由意志，实质上是一种法定的惩罚措施。

继承权丧失，是指出现法律规定的事由时，继承人会失去继承遗

---

① 王泽鉴. 侵权行为［M］. 北京：北京大学出版社，2009：149.

产的资格。《民法典》第 1125 条规定："继承人有下列行为之一的，丧失继承权：（一）故意杀害被继承人；（二）为争夺遗产而杀害其他继承人；（三）遗弃被继承人，或者虐待被继承人情节严重；（四）伪造、篡改、隐匿或者销毁遗嘱，情节严重；（五）以欺诈、胁迫手段迫使或者妨碍被继承人设立、变更或者撤回遗嘱，情节严重。继承人有前款第三项至第五项行为，确有悔改表现，被继承人表示宽恕或者事后在遗嘱中将其列为继承人的，该继承人不丧失继承权。"从《民法典》的规定来看，丧失继承权分为绝对丧失和相对丧失。

1. 继承权的绝对丧失

"染血之手，不能为继承人"，这句著名的日耳曼法谚告诉我们严重的犯罪行为会导致继承权的绝对丧失，且继承权一旦丧失，不得恢复。继承权的绝对丧失主要有两种情形：一是故意杀害被继承人，二是故意杀害其他继承人。故意杀人行为作为严重的刑事犯罪，性质非常恶劣。当继承人实施故意杀害被继承人的犯罪行为及其他严重违反伦理道德等行为时，国家以公权力的方式来对私权进行保护有其正当性。[①] 但是，并不是继承人一旦涉及刑事犯罪都会导致继承权的绝对丧失，如继承人的过失行为或意外事件导致被继承人死亡的，继承人不会丧失继承权。如果继承人没有实施杀害行为，是继承人的配偶或者其他近亲属，为了协助争夺财产，自作主张杀害其他继承人，此种情形下也不会导致继承权的绝对丧失。但如果杀害行为是由继承人教唆的，则按照刑法中的共同犯罪原则处罚，继承人构成故意杀人罪的教唆犯，继承人依然会丧失继承权。此外，如果继承人杀害其他继承人，不是为了争夺遗产，而是出于其他目的，那么行凶者只会科处刑罚，不会必然导致丧失继承权。如果被继承人不想让杀害他人者继承其遗产，则可以用遗嘱排除其继承资格。

---

① 杨立新. 继承法修订入典之重点问题［M］. 2 版. 北京：中国法制出版社，2016.

在济南市中级人民法院审理的一起继承纠纷案件中，丈夫杀害妻子而导致继承权的绝对丧失：

> 原某与武某 1984 年 10 月结婚，两人共有房屋一套。2016 年 5 月 24 日，原某与武某在家中因包饺子发生争执，后发展到撕扯，武某首先用菜刀将原某左小臂砍伤，原某一时激愤，将武某掐死。2016 年 11 月 18 日，法院经审理作出刑事判决书，认定被告原某因家庭琐事杀害妻子，犯故意杀人罪，判处有期徒刑 15 年。后武某继承人因遗产分割纠纷提起诉讼，法院审理后认为，原某作为配偶本享有法定继承权，但因故意杀害被继承人武某，且被依法判处有期徒刑 15 年，属于法定继承权丧失情形，所以应剥夺原某继承权。[①]

2. 继承权的相对丧失

继承人的行为如果还未到危及生命的程度，而是损害了被继承人或其他继承人的人身、财产等其他合法权益，继承人的继承权可能会相对丧失，相对丧失的继承权可经被继承人的宽宥而恢复。比如，继承人遗弃、虐待被继承人，这是严重损害被继承人的健康权。再如，继承人为了多分得遗产或独占遗产，伪造、篡改、隐匿或者销毁遗嘱，损害了被继承人和其他继承人的财产权益。《民法典》在《中华人民共和国继承法》（以下简称《继承法》）的基础上还新增了一种情形，也会导致继承权相对丧失——继承人用欺诈或者胁迫手段，影响被继承人设立、变更或者撤回遗嘱。如继承人欺骗被继承人，设立对自己有利的遗嘱，以及胁迫被继承人修改或者撤回已经设立的、对自己不利的遗嘱，都会导致继承权的相对丧失。

---

① 济南市历城区人民法院（2017）鲁 0112 民初 1819 号判决书。

3. 继承权的恢复

据《辞源》解释，宽宥，乃宽容饶恕之意。[①] 继承权恢复，是指继承人相对丧失继承权的时候，经过被继承人的谅解，可以恢复继承权。但是继承人存在绝对丧失继承权的情形，则是无法予以恢复的。恢复继承权，需要得到被继承人的宽宥，重新认可继承人的继承资格。宽宥是一种单方法律行为，只要被继承人生前有表明谅解、宽恕继承人的意思表示即可。《民法典》和相关司法解释并未对宽宥形式作出特别规定，被继承人生前对继承人表示宽宥，包括生前具体行为如双方关系改善、接受扶养、共同生活等，被继承人也可通过遗嘱行为表示宽宥，如被继承人订立遗嘱指定有过错的继承人依然属于遗嘱继承人，通过遗嘱更能表明被继承人已宽宥了有过错的继承人，同意让其恢复继承权，因此有过错的继承人可依法继承遗产。

2016 年，北京市第三中级人民法院审理了一起继承纠纷案件：

> 被继承人陈某、郝某夫妇婚后未生育子女，于 1973 年收养一子郝小某，并将郝小某抚养成人。后郝某罹患重病，半身不遂，需要人照顾，但郝小某却携妻子搬回其亲生父母处居住，弃郝某与陈某而不顾。陈某难以独自照顾郝某，经与郝小某多次交涉，郝小某才返回与陈某、郝某共同居住。不久，郝某去世，未留有遗嘱。郝某去世后，陈某与郝小某之间的矛盾愈加尖锐，陈某独自回到农村居住。一年后，陈某以赡养纠纷为由将郝小某诉至法院，法院依法判决，但郝小某一直未履行判决书中所确定的义务，并将陈某诉至法院要求解除收养关系。法院判决解除郝小某与陈某之间的收养关系。郝小某随后再次提起诉讼，要求继承郝某遗产。法院经

---

① 商务印书馆编辑部．辞源：上［M］．北京：商务印书馆，2010：942．

审理后认为，已生效判决中认定了郝小某对于郝某患病后迁出养父母住所的事实，并认定郝小某的行为对养父母构成遗弃。尽管郝小某称其曾为郝某购买食品、药品，并在其去世前短暂的时间内与郝某同住，但郝小某上述有限的行为并不能等同于其完全履行了作为养子应尽的赡养义务。此外，在郝某去世后，从郝小某与陈某的关系继续恶化并导致历次诉讼来看，郝小某与养父母的矛盾可谓由来已久。综合考虑已经生效判决认定的事实以及双方多年形成的积怨，应当认定郝小某因遗弃被继承人而丧失继承遗产的权利。依据《民法典》第 1125 条第 3 款之规定，遗弃被继承人的郝小某应丧失继承权。[①]

具体到本案，行为人负有法定的抚养、赡养或者扶养义务，且具有履行上述义务的能力却拒绝抚养、赡养或者扶养的，构成遗弃行为。根据司法实践，行为人是否有能力负担，需要司法机关结合其工作收入、具体开支情况综合加以认定。常见的遗弃老年人的行为包括：对老年人长期不予照顾和不提供生活来源；认为老年人是累赘，驱赶、逼迫老年人离家，致使被害人流离失所或者生存困难；遗弃患严重疾病或者生活不能自理的老年人；遗弃致使被害人身体严重损害或者造成其他严重后果等。上述行为属于《刑法》第 261 条规定的遗弃的"情节恶劣"，应当依法以遗弃罪定罪处罚，应成为继承权丧失中"遗弃"的判断标准。对于法律上不负有扶养义务的人拒绝扶养的，一般不应认为是遗弃行为，但如果在长期的家庭生活中已形成事实上的抚养关系，则应承担相应的赡养义务。例如，李奶奶未婚未育，其侄女在年幼时一直跟随李奶奶生活，李奶奶将侄女抚养至成年，但是并未

---

① 北京市第三中级人民法院（2016）京 03 民终 5339 号民事判决书。

到政府部门办理正式的收养手续。侄女成年后，对于年迈的李奶奶负有赡养的义务。对于这种赡养扶助关系，法律也应予确认和保护，侄女不能对李奶奶不管不问，否则属于遗弃行为。但是，对于由于家庭成员之间的矛盾或误解所引起的关系冷淡、联系不密切，继承人较长时间不看望被继承人，一般不能认定为继承人遗弃被继承人。继承人遗弃被继承人的，均丧失继承权，而不管其是否被追究刑事责任。但是，继承人遗弃被继承人以后确有悔改表现，而且被继承人生前又表示宽宥的，可不确认其丧失继承权。

事实上，不存在继承权失而复得的过程，只是在继承回复请求权诉讼中不可避免地会涉及确认继承人资格问题。[1] 继承权是法律规定的继承人享有被继承人财产的一种法定权利，但如继承人对被继承人实施损害或篡改遗嘱等行为，或者是对被继承人和其他继承人实施了重大的伤害行为，仍允许过错继承人享有继承权，使其利己的非法目的得逞，多得甚至独自获得全部遗产，会颠覆我国历来尊崇的传统家庭伦理和公平正义的观念。

《民法典》既赋予民事主体丰富的民事权利，又要求侵害民事权利者承担相应的民事责任。因此，在上述情况下就需动用法律的强制性，对过错继承人的继承权利和资格进行否定，继承权丧失制度也就应运而生。完善的继承权丧失制度有利于规范继承人的合法继承行为，维护社会的道德人伦和家庭秩序，维持良好的遗产继承秩序，维护遗嘱人的遗嘱自由。《民法典》关于继承权丧失和宽宥制度的规定，体现了《民法典》注重维护家庭伦理、重视家庭文明建设、倡导优良家风、弘扬家庭美德的价值导向，也是现代法治社会"隆礼重法，德法兼治"的重要表现。

---

[1] 郭明瑞，房绍坤，关涛. 继承法研究［M］. 北京：中国人民大学出版社，2003：68.

（四）老年人遗产的限定继承

传统家族法对家庭债务履行"父欠债子当还，子欠债父不知"原则。① 不管儿子是否继承父亲的遗产，均需承担父亲的债务。而《民法典》第 1161 条规定了限定继承：继承人以所得遗产实际价值为限清偿被继承人依法应当缴纳的税款和债务。超过遗产实际价值部分，继承人自愿偿还的不在此限。也就是说，继承人对被继承人的遗产债务承担的是以继承的遗产实际价值为限的有限清偿责任，而非无限清偿责任。② 依据该原则，继承人接受遗产后，对于被继承人生前依法应当缴纳的税款和个人所欠债务，仅在其接受的遗产的实际价值范围内，承担清偿义务。③ 对于超出遗产实际价值的债务，可以不负清偿责任。当然，对于继承人自愿偿还超过所得遗产实际价值部分的被继承人生前应缴纳的税款和个人所负的债务的，属于继承人权利自治的范畴，法律对此并不进行干预。④

1. 被继承人的遗产债务的范围

根据权利义务相统一的原则，如继承人接受继承，应同时行使被继承人的财产权利和履行财产义务，不能仅继承财产权利，而不承担财产义务。分割遗产时，清偿被继承人依法应当缴纳的税款和债务，实质上就是继承人履行遗产所附财产义务的行为。

被继承人遗产债务，是指被继承人生前个人依法应当缴纳的税款和用于个人生活所欠下的债务。被继承人的遗产债务主要包括以下几类：①被继承人按照我国税收法律法规的规定应当缴纳的税款；②被继承人因合同、侵权行为、无因管理等原因欠下的债务；③其他属于

---

① 汪洋. 貌离神合：家庭财产法对传统家观念的呈现 [J]. 社会科学文摘，2023（9）：112 – 114.

② 夏吟兰，龙翼飞. 家事法研究：2021 年卷 [M]. 北京：社会科学文献出版社，2021.

③ 马新彦. 遗产限定继承论 [J]. 中国法学（文摘），2021（1）：85 – 104.

④ 最高人民法院（2018）最高法民申 4528 号民事裁定书。

被继承人个人的债务，如合伙债务中属于被继承人应当承担的债务，被继承人为他人债务承担的保证债务等。

值得注意的是，在清偿遗产债务时，即使被继承人的遗产的实际价值不足以清偿所有债务，但是也应当为需要特殊照顾的缺乏劳动能力又没有生活来源的继承人保留必要的份额，以满足其基本生活需要，这充分体现了《民法典》秉承的"以人为本"的基本立法精神。

2. 被继承人税款、债务清偿的原则

《民法典》规定，有多种遗产债务待清偿时，首先清偿继承费用，剩余的再清偿未缴纳的税款；其次是被继承人生前所欠债务；再次是酌分遗产债务；最后才是遗赠债务。被继承人债务的清偿顺序和方法，司法实践中一般采取以下两种方法：①先清偿债务后分割遗产。先清偿债务后分割遗产是一种总体清偿方式。按照这种清偿方式，共同继承人首先从遗产中清算出债务，并将清算相应债务数额的遗产直接交付给债权人，然后，根据各继承人应当继承的份额分配剩余遗产。②先分割遗产后清偿债务。先分割遗产后清偿债务是一种分别清偿方式。按照这种清偿方式，共同继承人首先根据他们应当继承的遗产份额分割遗产，同时分摊遗产债务。然后，各继承人根据自己分摊的债务数额向债权人清偿。

司法实践中，如遗产已被分割但继承人并未清偿遗产债务的，按照下列规则处理：

第一，遗赠扶养协议的扶养人和酌分遗产人不承担债务清偿责任。酌分遗产人和遗赠扶养协议的扶养人与被继承人有扶养关系，他们接受遗产前，要么是已经履行了扶养义务，要么是没有血缘关系，但一直依靠被继承人扶养。于是法律规定，他们分得遗产后，也不用清偿被继承人的债务。除他们以外，无论是法定继承人、遗嘱继承人，还是受遗赠人，都有清偿遗嘱债务的责任。

第二，既有法定继承又有遗嘱继承和遗赠的，首先由法定继承人用其所有遗产清偿债务，所得遗产不足以清偿时，剩余的债务由遗嘱继承人和受遗赠人按比例偿还遗产债务。如张大爷去世时遗留100万元遗产，女儿张芳按遗嘱继承了其中的30万元遗产，外甥李四按遗赠继承了30万元遗产，儿子张三按法定继承了40万元遗产，但是张大爷所欠的税款和其他债务是50万元。此时，法定继承人张三要先用全部40万元清偿债务，还剩下的10万元债务，由遗嘱继承人张芳和受遗赠人李四分别负担5万元。因为张芳和李四获得的遗产比例是相同的，所以承担遗产债务时也应平分。

第三，如果只有遗嘱继承和遗赠，则由遗嘱继承人和受遗赠人按比例以所得的遗产进行偿还。当然，缴纳税款和清偿债务以被继承人的遗产实际价值为限，如遗嘱继承人以及受遗赠人分得的遗产不足以清偿债务，此时对剩余部分债务，遗嘱继承人和受遗赠人不再承担清偿责任。

有时，被继承人的遗产为实物或不动产，各继承人要求保留这些实物作为纪念或使用不动产，也可由继承人先继承实物或不动产，然后按照实物或不动产价值的比例分别承担清偿被继承人债务的责任。

适用限定继承原则时，应当注意：一是要明确遗产债务，遗产债务是被继承人生前所欠的债务，被继承人死亡，继承开始是区分遗产债务和继承人债务的分界点，遗产债务不包括被继承人死后继承人所欠的债务和其他应该缴纳的税款。遗产分割完毕以前，与遗产有关的管理和继承费用、税费不属于遗产债务。继承人获得遗产后因遗产而产生的孳息物，应当由继承人清偿，而不受其继承遗产份额的限制。二是区分遗产的实际价值。《民法典》第1161条所规定的"遗产实际价值"，指遗产在被继承人死亡时的实际价值，而不是遗产分割时的实际价值。在生活中，特别是被继承人是老年人时，子女为考虑到尚在世父母的感受，选择在被继承人死亡后较长时间内不对遗产进行分割。例如，父母一方去世后，遗产并未马上进行分配，而是在另一方去世后再一并进行分割。此时可能存在继承人在遗产分割前已实际占有全部或部分遗产，可能对遗产的使用而导致其价值的减少。在此种情况下，如需清偿遗产债务，继承人承担的债务份额应以继承开始时遗产的实际价值为准，且该继承人不能以放弃继承为抗辩拒绝履行债务的偿还。如遗产在分配前已被该继承人实际占有并损耗部分价值，从而不足以清偿遗产债务，则由该继承人补偿其减少的价值。

3. 遗赠与遗产税款、债务清偿

《民法典》第1162条规定："执行遗赠不得妨碍清偿遗赠人依法应当缴纳的税款和债务。"据此，遗赠是遗嘱人利用遗嘱的方式将其财产于其死后赠给国家、集体或者法定继承人以外的组织、个人的法律行为。遗赠是单方民事法律行为，遗赠的内容往往只包括财产利益，而不包括财产义务。基于遗赠的上述特点，如遗赠人有依法应缴纳的税款和债务，遗赠的财产应是全部遗产权利和义务相抵后剩余的财产利益。本条对遗赠与遗产债务清偿的顺序作出了规定，即"执行遗赠不得妨碍清偿遗赠人依法应当缴纳的税款和债务"。此规定可以防止遗赠人通过遗赠逃避其对债权人的债务，有效保护遗产债权人的合法权益。按照上述规定，在遗赠和清偿债务的顺序上，清偿债务优先于执行遗赠。只有在清偿完所有遗产债务后，尚有剩余遗产时，遗赠才能得到执行。如果遗产已不足清偿债务，则遗赠就不能执行。

2021年，辽宁省鞍山市中级人民法院审理了一起案件：

2018年12月4日，杨某涛向原告周某出具欠条一份，内容为"周某从1994年在杨某涛处盖酒楼至今没有开工资，杨某涛答应给付10万元。欠款人：杨某涛，2018年12月4日"。2020年11月13日，杨某涛因病逝世，被告系杨某涛的女儿，杨某涛死后无住房公积金、丧葬费无剩余、养老保险账户无余额。鹤某楼海鲜酒府工商信息显示，该酒府于

2005 年 11 月 29 日成立，位于鞍山市某区，企业类型为个人独资企业，股东为杨某涛，注册资金为 40 万元，出资额 40 万元未实缴，持股比例 100%，食品卫生许可证有效期至 2012 年 5 月 26 日，2013 年至 2019 年企业年度报告中，企业经营状态为歇业。

生效裁判认为，依法继承遗产应当清偿被继承人的债务，清偿债务以被继承人的遗产实际价值为限。杨某涛生前向原告出具欠条，答应给付原告 10 万元工资款，双方形成合意。杨某涛未能履行债务，因其已经死亡，原告有权向继承杨某涛遗产的继承人主张权利。本案中，原告除主张杨某涛死亡后鹤某楼海鲜酒府为杨某涛遗产外，未提供其他证据证明被告继承杨某涛其他遗产。综上，杨某涛死亡后并未留有遗产，被告未实际继承杨某涛遗产，原告亦未提供其他证据证明被告实际继承杨某涛遗产的情况。因此，原告要求被告在遗产继承范围内承担偿还原告债务的主张，无事实依据，不予支持。[①] 在本案中，《民法典》第 1161 条规定："继承人以所得遗产实际价值为限清偿被继承人依法应当缴纳的税款和债务。超过遗产实际价值部分，继承人自愿偿还的不在此限。继承人放弃继承的，对被继承人依法应当缴纳的税款和债务可以不负清偿责任。"原告周某认可被继承人杨某涛除案涉酒店外，再无其他遗产，工商信息显示该酒店出资额 40 万元未实缴。因此说，因周某无证据证明杨某涛留有遗产及杨某涛的继承人继承了相关遗产的事实，其诉讼请求不能得到支持。

---

① 辽宁省鞍山市中级人民法院（2021）辽 03 民终 2736 号民事判决书。

在继承诉讼中往往需要追加继承人、受遗赠人参加诉讼。对此，《最高人民法院关于〈中华人民共和国民法典〉继承编的解释（一）》第 44 条规定，继承诉讼开始后，如继承人、受遗赠人中有既不愿参加诉讼，又不表示放弃实体权利的，应当追加为共同原告；继承人已书面表示放弃继承、受遗赠人在知道受遗赠后 60 日内表示放弃受遗赠或者到期没有表示的，不再列为当事人。由此可见，继承诉讼属于必要的共同诉讼，人民法院可以依职权追加共同原告，当事人也可以申请人民法院追加。

但是，如果被继承人没有遗嘱，或者虽然有遗嘱但遗嘱因不合法而无效，就等于被继承人对其死亡后如何处置自己的遗产没有明确的意愿。在这时，法律按照其继承人与被继承人的亲属关系远近，确定法定继承的规则。推定这样的规则就体现被继承人支配自己死亡后遗产的真实意志，按照法律规定的规则进行继承就实现了被继承人支配遗产的意志。这是不得已的推定，也是最符合实际的推定。因而，法定继承虽然是法定的，但仍然是按照推定的被继承人的意志进行的继承。

二、老年人财产的遗嘱继承和遗赠

遗嘱在公元前 200 年的古罗马已为公民所普遍使用，通说认为世界上最早的遗嘱继承发端于古罗马，古罗马的《十二铜表法》规定："凡以遗嘱处分自己的财产，或对其家属指定监护人的，具有法律上的效力。"① 在我国古代，也设有遗嘱继承制度，如《唐律·丧葬令》记载："若亡人在日，自有遗嘱处分，证验分明者，不用此令。"② 但是受宗法制度的限制，我国古代未形成完整的遗嘱继承制度。随着公众

---

① 郭明瑞，房绍坤．继承法［M］．2 版．北京：法律出版社，2004：133．
② 窦仪，等．宋刑统［M］．北京：中华书局，1984：198．

法治意识的不断提升，越来越多的老年人选择订立遗嘱来处理自己的身后大事，这既是维护家庭和谐的需要，也是积极应对人口老龄化的重要举措。一份合法有效的遗嘱对于家庭财产继承具有非常重要的意义，遗嘱能最大程度体现了被继承人支配自己财产的意思自治。只有在被继承人没有订立合法有效遗嘱的情况下，才会适用法定继承。

（一）老年人遗嘱效力的认定

我国《宪法》第 13 条明确规定："公民的合法的私有财产不受侵犯。"公民对自有私有财产可以行使占有、使用、收益、处分的权利，既包括公民生前对自己财产的处分，也包括保护公民身后按照自己的意愿对私有财产进行处理的权利，即对继承权的保护。

遗嘱的效力，指设立遗嘱后，遗嘱实际产生的法律后果。遗嘱属于单方民事法律行为，遗嘱人作出单方的意思表示即可成立，并不需要继承人予以确认。但是，成立并不意味着遗嘱生效。遗嘱是否生效，还需对遗嘱是否符合法定要件进行判定。

1. 遗嘱有效

遗嘱只有符合了法定的形式要件，才能产生遗嘱继承人或受遗赠人按照遗嘱继承遗产的法律效力。遗嘱有效需具有三个条件：一是遗嘱人必须是完全民事行为能力人，在订立遗嘱时对遗嘱内容等有清晰的认知；二是不同形式的遗嘱比如手写遗嘱、打印遗嘱等要符合不同的法定形式要件，否则不能生效；三是遗嘱实质内容合法且意思表示真实。合法要求遗嘱内容不得违反法律强制性规定和公序良俗，真实要求遗嘱内容必须是遗嘱人的真实意思表示。

2023 年，上海市浦东新区人民法院审理了一起遗嘱效力的案件：

被继承人郑爷爷与陈某生育儿子郑明（代名），郑爷爷与陈某离婚后与李某香于 2005 年 12 月再婚，并生育女儿郑花（代名）。被继承人郑爷爷母亲系童某，父亲郑某于2010年4月15日报死亡。2009年11月，被继承人郑爷爷与被告李某香被核准登记成为上海市某房屋共同共有人。被继承人郑爷爷于2016年10月20日经上海市浦东公证处公证立下遗嘱，载明其拥有上海市某房屋部分产权，待其过世后，上述房屋中属于郑爷爷的产权份额由女儿郑花一人继承。而后被继承人郑爷爷又于2019年5月17日立下书面遗嘱，主要内容为郑爷爷自愿订立本遗嘱，决定将上海市两处房产属于自己的份额以及股票银行资金全部给予自己的儿子郑明进行继承，后事也由其操办负责。被继承人郑爷爷于2022年1月11日死亡。后郑明起诉，要求以后一份遗嘱继承郑爷爷的遗产。

　　法院审理认为：遗产是公民死亡时遗留的个人合法财产，继承开始后，按照法定继承办理；有遗嘱的，按照遗嘱继承或者遗赠办理。被继承人生前留下两份遗嘱，经查，分别符合公证遗嘱和自书遗嘱的法定形式，系被继承人立遗嘱时的真实意思表示，本院确认均合法有效，其遗产继承应依遗嘱进行。但被继承人所立公证遗嘱在我国《民法典》实施之前，故本案根据《民法典》时间效力规定第23条的规定，应当按照《继承法》之规定，认定公证遗嘱具有优先效力。①

　　怎么理解遗嘱中的真实意思表示呢？首先，遗嘱人的意思表示没有瑕疵，比如订立遗嘱时没有受到胁迫、欺诈，遗嘱人基于自己的意志作出了遗嘱。其次，意思表示必须是遗嘱人最新的意思表示。如在上述案例中，郑爷爷设立了两份遗嘱处分自己的财产，遗嘱也都合法有效，这时财产到底如何处置呢？按照《民法典》的现行规定，要以

———————

① 上海市浦东新区人民法院（2023）沪0115民初57770号民事判决书。

被继承人最后也是最新的意思表示为准，称为遗嘱时间在后效力优先原则。

在《民法典》颁布施行之前，公证遗嘱具有绝对的优先效力，"公证遗嘱效力最高"的认知已在公众心里根深蒂固。但在现实生活中，家庭成员关系会不断发生变化，被继承人对自己财产处分的意愿也会随着生活、境遇的变化而改变，虽然公证遗嘱能有效减少恶意篡改和伪造遗嘱等情形，但继承制度最核心的立法精神仍然是尊重被继承人的真实意思表示，若将公证遗嘱置于效力最高的位置，难免会使得遗嘱人的真实意愿得不到尊重和实现。故原《继承法》规定公证遗嘱具有优先效力已经不能适应社会生活的需求。因此，《民法典》删除了公证遗嘱效力优先的法律条文，选择更为尊重遗嘱人真实意思表示的价值取向，这也体现了我国的法治理念由注重形式合法性向意思表示真实性转变。

根据《民法典》第1142条规定：遗嘱人可以撤回、变更自己所立的遗嘱。订立遗嘱后，如遗嘱人作出与遗嘱内容冲突的民事法律行为的，视为对遗嘱相应内容的撤回和变更。继承中若存在多份真实合法的遗嘱并且内容相互冲突时，以最后一份遗嘱为准。

《民法典》对遗嘱的形式要件的规定，既可以尊重遗嘱人的真实意愿，也可以有效避免继承人产生争议。有效的遗嘱必须以满足法定形式要件为前提，但在司法实践中，遗嘱人订立遗嘱时通常年龄较大，欠缺相应的法律常识，所立的遗嘱形式多样，存在并不完全符合法定遗嘱类型的情形。因此，若出现上述案例情形，在《民法典》实施后，建议遗嘱人应按自己真实意愿及《民法典》对于各类遗嘱法定形式的规定重新订立有效遗嘱。

2. 遗嘱无效

遗嘱人不具有民事行为能力和遗嘱人受胁迫、欺诈情况下订立的遗嘱都属无效遗嘱。此外，伪造和篡改的遗嘱也属于无效遗嘱。篡改是在遗嘱人订立的真实遗嘱上擅自进行修改，比如继承人私自把遗嘱里"分1套房"改为"分2套房"；把继承人继承遗产需要负担义务删除，改为不负担义务或不清偿债务等，这些情况都属于篡改遗嘱的行为。但是，并不是遗嘱一旦篡改就全部无效，只是被篡改的部分无效，未被篡改的遗嘱内容，依然是遗嘱人的真实意思表示，应得到执行。如果篡改遗嘱人就是继承人，那么篡改遗嘱会导致继承人继承权的丧失，会依法剥夺篡改人的继承资格。

在司法实践中，以下情形也会导致遗嘱无效：

第一，委托他人订立遗嘱。遗嘱行为不适用代理和委托的规定，也就是被继承人委托他人为自己设立的遗嘱属于无效遗嘱，但是代书遗嘱属于被继承人口述，见证人代为书写，能体现遗嘱人对遗产处理的真实意思表示，因此不属于委托订立遗嘱。

第二，遗嘱处分不属于自己的财产。这在实践中较为常见，被继承人的遗产多混同于夫妻共同财产或家庭共有财产中，并未盘点清楚个人财产、公司财产和夫妻共同财产等，处分他人财产的部分都属无效。如果遗嘱中遗产范围在描述上不够精准，使用"我的份额""我的财产"等概括性描述，未列明具体的财产范围，遗嘱范围不明确也可能导致遗嘱部分无效。

第三，遗嘱里未保留必留份额。遗嘱人未给缺乏劳动能力又没有生活来源的继承人保留必要份额，而是通过遗嘱把所有遗产分配给其他继承人。此类遗嘱需扣除必留份以后，其他部分才能生效。《民法典》第1141条规定，遗嘱应当为缺乏劳动能力又没有生活来源的继承人保留必要的遗产份额。具体认定时，应考虑继承人是否有稳定收入、是否有社会保险、是否有住处、是否有配偶和子女、身体及经济状况等多方面因素。

3. 遗嘱失效

在实践中，即便遗嘱满足了生效要件，但由于某些客观原因，在继承开始时，遗嘱不能生效，此种情形属于遗嘱失效。遗嘱失效的法律后果与遗嘱无效一致，都会使遗嘱不能执行，遗嘱失效主要有以下三个方面因素：

第一是"主体"，指遗嘱指定的遗嘱继承人或受遗赠人，先于被继承人死亡，那么遗嘱即使完全符合生效要件，也不能发生效力，遗嘱处分的财产要按照法定继承处理。

第二是"权利"，指遗嘱继承人或受遗赠人已经丧失继承权或受遗赠权，丧失了根据遗嘱继承遗产的资格，因此遗嘱失效。

第三是"财物"，指遗嘱人死亡时，遗嘱处分的财物已灭失，遗嘱在事实上已经无法得到执行了。如发生了地震、火灾等不可抗力，导致被继承的房屋毁损，无法再继承，或者遗嘱处分的财产在遗嘱人死亡前已用于清偿债务。

《民法典》继承编在保留原有的自书、代书、公证、录音、口头遗嘱的基础上，新增打印遗嘱和录像遗嘱两种形式。但无论选择哪种遗嘱形式，都需要确保遗嘱的内容准确、真实，形式合法、完备，否则易发生遗产纠纷。如代书遗嘱应当由被继承人亲笔书写、亲笔签名、注明具体时间；打印遗嘱需遗嘱人和见证人在遗嘱每一页都签名；口头遗嘱仅适用于被继承人在危急情况下表达处分身后财产的意愿，紧急情况消除后，应及时订立其他形式的遗嘱，否则口头遗嘱可能归于无效。

（二）附条件遗嘱的法律效力

遗嘱作为财富的传承工具，有些老年人想把财产留给子女，但又担心子女将来婚变导致财富分流；有的老年人是孤寡老人，想把财产留给侍奉其多年的保姆，但又担心保姆在其失能失智后对其不管不顾；有的老年人名下有房产，"百年后"想留给孩子居住、养老，又担心孩子不成器，变卖房产后挥霍一空。如何既保障孩子的居住权益，又防止财产被肆意挥霍?

我国《民法典》第1144条规定："遗嘱继承或者遗赠附有义务的,继承人或者受遗赠人应当履行义务。没有正当理由不履行义务的,经利害关系人或者有关组织请求,人民法院可以取消其接受附义务部分遗产的权利。"在附条件的遗嘱继承中,遗嘱继承人或者受遗赠人可以取得遗嘱继承或者遗赠的利益,但须负担一定的义务,不像不附义务的遗嘱继承或者遗赠那样,可以单纯获得财产上的利益。当继承人不履行遗嘱中附有的义务时,其无权继承附义务部分的财产,但并不影响其继承其他部分遗产的权利。

遗嘱继承,除了能保护自然人的私有财产权和继承权,体现被继承人自由意志,最大限度地还原、尊重、履行遗嘱人的遗愿,更重要的是,由于遗产的价值属性,继承人都希望自己获得更多的遗产,这可能会导致遗产分割时纷争不断。遗嘱继承和法定继承相比,被继承人对遗嘱继承人、遗产份额等都在遗嘱中作出了明确规定,可以直接申请执行。按照遗嘱继承的规定,在某种程度上可避免继承纷争,有利于家庭稳定、社会和谐的良好风尚。

《民法典》第1144条规定源于原《继承法》第21条:"遗嘱继承或者遗赠附有义务的,继承人或者受遗赠人应当履行义务。没有正当理由不履行义务的,经有关单位或者个人请求,人民法院可以取消他接受遗产的权利。"《民法典》对原《继承法》的表述作了修改,明确不履行所附义务的后果是"取消其接受附义务部分遗产的权利",而不是取消其继承全部遗产的权利。此外,《最高人民法院关于适用〈中华人民共和国民法典〉继承编的解释(一)》第29条对《民法典》第1144条作了细化规定:"附义务的遗嘱继承或者遗赠,如义务能够履行,而继承人、受遗赠人无正当理由不履行,经受益人或者其他继承人请求,人民法院可以取消其接受附义务部分遗产的权利,由提出请求的继承人或者受益人负责按遗嘱人的意愿履行义务,接受遗产。"

根据该条规定，遗嘱人可以在遗嘱中设定继承或受遗赠的条件，但如何进行设立才符合法律规定？如何判断设立的所附条件已成就呢？

1. 遗嘱所附条件的种类

对于遗嘱可以附加的条件，《民法典》和相关司法解释未作明确规定，通常的遗嘱所附条件为：第一，赡养类型的条件居多，包括看护和照顾被继承人本人，也包括近亲属或朋友，还包括支付赡养费、探望等具体事项；第二，不为某些行为的条件，如再婚、继承人之间不争夺遗产等；第三，指定遗产继承顺序，如遗产先由丈夫继承或由其保管，待子女成年或结婚之时，则全部或部分由子女继承。

2. 遗嘱所附条件的效力认定

通常而言，法无禁止即可为，但并不意味着所有"条件"都会被法律所认可。

第一，遗嘱所附条件应是事实上可履行的，且不得违反法律的强制性规定、公序良俗、公共利益，否则，该条件会被法院认定为无效，如限制配偶改嫁的条件侵犯了配偶的婚姻自由，违反法律的基本规定。

第二，遗嘱中应明确地将所附条件与继承或受遗赠相关联，否则可能被认定不构成附条件遗嘱，如在上海市第一中级人民法院作出的（2020）沪02民终228号判决书中所载：

> 上海市静安区人民法院、上海市第二中级人民法院均认为遗嘱既不是遗赠扶养协议，也不是附义务的遗嘱，被继承人朱某并未明确养老照顾和送终的义务是朱某丙受遗赠的前提条件，对被继承人之子朱某甲、朱某乙主张的关于朱某丙未尽到养老照顾和送终义务，故遗嘱无效的意见，法院不予采信。

第三，对遗嘱所附条件的成就标准要明确，如在（2016）渝民再

58 号判决书中所载：

> 被继承人在《遗产委托书》中表明，今后两位老人去世，由儿子程某甲一家"送老归山"后，被继承人的遗产由程某甲继承。一审法院认为，《遗产委托书》有效，由程某甲一家共同继承相关遗产。二审法院对此持不同观点，认为"送老归山"是继承遗产的前提条件，而被继承人死亡后由几个子女共同安葬。重庆市高级人民法院再审对二审判决予以改判，认为"送老归山"不应认定为继承人必须独立一人承担丧葬出殡所有事宜，并排除非遗嘱继承人的其他子女参与安葬事宜，才算履行了遗嘱所附的义务。老人去世，晚辈参与丧葬出殡是情理和分内之事，符合我国传统文化和伦常，遗产应按照遗嘱和遗赠予以继承和分配。该案中，一审、二审、再审法院对"送老归山"作出的诠释和理解体现了法院在审理相关遗嘱继承纠纷案件中会对遗嘱中某些不甚明确的表述作出一定的解释，以探寻遗嘱人的真实意思。就事前防范的角度而言，遗嘱人在遗嘱中的表述应尽可能规范且无歧义，所附条件应尽可能是能够明确判断是否成就的事项。

同时，遗嘱所附条件的义务不是无条件的，而是有条件的，只有遗嘱指定的遗嘱继承人接受遗产以及受遗赠人接受遗赠，遗嘱继承人和受遗赠人才有义务履行附条件的义务，否则，可以拒绝履行遗嘱附有的义务。遗嘱继承人和受遗赠人已经接受了遗产或者遗赠的，就必须履行遗嘱附加的义务。

（三）老年人的遗嘱形式

《民法典》规定了 6 种遗嘱形式，分别为自书遗嘱、代书遗嘱、打印遗嘱、录音录像遗嘱、口头遗嘱和公证遗嘱。其中新增打印遗嘱，并将录音遗嘱扩大为录音录像遗嘱，在一定程度上体现了科技发展对人们日常生活方式的影响。

人口结构越来越"老"，通信媒体形态却越来越"新"。现今老年人都习惯手机的陪伴，因此，有些老年人也倾向于用手机等媒体设备录制遗嘱。录音录像遗嘱属于法定遗嘱形式，主要指以声音和影像的器材来录制遗嘱人所口述的遗嘱内容，这种遗嘱可以记录遗嘱人的声音和影像。相比于录音遗嘱，录音录像遗嘱更为具体，也更容易体现遗嘱人的真实意愿，不仅丰富了订立遗嘱的形式，还给遗嘱人带来更多选择，也使遗嘱人能够更轻易地订立遗嘱，使自己的真实意思表示得到表达。录音录像遗嘱应如何订立呢？

1. 录制遗嘱过程具备完整性

录制遗嘱的过程应一镜到底，不能后期剪辑、删减，否则遗嘱会认定为无效。录制时，一方面，确保录制地点不受外界或利害关系人干扰，保证遗嘱人的影像和声音可以清晰地收录，同时保持录像过程的稳定性，最好不要分段录制，如录制设备出现故障，应重新录制；另一方面，要完整地采集遗嘱人和见证人的影像和明确姓名、身份的过程。录像遗嘱相比其他形式遗嘱的优点在于能够通过动态画面确认遗嘱人和见证人的身份、订立遗嘱时遗嘱人的精神状态、是否具有民事行为能力，因此在订立录音录像遗嘱的全过程中，遗嘱人和见证人都应尽量始终保持在录制画面中。

2. 录制遗嘱独立不受干扰和引导

《民法典》第1140条规定了遗嘱见证人资格的限制性条件，即不能作为遗嘱见证人的情形。其立法目的不仅是保证遗嘱见证人的中立性，还是保证遗嘱人订立遗嘱时能表达其真实意思，不被他人所左右，因此在录制遗嘱时，利害关系人不能出现在现场，也就是说，遗嘱人在订立遗嘱时要独立和不受干扰及引导。因为录像遗嘱所记录的内容为遗嘱人口述，首先，要求遗嘱人在录像开始时明确表示其录制视频的目的是订立遗嘱处分自己的遗产，从而确定遗嘱人的真实意思表示，防止日后生活中的某段录像被误认定为遗嘱而造成此份录音录像遗嘱无效，同时也确认录像中遗嘱人作出的遗嘱是认真而严肃的；其次，见证人和遗嘱人的姓名、身份等信息及对其财产的分配情况也应当清晰而明确表示，不能模棱两可；最后，遗嘱人和见证人在录像中要表明录制的具体时间，即年、月、日。对于遗嘱的用词，只要符合正常的逻辑，表达清晰不存在歧义即可，并不要求一定按照法言法语来进行阐述。

2021 年，北京市第三中级人民法院审理了一起遗嘱纠纷案件：

杨某和与赵某系夫妻关系，杨某和 2007 年去世，赵某 2020 年去世。二人育有六个子女：长女杨甲，次女杨乙，三女杨己，长子杨丙，次子杨丁、三子杨戊。因杨某和已故，2018 年 7 月，征收人（甲方）与被征收人赵某、六原被告（乙方）签订了征收补偿协议及补充协议。杨戊作为乙方的委托代理人代为办理补偿协议相关事宜并领取了款项。原告杨甲、杨乙、杨丙、杨丁因继承纠纷起诉被告杨戊、杨己，四原告要求继承杨某和、赵某遗留下的拆迁补偿款 520 万元，因拆迁款被杨戊领取，要求杨戊支付四原告每人 86.66 万元及利息。诉讼中，杨戊不同意返还四原告应当继承的补偿款，并提交 2018 年视听资料，证明其母赵某立遗嘱明确将涉案房屋及财产留给杨戊继承。该视听资料为杨戊录制的视频，长达 40 余分钟。北京市顺义区人民法院经审理认为：赵某是否订立遗嘱对遗产进行分配应从以下三个方面考虑。第一，被继承人订立遗嘱方式的审查。本案中，被告杨戊提交一份 2018 年录制的视听资料，其主要录像内容记录被继承人去世后如何分配遗产，该种方式虽然在《继承法》中并未规定，但按照法律精神适用《民法典》的规定更有利于保护民事主体合法权益，有利于弘扬社会主义核心价值观，故根据《民法典》第 1137 条的规定，该案属于录像立遗嘱的方式。第二，判断录像遗嘱的效力。遗嘱是否具有法律效力，最关键的一点是符合法定的形式要件，录像遗嘱应当有两个以上见证人在场见证。遗嘱人和见证人应当在录音录像中记录其姓名或者肖像，以及年、月、日，见证人亦要符合《民法典》规定。该录像内容遗嘱人和见证人均没有在遗嘱中口述姓名和日期，虽然提交的在场邻居签字的声明中包含签字和日期，但录像遗嘱应当是在录像中口述姓名和日期，所以该录像遗嘱不符合法定形式要件。另外，本案整个视频过程均是在见证人于某花的询问下进行的聊天形式的对话，整个聊天过程中继承人之一的杨戊一直参与谈话，与遗嘱只能由遗嘱人自己独立自主地做出，不能由他人的意思辅助或者代理的法律要求相悖。综上，案涉录像遗嘱应属无效。第三，录像遗嘱无效后遗产分配的确定。本案中，诉争房屋拆迁转化的补偿款系杨某和、赵某夫妻共同财产转化为遗产，杨某和去世前未立遗嘱，杨某和的遗产应当由法定继承，赵某无权对杨某和的遗产进行处理。原、被告六人系二人子女，属于同一顺序继承人，应按照法定继承原则处理。①

本案中，法院在审查录像遗嘱的法定形式要件时认为：一是遗嘱人和见证人均没有在遗嘱中口述自己的姓名和日期，不符合录像遗嘱的法定形式要件；二是本案整个视频过程均是在见证人的询问下所作

---

① 北京市第三中级人民法院（2021）京 03 民终 9831 号民事判决书。

陈述，且见证人还不时看手中记事本，作为继承人之一的被告杨戊在场且参与谈话。从这一系列行为和利害关系人在场的事实分析，该录像遗嘱显然违背了独立自主订立遗嘱的原则，故丧失了遗嘱代表遗嘱人真实意思的基础条件，应属无效遗嘱，遗嘱人遗产应按法定继承处理。

（四）老年人的遗赠

遗赠，是指被继承人通过遗嘱的方式，将其遗产的一部分或全部赠与国家、社会或者法定继承人以外的人，而于其死亡后才发生法律效力的单方民事法律行为。在遗赠关系中，订立遗嘱的是遗赠人，被指定接受赠与的是受遗赠人，遗嘱中指定赠与的财产为遗赠财产，或称为遗赠物。

遗赠在古罗马时代就已出现。罗马法认为，遗赠是以继承人的指定为使命的，遗赠不过是遗嘱的从属部分。中世纪欧洲的遗嘱，开始以死因赠与作为中心内容，这是遗赠的前身。奥地利、瑞士等在继承人的指定之外，容许为遗赠的遗嘱。后来，遗赠被各国教会广泛利用。教会从教徒那里接受遗赠，为教会增加财产，遗赠成为遗嘱继承的方式。①

我国《民法典》第1133条第3款对遗赠进行了规定："自然人可以立遗嘱将个人财产赠与国家、集体或者法定继承人以外的组织、个人。"由此，遗赠是遗嘱人通过遗嘱，将其财产无偿给予国家、集体或法定继承人以外的组织或个人，而于其死后发生法律效力的一种单方法律行为。

1. 遗赠的种类

《民法典》对遗赠进行了原则性规定，并未划分遗赠的种类。实践中，遗赠的标的范围广泛，权利义务关系不尽相同，主要有以下几

---

① 史尚宽. 继承法论［M］. 北京：中国政法大学出版社，2000：498.

种分类：

第一，从标的范围来说，遗赠可以分为概括遗赠和特定遗赠。所谓概括遗赠，是指遗赠人把自己全部财产的权利和义务一并遗赠给受遗赠人。而特定遗赠，则是指把自己的某一个特定财产遗赠给受遗赠人。比如，张大爷生前立遗嘱把自己所有财产，包括住宅和存款以及欠款一并转移给侄子张三，这就是概括遗赠。如果张大爷遗赠自己收藏的古董给张三，其他的不予遗赠，此种属于特定遗赠。但是，我国《民法典》规定的遗赠，只能特定遗赠，不包括概括遗赠。

第二，从权利义务关系来说，遗赠可以分为单纯遗赠和附条件遗赠。所谓单纯遗赠，是不附任何条件或义务的遗赠。而与之相对的，附加某种义务或条件的遗赠就是附条件遗赠。比如张大爷在遗嘱中拟定："把自己的古董遗赠给侄子张三，但要求张三为其养老送终。"此种情形属于附条件遗赠。《民法典》规定的遗赠既可以是单纯遗赠，也可以是附条件遗赠，两者都是合法、有效的。

2. 遗赠与遗嘱继承的区别

遗赠和遗嘱继承都是被继承人以遗嘱的方式处理自己的财产，遗赠和遗嘱继承有什么区别呢？生活中，遗嘱人一般不会在遗嘱中指明谁是继承人或谁是受遗赠人，通常仅对遗产份额进行分配。从法理概念上区分遗嘱的继承人和受遗赠人，看似对遗产分配的法律后果并无影响，但此种区分的意义究竟在哪里呢？

第一，受遗赠人和遗嘱继承人的范围不同。受遗赠人范围较大，包括国家、集体、组织、个人，但排除了法定继承人。而遗嘱继承人则相反，只能是法定继承人范围之内的人，不能是法定继承人以外的人或单位。

2017 年，陕西省高级人民法院审理了一起继承纠纷案件：

被继承人吉某与王某系义父女关系，吉某与周某系夫妻关系，婚后生育三名子女。2013 年 7 月 12 日，吉某因病死亡，王某在整理遗物时发现吉某于 2011 年 10 月 6 日订立的一份自书遗嘱，载明："……多年来我体弱多病，一直是我的干女儿及她的儿子把我当作她的亲生父亲来对待照顾，关心我的生活、治病……我的后半生及后事由我的干女儿和她的儿子来供养负责，后事安葬等一切事务也由他们处理负责。其他任何人都无权来过问干涉……周某有居住权，也有少部分继承权。三名子女都无权在我的房产里居住和继承……我的房产权多半交由我的干女儿王某来继承居住或处理权。"

王某向法院起诉，要求系争房屋 50% 的产权份额归其所有，原审一审法院支持了王某的诉请，但是根据吉某在遗嘱中关于房产"周某有居住权，也有少部分继承权……"的相关陈述，酌定周某和王某各占吉某所有的房产份额的 $\frac{1}{3}$ 和 $\frac{2}{3}$（王某享有的份额为 $\frac{1}{2} \times \frac{2}{3} = \frac{1}{3}$，周某享有的份额为 $\frac{2}{3}$），判决系争房屋归周某所有，周某向王某支付折价款。周某等仍不服，再次提起上诉，最终二审法院维持原判。[①]

上述案例中，吉某与王某为义父女关系，并无法定的关系，义女也不属于法定继承人，此种情形就属于遗赠。而如果吉某立下遗嘱，房屋由儿子继承，儿子本来就是吉某的法定继承人，此种情形属遗嘱继承。

第二，受遗赠权与遗嘱继承权的客体范围不同。在我国，受遗赠权的客体，只是遗产中的财产权利，不包括财产义务。而遗嘱继承权

---

① 陕西省高级人民法院（2017）陕 01 民终 8872 号判决书。

的客体是遗产，遗嘱继承人在承受遗产的同时，还担负着清偿被继承人债务的义务。上述案例中，如果吉某立下遗嘱，房屋由儿子继承，那就属于遗嘱继承，儿子在获得房屋的同时，还得偿还吉某的债务。但是把遗产遗赠给义女，义女就不用掏腰包为吉某偿还债务。

第三，受遗赠权与遗嘱继承权的接受和放弃方式不同。对于遗赠，《民法典》第1124条第2款规定："受遗赠人应当在知道受遗赠后六十日内，作出接受或者放弃受遗赠的表示；到期没有表示的，视为放弃受遗赠。"据此，在继承开始后，遗嘱中指定取得遗产的人如果属于继承人，他只要不作任何表示或明示不放弃继承，法律就推定他接受继承；但如果属于受遗赠人，在知道受遗赠后60日内不作出接受遗赠的明确表示，也包括不作任何表示，或者超过60日作出接受的意思表示，法律就推定其放弃接受遗赠。总之，对于遗赠，在规定的时间里没有明确表示的，就视为放弃；而对于遗嘱继承，在规定时间内没有明确表示的，则视为接受。

3. 遗赠的效力与执行

遗赠效力的认定与遗嘱继承效力的认定基本一致：

一是遗赠人须有遗嘱能力。遗赠以遗嘱的形式进行，遗赠人应具备遗嘱能力。只有具有完全民事行为能力的人，才可以订立遗嘱进行遗赠，无遗嘱能力的无民事行为能力人、限制民事行为能力人，不能通过遗嘱设立遗赠。在遗赠人有无遗嘱能力的判断上，应当以立遗嘱时遗赠人的情况为准。

二是遗赠人应当为缺乏劳动能力又没有生活来源的继承人保留必要的遗产份额。同遗嘱继承一样，遗赠也不能损害缺乏劳动能力又没有生活来源的继承人的合法权益。如果继承人中有缺乏劳动能力又没有生活来源的人，而遗赠人又没有为其保留必留份，涉及这一必留份的遗赠是无效的。继承人中有无缺乏劳动能力又没有生活来源的人，以遗赠人死亡时继承人的状况为准。我国也应规定特留份制度以限制遗嘱自由，遗赠须不违反有关特留份的规定。如果遗赠侵害了继承人的必留和特留份额，受侵害的继承人在必留和特留份额的限度内，可以主张遗赠无效。①

三是遗赠人所立的遗嘱符合法律规定的形式。由于遗赠以遗嘱的形式进行，否则不能认定为遗赠。因而，遗赠人设立的遗嘱必须符合法定形式，不符合法定形式的遗嘱无效，遗赠当然也属无效。遗赠人的遗嘱是否符合法定形式，应当以遗嘱设立当时的法律要求为准。比如上述案例中，假设吉某的儿子只有 10 岁，没有劳动能力，如吉某去世，儿子也没有其他生活来源，那吉某就得给儿子保留一定的遗产，比如房屋由儿子继承，现金由义女继承。如果所有的财产就是这一套房屋，没有其他的财产，那即使他在遗嘱中把房屋全部赠与义女，此种情形也属于无效，房屋仍然由其儿子继承。

如果遗赠人生前没有债务，遗赠物可以直接移交给受遗赠人；但如果遗赠人生前有债务，债权人的债权优于受遗赠人的受遗赠权。换句话说，先安排还债务，再执行遗赠。清偿完遗赠人生前所欠的税款及债务后，如果遗赠物还有剩余，就将剩余的部分安排遗赠；如果没有剩余，遗赠不能执行，受遗赠人的权利自动消灭。

根据《民法典》的规定，原则上每个人都有权利把自己的财产以遗嘱的方式赠与"任何人"。但在遗赠中，特别是与遗赠人不具有亲属关系、身份存有争议的受遗赠人，该遗赠行为是否发生法律效力不可一概而论。如遗赠人有配偶且健在，但遗赠人却在婚内与其他异性长期同居，甚至对外以夫妻名义相称，即使受遗赠人确实对遗嘱人的生活尽到了主要的关心和照顾的责任，遗嘱人也确以此扶养事实为由将其财产遗赠给同居人。由于遗赠人在有配偶的情况下与他人同居的行为违背了公序良俗，法院一般会认定遗赠无效。如著名的"四川泸

---

① 郭明瑞，房绍坤. 继承法 [M]. 2 版. 北京：法律出版社，2004：178.

州遗赠案"曾引起公众的广泛关注，并引发"遗嘱自由"和"公序良俗"取舍的激烈讨论：

　　蒋女士与黄先生于1963年结婚，1994年黄先生与张女士相识，此后两人一直保持非婚同居关系。2001年2月黄先生因患肝癌晚期住院治疗，治疗期间，一直由其妻子蒋女士及其家属护理、照顾。但2001年4月黄先生立下书面遗嘱并办理遗嘱公证，将其所得的住房补贴金、公积金、抚恤金和出卖房屋所获房款的一半（4万元）及自己所用手机一部赠与张女士。2001年4月，黄先生去世。张女士持公证遗嘱要求蒋女士交付遗赠财产，蒋女士拒绝交付。张女士对其提起诉讼，请求人民法院判决蒋女士按照遗嘱履行交付遗产义务。法院审理后判决，遗赠人黄先生的遗赠行为虽系其真实意思表示，但其内容和目的违反了法律规定和公序良俗，损害了社会公德，破坏了公共秩序，应属无效民事行为。[1]

　　至于是否构成"有配偶者与他人同居"，根据"谁主张，谁举证"的原则，应由主张遗赠无效的人加以证明。例如上述"吉某将房产赠与王某"一案中，虽然遗嘱人有配偶、子女，但被告提交的证明遗嘱人与其干女儿有不正当的同居关系的证据仅为证人证言之推测，无直接证据证明两人具有不合法的身份关系。虽然遗嘱体现遗嘱人的自由意志，但也应在法律的框架下订立，如会受到遗产"必留份"的约束。对于明显违反婚姻基本原则和公序良俗的"婚外同居人"，其受遗赠的权利可能会得不到法律的保护；但对于另外一些并未违反法律规定，事实上又尽到了一定扶养义务的人，例如保姆、邻居、朋友等，

---

[1]　四川省泸州市中级人民法院（2001）泸民一终字第621号民事判决书。

其能否基于遗嘱获得相应遗产，司法实践和舆论皆存有争议，也需根据个案进行分析和裁判。

受遗赠人须为法定继承人范围以外，且在遗赠人的遗嘱生效时依然存活的人。在遗赠人死亡后，遗产分配前，如受遗赠人死亡的，受遗赠人的继承人是否有权享有接受遗赠财产的权利？对此，取决于受遗赠人生前对于遗赠的表示。《民法典》第 1124 条第 2 款规定，受遗赠人应当在知道受遗赠后 60 日内，作出接受或者放弃受遗赠的表示；到期没有表示的，视为放弃受遗赠。因此，只有受遗赠人对于遗赠明确表示接受才能享有遗赠的权利，放弃受遗赠的不再享有权利，没有表示的视为放弃受遗赠，不再享有权利。根据《最高人民法院关于适用〈中华人民共和国民法典〉继承编的解释（一）》第 38 条规定，继承开始后，受遗赠人表示接受遗赠，并于遗产分割前死亡的，其接受遗赠的权利转移给其继承人。因此，在受遗赠人对于遗赠财产表示接受的情况下，其继承人享有接受遗赠财产的权利；而如果受遗赠人生前放弃受遗赠或者对于遗赠没有表示的，则因受遗赠人不享有权利，受遗赠人的继承人也不再享有接受遗赠财产的权利。

三、老年人的遗赠扶养协议

遗赠扶养制度源于我国农村实施的保吃、保穿、保烧（燃料）、保教（儿童和少年）、保葬的"五保"制度，这项具有中国特色的制度使农村孤寡老人的生养死葬都有了依靠。① 《民法典》第 1158 条确定了遗赠扶养协议的法律性质和效力。自然人可以与继承人以外的组织或者个人签订遗赠扶养协议。通过订立遗赠扶养协议，老年人选择适合自己的扶养人，并明确有关的扶养事项，从而使老年人的生活有

---

① 徐洁，吴晓倩．论遗赠扶养协议的法律构造［J］．西南民族大学学报（人文社会科学版），2018（8）：58–67.

所保障，实现老有所养和养老优化。按照该协议，扶养人承担该公民生养死葬的义务，享有受遗赠的权利。公民还可以与集体经济组织签订遗赠扶养协议。需要他人扶养，并愿意将自己的个人财产全部或部分遗赠给扶养人的为遗赠人；对遗赠人尽生养死葬义务并接受遗赠的人为扶养人。[①] 随着社会老龄化程度加深，很多年轻的夫妇身兼四位老人的养老重任，虽然我国的社会保障制度日臻完善，但仍不能覆盖到所有地区和所有人权。遗赠扶养协议制度可以在一定程度上减轻国家和社会的养老压力，解决部分老年人老无所养的困境，保障老年人的基本权益，同时，也可以激励法定赡养义务人更好地履行自己的义务，如近亲属能尽善尽美地履行扶养义务，老年人也无须和其他人或组织签订遗赠扶养协议。

（一）遗赠抚养协议的签订和履行

遗赠扶养协议是自然人（遗赠人、被扶养人）与继承人以外的组织或者个人（扶养人）签订的，由扶养人负责遗赠人的生养死葬，并享有受遗赠权利的协议。[②] 扶养人应是继承人以外的组织或者个人，比如父母和子女之间就不能签订遗赠扶养协议，因为父母子女之间本就有法定的扶养权利义务关系，赡养老人是中华民族的传统美德，也是法定义务。如果允许继承人与被继承人签订遗赠扶养协议，那么可能部分赡养义务人则认为可以免除自己的赡养义务，认为其不继承遗产，因此也不用再履行赡养老年人的法定义务，这与法定义务和善良风俗背道而驰。签订遗赠扶养协议属于双方行为，而遗嘱继承和遗赠则属于单方行为，即与继承人以外的组织或者个人签订遗赠扶养协议的，不属于遗嘱继承和遗赠。

---

① 李连宇. 法律法规新解读：民法典继承编解读与应用［M］. 北京：中国法制出版社，2023.

② 黄薇. 中华人民共和国民法典释义：下［M］. 北京：法律出版社，2020：2222.

1. 遗赠扶养协议的形式要件

签订遗赠扶养协议是一种双务、有偿的法律行为，遗赠扶养协议属于合同，与一般的遗嘱遗赠不同的是，其带有遗赠的性质又不同于遗赠，扶养人取得遗产的前提是履行扶养义务。因此遗赠扶养协议需要遗赠人与扶养人对扶养、丧葬等事项达成一致约定且双方共同签署协议时才成立。而遗赠是单方法律行为，遗赠人设立遗嘱时，只要其作出处分自己身后财产的意思表示符合法律规定的形式和实质要件，该遗赠就发生法律效力，无须得到任何人的同意，也包括附条件的遗赠。即便受遗赠人拒绝接受遗赠，也并不影响遗赠的成立和生效。虽《民法典》未明确要求遗赠扶养协议一定要以书面形式签署，但考虑到此类协议时间跨度大，有的甚至长达几十年，通常遗赠的财物均为价值较高的大宗物品，为减少后续产生法律纠纷，因此建议遗赠扶养协议尽量采用书面形式订立。

2. 遗赠扶养协议的主要内容

遗赠扶养协议的双方当事人互享权利、互担义务。扶养人承担对遗赠人扶养丧葬的义务并享有接受遗赠财产的权利；遗赠人享有接受扶养的权利，同时承担将个人财产遗赠给扶养人的义务。同时，扶养人和遗赠人履行义务的起始并不相同，自遗赠扶养协议签订之日起，遗赠人便可要求扶养人履行协议约定的扶养义务；而在遗赠人死亡之前，扶养人不得要求遗赠人履行赠与其财产的义务。根据《民法典》总则编和合同编的规定，遗赠扶养协议应当包括以下主要内容：

第一，遗赠扶养协议的主体。协议书应当分别载明扶养人和遗赠人的姓名、身份证号码、住所地等基本信息；如扶养人为单位或组织，则需载明名称、所在地等基本信息。接受扶养的遗赠人只能是自然人，因为只有自然人需要他人照顾，扶养人既可以是法人，也可以是非法人组织。当然，从协议履行的安全性角度考虑，扶养人应选择具备养老资质和职能的组织，如福利院、康养机构、敬老院。《民法典》扩大了遗赠扶养协议适用的范围，规定所有的组织都可以作为遗赠扶养协议的扶养人，具有遗赠扶养协议扶养人的资格。

第二，扶养人的义务。遗赠扶养协议的有偿性表现为扶养人接受遗赠财产，以对遗赠人提供扶养为义务。遗赠扶养协议的有偿性并不需要扶养人履行的义务与取得的遗产在价值上对等，只要是扶养人与遗赠人对相关的权利义务达成一致意见即可。扶养的主要义务包括两个方面：一是"扶养"。扶养人需要承担对遗赠人生前生活上的照料和扶养义务，特别是在遗赠人生病时提供照护，在协议中应当明确照料和扶养的标准与水平。二是"丧葬"。在遗赠人死亡后，扶养人应当负责安排遗赠人的殡葬事宜，包括按照遗赠人的意愿办理遗骨和遗物安置和安放工作。如遗赠扶养协议有担保人，担保人也应在此份协议上签名，并按协议约定履行担保人的职责和承担义务。

第三，受扶养人即遗赠人的义务。扶养人的主要权利是根据协议取得遗赠人所赠与的遗产。因此双方当事人应在协议中明确遗赠人赠与扶养人的遗产范围。同时，遗赠扶养协议还应当约定遗赠人生前不得擅自处分协议书中所涉及的财产，充分保障扶养人权益，也可约定扶养人的嘉奖条件。

第四，遗赠扶养协议的解除。《民法典》对于遗赠扶养协议的解除事由均未作明确规定。双方当事人可以在协议中约定，如果一方违反约定，另一方有权要求解除遗赠扶养协议，并要求对方承担相应的补偿或赔偿责任。《最高人民法院关于适用〈中华人民共和国民法典〉继承编的解释（一）》第40条规定：继承人以外的组织或者个人与自然人签订遗赠扶养协议后，无正当理由不履行，导致协议解除的，不能享有受遗赠的权利，其支付的供养费用一般不予补偿；遗赠人无正当理由不履行，导致协议解除的，则应当偿还继承人以外的组织或者个人已支付的供养费用。扶养人于遗赠人之前死亡的，这包括作为扶养人的社会组织解散和作为扶养人的自然人被宣告死亡，根据民法基本理论，也应属于法定解除事由之一。① 遗赠扶养协议是基于一定的人身关系而签订的，协议的履行需要双方当事人高度的互相信任。如果双方的信任关系不复存在，双方可以就此事实解除遗赠扶养协议。② 在司法实践中，法院判定是否解除遗赠扶养关系时会着重考量协议双方当事人之间的信任程度。如果双方依然存有信任和一定的情感基础，矛盾并非完全不可调和，法官便会进行司法调解，以调解的方式结案；如果双方当事人已失去信任感，芥蒂较深，矛盾难以调和，则以"遗赠扶养协议目的无法实现"为由判决解除遗赠扶养协议。③

第五，争议解决条款。双方当事人可以在协议中明确约定，如果发生纠纷，可以通过何种途径解决争议，如通过人民调解委员会调解，调解不成则提交某一方当事人所在地的人民法院进行诉讼。值得注意的是，遗赠扶养协议因具有人身属性，不能约定将此纠纷提交商事仲裁委员会进行仲裁解决。

3. 遗赠扶养协议的效力

遗赠扶养协议的成立，也应遵循合同成立的一般要件，即通过要约与承诺的方式订立协议。一个有效成立的遗赠扶养协议须具备民事法律行为有效的全部要件。根据《民法典》第 143 条"具备下列条件的民事法律行为有效：（一）行为人具有相应的民事行为能力；（二）意思表示真实；（三）不违反法律、行政法规的强制性规定，不违背公序良俗"的规定，遗赠扶养协议同样存在有效、无效、可撤销三种效力形态。只有完全民事行为能力人才能与他人订立遗赠扶养协议，限制民事行为能力人和无民事行为能力人订立的遗赠扶养协议无法律效力。因欺诈、胁迫、重大误解以及利用遗赠人处于危困状态、缺乏判断能力等情形订立的遗赠扶养协议，则属于可撤销的遗赠扶养

---

① 陈本寒. 我国遗赠扶养协议制度之完善［J］. 政治与法律，2014（6）：78 - 86.
② 贵州省黔南布依族苗族自治州中级人民法院（2014）黔 27 民终 645 号民事判决书。
③ 河北省石家庄市裕华区人民法院（2015）冀 0108 民初 00919 号民事判决书。

协议。当然，遗赠扶养协议违背了法律、行政法规的效力性强制性规定以及违背公序良俗，应当属于无效的遗赠扶养协议。

2021 年，江苏省淮安市中级人民法院审理了一起遗赠扶养协议纠纷案件：

叶某喜、徐某系夫妻关系。村民叶某柱系叶某喜的叔叔，生前一直未婚，且无子女。1999 年 4 月 8 日，叶某喜、徐某与叶某柱签订一份《遗赠扶养协议书》。协议书阐明，叶某柱一直未婚，无子女。自 1995 年起至今叶某柱就和叶某喜、徐某夫妇生活在一起。叶某柱为了防老，将自己的财产（经扶贫所建的两间小瓦房）遗赠给叶某喜。协议约定：扶养人叶某喜、徐某照顾遗赠人的平时生活，并承担遗赠人的生活医疗等费用。遗赠人的后事由扶养人料理，扶养人尽义务后，遗赠人的财产由扶养人继承。2000 年 4 月 3 日，盱眙县公证处依法对该遗赠扶养协议进行了公证，并出具公证书。2010 年 12 月 31 日，叶某柱患病经医治无效去世，后叶某喜、徐某将其安葬。2020 年 6 月，叶某柱所在的梁某村开展农民宅基地零散退出工作，村委会认为叶某柱系"五保户"，将叶某柱的宅基地、房屋及附属物列为村集体财产进行了评估和公示。经评估，叶某柱的房屋价值 21519 元、附属物价值 1299 元、宅基地价值 12852 元，合计 35670 元。后梁某村组织相关人员对叶某柱的房屋进行了拆迁。因叶某喜、徐某要求梁某村村委会给付宅基地补偿款，引起本案诉讼。

法院的生效裁判认为：本案系房屋拆迁安置补偿合同纠纷，但争议的焦点是叶某喜、徐某与被拆迁房屋的物权人叶某柱签订的遗赠扶养协议是否具有法律效力问题。叶某柱生前与叶某喜、徐某自愿签订遗赠扶养协议，并经盱眙县公证处予以公证。协议约定，在扶养人（叶某喜、徐某）料理遗赠人叶某柱的后事后，遗赠人的财产由扶养人继承，未违反相关法律规定，且系双方真实意思表示，具有法律效力。梁某村村委会辩称叶某柱生前系"五保户"，"五保户"的财产归集体所有。集体组织对"五保户"实行"五保"时，双方有扶养协议的，按协议处理；没有扶养协议，死者有遗嘱继承人或法定继承人要求继承的，按遗嘱继承或法定继承处理。本案中，叶某柱与村委会没有签订遗赠扶养协议，而与叶某喜、徐某签订了遗赠扶养协议，故叶某喜、徐某有权继承叶某柱的财产补偿款 35670 元。叶某柱生前一直居住在涉案房屋中，至本案诉讼前，多年来未有他人对涉案房屋主张权利，故梁某村村委会主张涉案房屋权属存在争议亦不能成立。叶某柱于 1999 年与叶某喜、徐某签订遗赠扶养协议，至 2010 年叶某柱去世，在该 11 年期间，叶某柱没有要求解除与叶某喜、徐某签订的遗赠扶养协议，也没有要求变更扶养义务人，说明叶某柱生前认可叶某喜、徐某对其生活的照料，将涉案房屋遗赠给叶某喜、徐某是叶某柱的真实意愿，故村委会认为叶某喜、徐某未履行遗赠扶养协议的义务，法院未予采信。[①]

一般而言，合同效力具有相对性。但是，遗赠扶养协议不仅对签订遗赠扶养协议的双方具有法律约束力，还对受扶养人的继承人、其他受遗赠人有约束力。在上述案例中，在存有有效的遗赠扶养协议的情形下，村委会不得以叶某柱生前系"五保户"，财产应归集体所有，从而否认叶某喜、徐某已经履行扶养义务的扶养人作为继承人的权益。

---

① 江苏省淮安市中级人民法院（2021）苏 08 民终 658 号民事判决书。

当然，遗赠扶养协议订立后，遗赠人与其子女、扶养人与其父母之间的权利义务关系并不因此而解除。父母子女是最亲近的直系血亲，具有法定的赡养和抚养权利义务关系，一般只因其中一方死亡而消灭，或因合法收养关系的建立而解除。遗赠扶养协议并不会产生收养关系建立的法律后果，扶养人虽与遗赠人订立遗赠扶养协议，但其对于扶养人未离世的父母，仍负有法定的赡养义务，且互为第一顺序法定继承人，享有互相继承遗产的权利。遗赠人如果尚有子女，不管其子女是否具备赡养的能力，其子女对遗赠人的赡养义务都不因遗赠扶养协议的签订而免除。同时，遗赠人的继承人对遗赠扶养协议中约定财产以外的财产也仍享有继承权。

（二）遗赠扶养协议的效力冲突

《民法典》中规定了四种继承方式：法定继承、遗嘱继承、遗赠和遗赠扶养协议。其中，遗嘱继承最能表达被继承人意愿，根据《民法典》的规定，自然人在世时有权依照自己的意志处理财产，当然也包括按照自己意愿处理身后的遗产。遗嘱继承的立法目的便是保证被继承人分配自己财产的自由。但是，被继承人生前可能对于财产的处分会反复变更，前后订立多份遗嘱和遗赠扶养协议，甚至与婚姻类协议、赡养协议约定的权利义务等发生冲突。

只有被继承人没有订立遗嘱或遗赠协议，或者遗嘱因不合法而归于无效的情形下，才意味着被继承人对其死亡后处置自己的财产没有明确的意思表示，这时，才会适用另一种继承方式——法定继承。在四种继承方式中，只有法定继承是推定被继承人分配财产的意愿，按照被继承人与继承人的亲属关系远近，确定遗产的分配。继承方式的立法精神表明，如果四种继承方式发生冲突，法定继承需让位于遗嘱继承、遗赠和遗赠扶养协议。

上海市第一中级人民法院审理了一起继承纠纷案件：

　　被继承人王某有妻子和女儿，但在生前与其外甥女夏某签订了遗赠扶养协议，协议约定：遗赠人死亡后，其遗产包括房屋产权份额、银行存款、股票以及其他财产都归扶养人所有，其他人不得侵占。协议签订后，夏某依约履行了对王某的扶养义务，王某在出院后也不愿意再回到妻子和女儿身边居住，最终在夏某处居住直至过世。由于王某的主要财产由其妻子和女儿掌握，王某去世后，夏某将王某的妻女告上法庭，要求根据协议获得王某的相应遗产。一审和二审法院皆认为，遗赠扶养协议的效力优先于法定继承，夏某有权获得王某的遗产，故根据遗赠扶养协议以及遗产的实际情况，判决夏某获得遗产的折价款 150 万元。①

　　被继承人既留有遗嘱、遗赠，又留有遗赠扶养协议的，如何确认效力先后顺序呢？应优先按照遗赠扶养协议的约定处置遗产。前文已提及遗赠扶养协议其本质为有偿的双务合同，扶养人承担约定的义务并享有受遗赠的权利，遗赠人享有被扶养权利的同时，负有将遗产赠给扶养人的义务，而法定继承人、遗嘱继承人及受遗赠人取得遗产是无偿的，所以在遗产分配上，遗赠扶养协议具有优先于法定继承、遗嘱继承和遗赠的效力。遗赠扶养协议里的扶养人照顾遗赠人的生老病死是取得遗产的前提，从某种意义而言，扶养的过程还承担了一定的社会责任，如有些承担扶养义务的养老机构需建立公信力，这样才能使老年人放心养老、安心养老。在一个继承法律关系中，如果出现法定继承、遗嘱继承、遗赠和遗赠扶养协议并存时，其效力顺序是：遗赠扶养协议优先于遗嘱继承，在没有遗赠扶养协议时，遗嘱继承和遗赠优先适用，二者法律地位相同。最后，在既没有遗赠扶养协议，也

---

① 上海市第一中级人民法院（2018）沪 01 民终 4081 号判决书。

没有遗嘱继承和遗赠时，才按法定继承的规则进行继承。法定继承人会按照亲属关系远近确定继承顺位，第一顺位是配偶、父母、子女，只有在没有第一顺位继承人了，才会轮到第二顺位继承人继承，也就是兄弟姐妹、祖父母、外祖父母。

需要注意的是，遗赠扶养协议并不是在所有情形下都具有优先权，如果遗嘱内容与遗赠扶养协议内容互相矛盾，两者之中哪一个更具优先效力？此时主要审查遗赠扶养协议约定的义务是否得到了扶养人的履行。如果遗赠扶养协议约定的扶养义务没有得到扶养人的履行，则无论是否订立遗嘱，都不能按照遗赠扶养协议内容进行遗产分配，因此，在此种情形下被继承人若有订立遗嘱，则优先执行遗嘱内容。如遗赠扶养协议中的扶养义务得以全部或部分履行，则应当优先执行或者部分执行遗赠扶养协议内容。

《民法典》继承编中明确规定了多份遗嘱存在冲突时的具体适用，遗嘱与相关协议之间的冲突解决有待个案个判，具体情况具体分析。

湖南省长沙市雨花区人民法院审理了一起继承纠纷案件：

涂大爷与原告涂大妹系兄妹关系，邹某系二人的母亲。涂大爷与陶某一登记结婚，育有被告涂某兵一子，被告谢某系陶某一的母亲。涂大爷与陶某一婚后购有房屋1。2008年4月2日，被告谢某为房屋2的产权人，与陶某一、陶某二签订《赠与协议》，将该房屋赠与陶某一、陶某二。自此，房屋2由谢某、陶某二、陶某一三人各占三分之一份额共有。2013年3月5日，陶某一去世，其父陶某三已在此之前去世。2013年10月27日，涂大爷入住长沙市望城区安华山庄老年公寓。2015年3月，涂大爷被确诊患支气管肺癌。2015年7月15日，涂大爷作为遗赠人与扶养人涂大妹签订一份《遗赠扶养协议》，载明：涂大爷因患肺癌身体衰弱，有一子已成家，不看望不赡养，家中无人照料，长期以来全部依靠妹妹涂大妹照顾。甲方愿意将所有的个人财产房屋1和房屋2所占份额及相关存款等遗赠给涂大妹，并由涂大妹承担扶养涂大爷义务。2015年7月23日，长沙市长沙公证处对上述《遗赠扶养协议》进行了公证。

2017年1月28日，涂大爷去世，涂大妹为其办理了丧葬事务。除儿子涂某兵、母亲邹某外，涂大爷无其他第一顺序法定继承人。涂大爷生前未立有遗嘱。涂大妹向法院提出诉讼要求分割遗赠人涂大爷1、2号房屋各占75%份额。

法院经审理认为，本案中，原告虽与涂大爷系兄妹关系，是涂大爷第二顺序继承人，但是，在涂大爷有第一顺序继承人的情况下，原告作为第二顺序继承人并不享有继承权。因此，原告作为扶养人与涂大爷签订《遗赠扶养协议》，主体资格合法。原告依约履行了协议义务，依法享有受遗赠的权利。法院判决涂大妹继承房屋1的三分之二的份额，对房屋2继承九分之二的份额。[1]

在实践中，若被继承人的配偶先于其死亡，房屋虽然登记在被继承人一人名下，但属于被继承人与配偶的夫妻共同财产。即使被继承人生前将房产出售予他人并办理过户交易手续，其死亡后，被继承人配偶的其他法定继承人、遗嘱继承人或受遗赠人仍可向法院主张确认相关赠与协议、房屋买卖合同无效，继而被继承人对房屋产权的处分也属无效。房屋的产权归属应恢复登记至被继承人名下，然后按夫妻共同财产进行划分后，各自按遗赠扶养协议、遗嘱或者法定继承进行继承。

---

[1] 湖南省长沙市雨花区人民法院（2017）湘0111民初1475号民事判决书。

　　老年人订立遗嘱和遗赠扶养协议时，应审慎表达自己关于遗产的处置方式和内容，为减少遗产分配产生的纠纷，应注意以下四个方面：

　　第一，善于使用公证程序。根据《民法典》的现行规定，虽公证遗嘱不再具有绝对的优先效力，但通过公证，可以对遗嘱的内容和形式进行审查和合规，对遗赠扶养协议的真实性、合法性予以认定，因此，司法实践中公证遗嘱被认定无效的比例相对较低。

　　第二，注重遗嘱拟定和遗赠扶养协议签订的法定形式要件。《民法典》对自书遗嘱、代书遗嘱、打印遗嘱、录音录像遗嘱、口头遗嘱和公证遗嘱这六种遗嘱类型分别规定了法定形式要件。因此遗嘱人在订立或签署遗嘱时应对照法律规定予以厘清，对遗嘱形式要件充分了解，并慎重确定遗嘱和遗赠扶养协议的内容，避免因遗嘱和遗赠扶养协议效力受损而无法实现其意愿的情况发生。

　　第三，设立遗嘱信托。《民法典》第1133条新增遗嘱信托及遗产管理人制度，自然人可以通过遗嘱依法设立遗嘱信托的条款。遗嘱信托是遗嘱人将遗产的管理、分配、使用和支付等内容详订于遗嘱中，并于遗嘱人死亡后生效的一种遗产管理方式。遗嘱信托受托人通常是具有专业理财能力的机构，能够确保遗产安全及投资收益。遗嘱信托特别有利于保护特殊继承人，如未成年人、残疾人及缺乏财富管理能力的继承人，实现家庭和个人财产有序传承。

　　第四，设立遗产管理人。《民法典》第1145条首次明确遗产管理人制度，遗产管理人是指在继承开始后、遗产分割前，对被继承人的财产进行妥善保存和管理分配的主体。遗产管理人可由亲友子女、专业人士或民政部门、村委会等担任，遗产管理人主要职责是对被继承人的遗产进行管理和分配处置，如被继承人遗产类型众多，涉及公司股权，遗产管理人可以先行履行职责，参与公司日常运营，防止遗产损失。除此之外，遗产管理人还可以处理被继承人的债权债务关系，因遗产不足以清偿债务导致的纠纷也有了较好的解决途径，平衡债权人和债务人之间的关系，维护社会公平正义。如李大爷逝世时留下 80 万元遗产，但其生前欠银行 100 万元，其法定继承人明确表示放弃继承，此时，银行可以向法院申请指定民政部门或者村委会作为李大爷的遗产管理人，在其遗产范围内清偿债务。如对遗产管理人的认定有争议，利害关系人可以向法院申请指定遗产管理人。遗嘱人在遗嘱中指定遗产管理人，有利于消除可能潜在的矛盾，让继承更为高效，减少遗产纠纷。

随着社会经济的不断发展，财产类型也随之不断扩容，包括房产、股权、债权、知识产权、虚拟财产等；遗产的分配流程趋于复杂，以信托中心、律师事务所、遗嘱库为代表的专业机构也可成为协助遗嘱人处置遗产的选择。遗嘱人可在专业服务机构的帮助下综合运用财产协议、信托、保险等各类工具，从而更好地执行自己的遗愿，使财产权益得以保障和代际传承。

结　语

　　民法作为全面关照人们生活和成长的法律，给予了人终极的关怀。这种关怀源自对人性的尊重。正如卢梭所言，"人性的首要法则，是要维护自身的生存；人性的首要关怀，是对于其自身所应有的关怀"。民法正是这样，始终以人为本，贯穿人的一生。从《民法典》的结构中，我们可以清晰地看到这一点：从生命开始到结束，民法体现出对人"从摇篮到墓地"的终极关怀。

　　我国《民法典》在总则编中，规定自然人从出生时起到死亡时止，具有民事权利能力。这意味着，从出生的那一刻起，人们便拥有了做人的资格。

　　随着人们长大，财产成为生存和发展的基础。于是，民法确认了财产所有权和利用财产的法律形式，这就是物权编。

　　而为了生产生活，人们需要与他人签订合同，进行财产的交易和流转，这正是合同编所涵盖的内容。

　　除了物质生活，人们还有与其人身不可分离的没有直接财产内容的权利，即人身权，这包括人格权和身份权两大类。人格权编对生命权、身体权、健康权、姓名权、名称权、名誉权、肖像权等人格权进行了保护。而身份权如亲权、配偶权、亲属权则构成婚姻家庭编的内容。

　　最终，每个人都将迎来生命的尽头，离开这个世界。当一个人去世后，他的个人存在即告终止，而他所拥有的财产则转化为遗产，由法定继承人或遗嘱指定的继承人来接受和管理。这些规则和程序构成了继承编的内容。

人与人之间在密集交往中可能会发生摩擦冲突，形成侵权纠纷，侵权责任编为此而设立。如此这般，民法一切制度设计均以权利为轴心，通过对人作为独立个体的尊重和关怀，促进个人的全面发展，从而推动整个社会的进步。

一、民法关怀在老龄社会的使命担当

老龄社会的快速演化形成，给国家治理现代化带来了挑战，进而成为党的二十大之后推进中国式现代化必须解决的重大社会问题。为此，完善老年人权益保障的重要意义日益凸显。民法人文关怀的核心理念是在坚持意思自治原则的基础之上，增强对个体的关注和支持，以此来弥补意思自治原则可能存在的局限性，并展现出对社会中弱势群体的特别照顾和保护。正如孟德斯鸠所言："在民法慈母般的眼里，每一个个人就是整个的国家。"因此，民法在保障老年人权益、促进老龄社会发展进程中肩负着重大的使命担当。

民法作为权利法，其所有规定和制度的设计都是为了确保人们能够更充分地享有自己的权利，并通过对这些权利的保障来促进人们的生活更加平安和幸福。老年人享有的权利非常广泛，既享有人人皆有的权利，如人身权、财产权、居住权、婚姻自由权、继承权和遗产处置权，也享有只有老年人才享有的权利，如受赡养权。但是，老年人在总体上处于民事权益弱势地位，譬如老年人的离婚、再婚比一般人的障碍要多，在子女或者其他家庭成员侵权的情况下，老年人排除权利侵害的难度较大。原因在于，老年人民事行为能力欠缺，影响了权利的实现。民法保障老年人民事权益的正确方式是：通过特殊制度安排，补足其民事行为能力或扩张其享有的民事权利，从而扭转老年人民事权利实现受限的局面。此外，民法对特殊主体（往往是公法主体）施加特定义务，限制或引导其行动，间接提升了老年人民事行为能力。我国《民法典》规定，老年人等弱势群体，可以通过意定或指定，确定包括村（居）委会和老年人组织在内的社会组织以及以民政局为代表的公力主体，作为监护主体以及监督主体，其蕴意在于借助公力介入，推动老年人权利的完全实现。

民法作为人法，不仅重视形式正义和形式平等，还注重实质正义和实质平等。过于强调形式上的平等可能会使民法的价值观念变得过于刻板，无法充分体现对社会弱势群体的特别照顾和保护，这可能会对公平和正义的实现产生不利影响。老年人作为特殊的社会成员，构成了一个特殊的社会群体，他们的存在反映了社会的结构状态，是影响社会和谐稳定和文明进步的基本要素。与拥有正常体力和心智的人相比，老年人等弱势群体通常处于不利地位，这导致了实质上的不平等。民法需要采取适当的限制措施来应对这种实际存在的不平等。同时，民法在缓解社会冲突和保持社会稳定方面扮演着根本性角色。大部分与老年人相关的争议和冲突，包括家庭成员未尽赡养老年人的责任、干预老年人的婚姻自由、对老年人施加家庭暴力或虐待、侵害老年人的财产和其他个人权利等问题，都属于民法的调整范围。因此，只有借助民事手段有效地解决这些矛盾和纠纷，才能通过切实保障老年人的权益，回应社会对公平正义的呼声。

民法作为私法，是公民行为规范的百科全书。19 世纪德国著名法学家耶林在《为权利而斗争》一文中明确提出："不是公法而是私法才是各民族政治教育的真正学校。"私法不仅发挥平衡私人间利益的功能，还须承担社会形塑的公共任务。政府除了要"认真地对待权利"以外，更要运用司法理论对全体民众进行普及教育，促使全社会形成尊重私权、保护私权的浓厚氛围，从而有效消解和对抗现实中存在的各类漠视甚至侵害私权的丑恶现象。《民法典》在实施过程中，一方面要对保障老年人权益、增进老年人福祉的制度机制进行固化，对有利于提升老年人人权观的行为进行褒扬；另一方面则对一些违背人性和人伦要求的侵犯老年人权益行为进行矫正，从而实现趋善避恶的社会价值。

二、老龄社会下民法未来关怀的重点领域

我们必须清醒认识，每一个人终将老去。老龄社会是一个各年龄段人群相互依存、共同发展的社会。在应对老龄化问题时，我们不能仅仅将其视为解决老年人的问题或者养老问题，这种观念违背了代际公平以及共建共治共享的治理原则。"老龄化问题"远不仅仅是"老年人的问题"，我们不能过度将老龄化议题聚焦于老年人群，而应该从全面的角度出发，考虑到所有人群的整个生命历程。

随着人口老龄化认识不断深入，人们关于老龄化的观念也在不断更新，实现由"以需求为基础"的老龄社会观念向"以权利为基础"的老龄社会观念转变。因此，在老龄社会的背景之下，对于老年人民事权利的特别保护，应当成为民法保障老年人权益乃至体现其人文关怀价值的核心所在。

（一）提升家庭履行养老责任的能力，保障老年人受赡养权

随着传统家庭养老模式的逐渐解体，家庭养老功能不断减弱。但是，家庭养老功能与家庭养老责任是两个区别明显的概念。即便家庭在养老方面的作用有所削弱，也不代表家庭承担的养老责任有所减轻。家庭养老依然构成了应对老龄化社会养老问题的基本逻辑和出发点。政府和社会的养老支持与帮助旨在增强家庭履行养老责任的能力。例如，对于那些无法自理的老年人，家庭应当负起照护的责任。如果家庭成员无法亲自提供照护，可以根据老年人的意愿，委托其他人或养老机构来提供照护服务，而相关费用应由有赡养义务的家庭成员支付。

今后,《民法典》的司法解释或老年人权益保障的立法应进一步强化家庭在养老中的中心作用,并规范、支持及鼓励家庭养老的实际操作。具体内容应包括:明确规定子女以外的家庭成员,如儿媳、女婿、孙辈、兄弟姐妹及其他亲属,在特定条件下也应承担赡养责任;根据赡养者与被赡养者的实际情况,在经济支持、生活照料、精神慰藉等方面制定详细的规定;对于积极履行赡养义务的家庭,应明确提供奖励、扶持和优待措施,同时对于违反这些规定的行为,应有明确的处罚规定。

关于精神慰藉,未来有关立法应当在如下四个方面进行完善:一是扩大精神慰藉义务人的主体范围。除了子女外,还可以将儿媳、女婿、遗赠扶养协议中的扶养人以及养老机构等纳入义务主体范围中。二是扩张解释精神慰藉义务的具体履行方式,以适应精神慰藉内容的不确定性和多样性。在鼓励家庭成员积极履行精神慰藉义务的同时,我们应摒弃对"定期探望"这一方式的僵化理解,让它成为一种选择而非唯一的义务。对于那些在精神慰藉上遇到困难的家庭成员,我们应该开放并接受他们用其他方式来弥补这一义务。三是完善精神赡养权救济制度。明确规定精神慰藉具有可诉性,积极探索家事调解的经验,尽可能减少老年人和家庭成员之间的强烈对抗,尊重双方的意思自治,增加双方对裁判结果的认同。四是健全精神慰藉义务履行配套制度。譬如,应当完善劳动法中的职工探亲休假制度,从而保障"常回家看看"条款的实现。当然,保障老年人的精神慰藉,旨在倡导一种家庭和睦的生活方式,除了在法律上明确和完善相应制度以外,还需要社会舆论监督和公共道德约束,才能让关爱老人精神需求的社会意识深入人心。

(二)强化对老年人人格权利的保护,维护老年人的自由和尊严

人文关怀,这是一种对人的自由和尊严的深度保障,同时也是对

社会弱势群体的特别照顾。它强调以人为本，应成为民法的价值核心。"人的保护"不是终点，而是通往人文关怀的桥梁，它的最终使命是确保每个人的自由和尊严得以充分体现。因此，人文关怀在本质上是将"创造一个让每个人都能享有良好生存状态"的理想作为法律的追求目标。自然人人格权利应当包括生命权、身体权、健康权、自由权、姓名权、肖像权、名誉权、荣誉权、隐私权和个人信息权等。在实践中，老年人人格权利受到侵犯是一个容易被忽略的问题。在对家庭成员的依赖程度较高的情况下，对于人格权利被侵犯的事实，老年人碍于面子会加以隐瞒。但是，老年人如果被虐待、疏忽或遗弃，身心会受到严重伤害，其人格权利应当予以特别保护。

首先，强化老年人人身安全保护令制度的实施。当老年人遭受家庭暴力或处于家庭暴力的危险之中时，他们可以依据《民法典》第997条和《中华人民共和国反家庭暴力法》第23条申请人身安全保护令。这种保护令在程序上具有独立性，无须提起诉讼，这正符合人身安全保护令迅速、及时制止家庭暴力的特性和目标。此外，构建老年人人身安全保护的联动机制。政府部门和群众自治组织应联手合作，采取全方位的预防措施，阻止家庭暴力行为，同时在家庭暴力发生后提供救助。其次，加强对老年人婚姻自主权的保护。任何干涉老年人婚姻自由的行为，公安机关和检察机关都应依法采取措施，及时消除对老年人婚姻权益的侵害。如构成犯罪，相关部门应立即立案侦查。在民事诉讼中，如果老年人在支付诉讼费用上遇到困难，应当通过延期缴纳、减少甚至免除诉讼费用的措施，来减轻老年人在寻求法律救济时的经济负担。

（三）强调对老年人财产权利的特别保护，维护老年人的财产安全

虽然《民法典》的物权编和合同编被归类为财产法，但实质上，

财产法是人法的一部分。这是因为获取财富并非人们的最终目标，而是实现人们追求幸福这一基本人性需求的工具。德国著名法学家拉伦茨认为，人只有在自己的切身事务方面自由地作出决定，并以自己的责任处理这些事情，才能充分地发展自己的人格，维护自己的尊严。在实践中，老年人财产权受到侵犯的一种常见情形是其家庭成员未经老年人同意，擅自处分老年人的财产。由于老年人的身份证、房产证等证件可能多为家庭成员保管，如果家庭成员处分财产的行为符合有关不动产设立、变更、转让等形式要件，老年人不能主张该行为无效，只能请求侵权赔偿。由此可见，《民法典》并未对老年人财产权进行区别于一般成年人的特殊保护，致使老年人的财产权因自身能力欠缺处于一种不稳定状态。此外，近年来，针对老年人群的非法集资和"以房养老"诈骗案件屡见不鲜。一些犯罪分子假借各类养老服务、养老投资的名义，吸引老年人投资，然后通过欺诈手段侵犯老年人的合法权益。还有一些犯罪分子利用老年人的信任，将拥有房产的老人作为目标，通过承诺高额的投资回报，诱导老年人用自己的房产作为抵押借款，然后将所得款项投入所谓的理财产品项目。他们假冒国家"以房养老"政策，实则行"套路贷"之实，最终导致老年人陷入"金钱和房产皆失"的困境。今后，《民法典》和老年人权益保障立法应当探索建立老年人财产保护的信托制度，即扩大信托在老年人财产保护领域的应用；设立公共信托机构担任信托受托人，增强信托管理服务的可信赖性；依照老年人的意愿和实际情况，选定公共信托机构管理其财产；健全贯穿信托设立、运行和终止全过程的运行规范，监督公共信托机构的工作，保护老年人的利益。

（四）积极应对老龄化背景下的家庭与社会问题，完善老年人的监护制度

《民法典》将老年人监护隐含在成年人监护体系之下，这种做法

没有充分体现老年人群体的特殊性。老年人作为成年人的一个特殊子集，仅仅依靠一般成年人的监护制度是不足以全面维护他们的合法权益的。因此，有必要对老年人监护制度进行改进和完善。

首先，在监护理念中应当积极融入"尊重自我决定权"和"维持生活正常化"的新理念，始终坚守以意定监护为主导、法定监护和指定监护为补充的原则，充分尊重老年人尚存的意思能力，协助他们在无歧视的环境中，参与并融入正常的社会生活。

其次，在构建监护体系时，应创建多层次的监护类型。实施分类监护制度可以为具有不同行为能力水平的老年人提供相应级别的监护服务。这种做法不仅能更加有效地维护老年人的合法权益，还能减少监护人的压力。例如，对于那些因精神或智力障碍而无法独立处理个人事务的老年人，可以依照《民法典》第34条的规定来建立完全监护关系。而对于那些不是因为精神或智力障碍而无法完全处理个人事务的老年人，可以考虑建立辅助性的监护安排。

再次，在强化监护监督机制的过程中，有必要建立专门的监护监督机构或监督人，并优化与监护人相关的程序。老年人可以依照自身的意愿，选择自然人或监督机构作为监督者，且选择的数量不受限制。有些国家已经实施了监护监督人和监护监督机关的双重监督模式，例如日本就设立了家庭法院来统一行使监护者的选任权，对各类监护者都指定了监督者，形成了一套严谨的监护监督流程。我们可以借鉴此种模式，例如在法院内设立专门的家事法庭，负责监护事务，处理与老年人监护相关的案件，以最大限度地保障被监护老年人的权益。

最后，法律还应进一步完善关于老年人监护人权益的相关条款，不能仅仅强调责任而忽视权益，还应赋予监护人适当的报酬领取权、代理权、辞职权等，如此才能体现对监护人的关心和尊重。

总之，在老龄社会的背景之下，老年人的财产管理、个人照护、精神慰藉、赡养等问题已经成为与家庭和社会紧密相连的综合性议题。

这些问题需要得到经济、社会和法律制度的积极、及时的回应，否则很有可能会对国家的经济健康发展产生制约，降低人民的生活幸福感，以及影响社会的全面、协调和可持续发展。鉴于此，《民法典》的实施更应贯彻人文关怀的理念。在司法个案中，司法者对法律进行解释和适用时，应当在不违反法律基本原则的前提下，尽可能地偏向于处于相对弱势地位的老年人。在法治宣传教育中，应当培养社会成员的人文情怀和文明素养，强调以人为本的观点来理解和对待老年人，不能采用功利主义的思维模式，不能把老年人简单化地视为"负担"，而应该认识到他们作为独立个体的价值。与之相对，人文关怀的核心理念是坚持正义，强调对人格尊严的倾力维护。由此而言，老龄社会的民法关怀不能仅仅体现在口号上，更要广泛地体现在社会生活的具体实践中，从而为老龄社会的公平、和谐与稳定发展点亮一盏盏指路明灯。